安徽省经管学科发展研究(第一辑)编审委员会

主　任　李光龙

副主任　梁昌勇　栾敬东　陈　来　朱剑峰
　　　　　杜鹏程　张本照　江三良

委　员（按姓氏笔画排序）

万　青	马成文	王忠群	方小教	史贤华
白　林	朱剑峰	江三良	杜鹏程	李光龙
杨国才	杨学春	吴　杨	吴　玲	何　刚
宋思根	张本照	陈　来	陈江华	卓翔芝
罗发海	金利娟	周端明	郑晓奋	项桂娥
胡永政	段宗志	姜发根	洪功翔	贾敬全
徐公伟	栾敬东	梁昌勇	鲍步云	魏　骅

安徽省经管学科发展研究

第一辑

主编 朱剑峰

中国科学技术大学出版社

内容简介

随着中国特色社会主义市场经济体系的不断完善,社会对经济管理类专业人才的需求不断增加,经济管理类学科在诸多学科门类中的地位日益突出,经济管理类专业教育教学也得到了长足发展。同时,在经管学科的建设和各专业的教育教学改革中,也出现了一些新的趋势和问题。本书以安徽省高校经管学科的发展为研究对象,从经管学科集群发展的问题与对策、面向实践能力提升的人才培养教学改革、经管学科规划与人才培养模式创新、经管学科各专业教学模式改革等方面,收集、整理、评选了近年来安徽省高校经管学科联盟组织的各项研究成果,以期为安徽高校的经管教学改革建言献策,进而为区域经济社会的发展提供理论参考。

本书可供高校从事经济管理学科的科研、教学和相关从业人员参考使用。

图书在版编目(CIP)数据

安徽省经管学科发展研究·第一辑/朱剑峰主编.—合肥:中国科学技术大学出版社,2017.7

ISBN 978-7-312-03868-6

Ⅰ.安… Ⅱ.朱… Ⅲ.高等学校—经济管理—研究—安徽 Ⅳ.F2-4

中国版本图书馆CIP数据核字(2016)第261231号

出版	中国科学技术大学出版社 安徽省合肥市金寨路96号,230026 http://press.ustc.edu.cn https://zgkxjsdxcbs.tmall.com
印刷	合肥市宏基印刷有限公司
发行	中国科学技术大学出版社
经销	全国新华书店
开本	787 mm×1092 mm 1/16
印张	13
字数	333千
版次	2017年7月第1版
印次	2017年7月第1次印刷
定价	45.00元

序

安徽省高校经管学科联盟(以下简称"联盟")成立六年了!

联盟是由中国科学技术大学、合肥工业大学、安徽大学、安徽农业大学、安徽师范大学、安徽工业大学、安徽理工大学、安徽建工学院、安庆师范大学、阜阳师范学院、淮北师范大学、淮南师范学院、安徽科技学院、蚌埠学院、滁州学院、池州学院、巢湖学院、黄山学院、宿州学院、铜陵学院、皖西学院、合肥学院、安徽三联学院、安徽新华学院等高校的经管院系的院长(主任)和教授们联合发起的,于2010年6月6日在合肥天鹅湖国际大酒店宣布成立的民间合作组织。成立联盟旨在发挥安徽省高校经管学科成员单位在教学、科研、师资、设备等方面的优势,在学科建设、人才培养、科学研究和社会服务等活动上进行合作,实现成员高校间资源共享、优势互补,优化办学条件,拓宽办学途径,提高办学水平,为加快安徽发展及中部崛起做出贡献。

联盟成立之初在合肥天鹅湖国际大酒店举行成立仪式及首届年会,此后相继在淮南师范学院、池州学院、安徽科技学院、阜阳师范学院、皖西学院举办了第二至第六次年会。在安徽省教育厅高教处的指导下,各届年会聚焦经管学科人才培养、安徽地方经济发展实际,展开讨论与交流,形成了许多真知灼见,会议成果又指导联盟高校的学科建设与人才培养,提升了各校经管学科的发展水平,为推动地方经济建设发挥了良好的作用。

除联盟平台的交流外,联盟内部高校之间也互相协作,经常就人才培养、科学研究开展丰富多彩的交流活动,如共享实验室资源,共享优质师资,探讨人才培养之道,总结实验教学成就;合作进行智库建设,推动校企合作、校地合作,在学科发展、服务社会上贡献智慧;联盟与中国科学技术大学出版社合作,成立联盟高校经管学科"十二五"规划教材编审委员会,组织高校教师合作编写经管教材三十余本,教材选用在人才培养中发挥了重要作用。

在阜阳师范学院和皖西学院召开的两次联盟年会会议,与会者提交了多篇有价值的论文,题目涉及学科专业建设、实践教学、教材建设等人才培养领域和服务地方经济发展等学术研究方面,这些成果在年会交流中已经给大家良好的启发,现结集出版以惠及四方。

两次年会成果能够出版,除了得益于阜阳师范学院经济学院朱剑峰院长、皖西学院经济与管理学院万青院长的大力支持外,还有赖于中国科学技术大学出版社编辑的辛勤付出,对他们的努力与帮助,我表示由衷的敬意与感谢!也衷心希望联盟未来有更多更好的研究成果面世!

李光龙

教育部财政学类专业教学指导委员会委员
安徽省高校经管学科联盟理事会理事长
安徽大学经济学院院长,教授,博士生导师
2016年10月

目 录

序 …………………………………………………………………………………………（ⅰ）

专业建设篇

地方本科院校财务管理专业实践教学中存在的问题及对策——以 F 高校为例 ………
…………………………………………………………………… 李标、李红侠、王兴球（1）
人力资源管理专业本科人才培养方案修订思路和框架 ……… 杜娟、魏骅、吴成海，等（6）
师范类院校经管专业应用型人才培养模式探讨——基于 2014 版人才培养方案
　　修订的思考 ………………………………………………… 储平平、杨国才、潘锦云（10）
地方应用型高校经管类专业人才培养模式探讨 …………… 郑国余、史贤华、郑峰（16）
我国应用型高校经济工程专业建设探讨 ………………… 司武飞、陈江华、杨承刚（20）
面向经济工程专业建设的应用型高校经济学专业改造 …………… 司武飞、陈江华（29）
经济工程专业本土化的构想与实践——基于合肥学院中德合办专业的经验及启示 …
………………………………………………………………………………… 宋玉军（36）
面向实践能力提升的统计学专业人才培养教学改革 ……………… 吴杨、华欢欢（41）
基于合作教育的经管类专业人才培养的特色探索与实践——以池州学院经管类专业
　　人才培养为例 …………………………………………………………… 项桂娥（46）
市场营销专业（对口招生）培养模式创新研究——基于能力分层与多阶段能力考核视角
　　……………………………………………………………………… 余雷、徐志仓（53）
基于转型发展背景下地方高校国际经贸应用型人才培养路径探究 ………………………
…………………………………………………………………… 查道中、马荣、贾敬全（59）
地方院校国际经济与贸易专业应用型人才培养模式的探索与实践——以池州学院为例
　　…………………………………………………………………… 胡鹏、项桂娥（65）
刍议应用型本科高校经贸类专业实践教学体系构建 ………………………… 傅炜（70）
本科教学审核性评估的探讨与思考 ………………………………………… 万青（74）

实践教学篇

基于中介效应的大学生实践能力培养方式选择 …………… 何刚、吴传真、杨黎（81）
基于应用型创新人才培养目标的本科国际经济与贸易专业实践教学体系的构建 ……
………………………………………………………………………… 马荣、查道中（85）
应用型本科高校国际贸易专业实践教学改革研究 ……………………… 李光辉（93）
基于能力培养目标的经管类统计学课程实践教学体系整合研究 …… 郜红艳、朱剑峰（97）
统计学专业应用型人才培养教学改革——基于实践能力提升的研究 … 华欢欢、吴杨（105）

经管专业统计学课程实践教学探讨 …………………………………… 兰冲锋(110)
财会专业税务类课程实践教学的思考 ………………………… 吴国强、朱扬宝(114)
基于校企深度合作的实践教学模式创新——以合肥师范学院人力资源管理专业为例
　……………………………………………………………………… 李诗然(118)
校企融合　培养经管类实践创新型人才 ……………………… 张英彦、吴玲(125)
远程开放教育实践教学模式及其实施策略探讨 ………… 王七萍、徐谷波、王永智(129)

创新教学篇

翻转课堂的认识与应用 ………………………………………… 廖信林、吴友群(135)
基于项目的计算机基础课程教学探索——以金融工程专业为例 ……………………
　………………………………………………………… 方园、郑继兵、杨利峰(141)
最大似然估计的实践教学探讨 ………………………… 余许友、兰冲锋、张德然(145)
经管类专业课程远程教育网上教学模式创新与变革——以"个人与团队管理"课程为例
　………………………………………………………………… 时允昌、徐谷波(149)
地方高校经管类毕业生就业问题的调查与思考 ………………………… 牛贵宏(153)
经济管理类大学生创业能力培养途径与实践探索 …………… 白林、杨霞(161)
新型城镇化下皖北地区城市综合承载能力评价 ……………… 何刚、杨黎(167)
皖北农村"空心化"动力机制研究 …………………………… 田伟、贾敬全(173)
秸秆焚烧的治理困境及其经济学分析——以皖北为例 ……… 吴宏伟、刘咏梅(178)
阜阳市农村人力资源开发的难点与对策研究 …………………………… 杨承刚(185)
基于特色农产品营销视角的区域品牌建设研究——以环巢湖区域特色农业发展为例
　………………………………………………………………………… 徐志仓(192)

专业建设篇

地方本科院校财务管理专业实践教学中存在的问题及对策——以F高校为例

李 标 李红侠 王兴球

内容摘要:近十多年来,国内许多地方高校纷纷开设财务管理专业并大规模招生,发展速度惊人。但从已毕业学生的就业情况来看,学校在财务管理专业实践教学方面存在的问题使得培养出的学生与经济社会对财务管理专业的需求仍存在一定的距离。因此应从转变思想观念、推进专业实验室建设、对实践教学指导教师进行培训和加强实践教学过程控制等多方面解决财务管理专业实践教学中存在的问题。

关键词:财务管理专业;实践教学;规划

自1999年教育部正式批准高等学校开设财务管理专业以来,该专业也不过15年的历史,但其发展速度却相当惊人。据不完全统计,截止到2014年底,全国已有超过200所本科院校开设财务管理专业,并且学生规模相当庞大。作为应用型专业,该专业主要培养具备经济、管理、法律、理财和金融等方面的知识和能力,具有较强的实践能力和自学能力,能够在各类中小企业或财务咨询公司、金融机构、事业单位和政府机关以及社会中介机构等从事财务、会计、金融管理等工作的应用型、复合型管理人才。而最近十几年我国正处于市场经济的高速发展阶段,企业市场经济活动的增多与复杂化,使得市场对财务管理专业的毕业生产生了巨大的需求,因此许多本科院校立足于服务地方经济发展纷纷开设财务管理专业,从而推动了该专业快速发展。

然而,许多地方本科院校在办学条件并不成熟时就急于开设该专业,也给这个专业的发展带来了许多的问题,尤其是财务管理专业实践教学中存在的问题,已经严重影响了该专业的良性发展,甚至削弱了财务管理专业在地方经济发展中的服务作用。

[作者简介] 李标(1980—),男,安徽阜阳人,阜阳师范学院商学院讲师,硕士,主要从事财务与会计研究。安徽省阜阳市颍州区清河西路100号,邮政编码:236037,电子邮箱:libiao7@21cn.com。

[基金项目] 阜阳师范学院教学研究项目,"学分制下财务管理专业课程实践教学体系构建——基于财务信息化的视角"(项目编号:2012JYXM68),"基于职业发展能力的应用型本科财务管理专业实践教学体系构建及全面质量控制"(项目编号:2014JYXM39);安徽省高校省级教学质量与教学改革工程项目,"财务管理特色专业建设"(项目编号:皖教高[2011]5号)。

一、地方本科院校财务管理专业实践教学现状

（一）教学计划设置方面

在教学计划设置方面，许多地方本科院校的财务管理专业人才培养方案一般每隔3~5年需要修订一次。随着学校逐渐认识到实践教学对财务管理专业人才培养的重要性，多数院校在进行人才培养方案修订时逐渐增加实践教学的内容。作为安徽省内的地方本科院校，F高校于2004年开始进行财务管理专业的招生，至今已有十余年的办学历史，其2013年新修订的教学计划中设置的实践教学内容共包括三个部分：专业课中的实践教学、校内实践课程以及校外实践活动。对于基础会计、财务管理原理、成本会计、统计学、管理信息系统和市场营销学等部分专业课程采用"2+1"或"3+1"的授课方式，即2节或3节理论课教学另加1节实验课教学；另外还单独开设了会计电算化实训以及ERP企业沙盘实训两门校内实践课程，均在实验室完成教学任务；校外实践活动安排有连续4个学期的专业见习和第七学期的专业实习活动。

（二）教学场地面积和硬件投入方面

近年来随着经济社会对财务管理专业毕业生的需求增加，多数院校的财务管理专业学生规模也在快速扩张，然而在这一过程中，教学场地面积的增加和教学设备的投入却跟不上学生规模的扩张速度。尤其是实践教学方面，实验室场地面积与电脑等硬件设施投入方面均有不足。以安徽省F高校财务管理专业为例，该专业当前在校生已达到1300人左右，学生规模在该校近60个专业中名列前茅，但目前仅有两个专业实验室，其中一个会计电算化实验室配有80台电脑，另外一个ERP企业沙盘模拟实验室配有10余套ERP手工沙盘教具和电脑。两个专用实验室场地面积总共200平方米左右，远远滞后于省内同类高校。对实验教学场地与硬件设备的投入不足已经严重影响了对学生实践能力的培养。

（三）教学软件投入方面

在教学软件投入方面，地方本科院校纷纷购买了一些教学软件配置到实验室中用于实验教学。但受制于多方面的原因，不少院校在购买教学软件时，由于修订的专业教学计划不够科学合理，买入的教学软件未能发挥出应有的作用。安徽省F高校财务管理专业在实验室教学软件投入方面，近年来陆续购入了天顿会计考试系统、网中网会计实训平台、畅捷通T3企业管理信息化软件教育专版（会计电算化）、用友畅捷通T6企业会计系统以及企业管理信息化实训沙盘（ERP）电子版。但由于会计从业资格证考试内容的变更以及人才培养方案修订的滞后，天顿会计考试系统、用友畅捷通T6企业会计系统以及企业管理信息化实训沙盘（ERP）电子版等软件目前并未在教学中使用，也造成了教学资源的浪费。

（四）实践实习课程管理方面

在实践实习课程管理方面，地方院校由于实践实习课程开设的时间不长，课程开设不规范，资料保存不完整，课程管理不细致，达不到预期的效果。对于校内的实验课程，应当在实验过程中完成的实验报告却由于教师疏于管理而不能完整保存，甚至有丢失的现象。而根据人才培养方案安排的专业见习和专业实习却由于组织不善或者未及时记录而缺乏资料的支撑。

二、地方本科院校财务管理专业实践教学中存在的问题

（一）实践课程体系设置与人才培养目标不一致

财务管理主要研究企业如何进行筹资管理、投资管理、营运资金管理、收益及其分配管理等，而会计主要是对日常发生的经济活动进行会计核算进而对外提供会计信息。尽管两者的研究对象都是企业财务活动，但其作用和目标有明显差异。然而，我国的现实情况是许多中小企业的财务职能与会计职能合二为一，并未单独设置财务管理人员，其财务职能往往由企业会计机构负责人承担，尤其是中西部经济欠发达地区对财务管理和会计的理解更是模糊不清。受制于人们的思想观念，很多地方院校在财务管理专业课程体系设置上，往往按照会计专业的人才培养目标来设置课程体系，导致与会计专业雷同。

（二）思想上重视不足，导致实践教学内容少

许多院校在开设财务管理专业时对实践教学重视不足，尤其是地方师范院校、理工院校等仍然沿用以前的办学理念开设财务管理专业。在教学上仍使用传统的理论知识课堂灌输的方式，教学内容上体现为理论知识多、实践内容少，重理论、轻实践。尽管在课程设置上，部分课程已经设置了实践课程，但由于专业课程的理论知识内容较多，而人才培养方案中设置的课时有限，经常会出现授课教师为了完成理论知识内容的授课任务而压缩实践课时的现象，从而导致实践课程开设情况不理想。

（三）校内实验室建设不能完全满足需求

很多高校在刚刚开设财务管理专业时，将其定位成人文社会科学专业，认为其教学与其他传统人文社会科学专业都一样，不需要实践教学。尽管随着近年来的发展，已逐渐改变了财务管理不需要实验室的旧有观念，但许多地方院校财务管理专业投入使用的实验室多是会计手工实验室以及会计电算化实验室。将财务管理专业等同于会计专业的思维定势下投入的实验室增强了会计实践能力的培养，而财务管理专业实训和综合实训实验室的投入不足却造成了财务管理专业综合实践能力的培养不足，使得该专业培养出的毕业生达不到社会对应用型、复合型财务管理人才的期望。

（四）能够承担实践教学的教师资源不足

能够承担财务管理专业实践教学的教师不仅应具有较扎实的理论知识，还应具有较强的实践教学能力，最好是拥有在企业从事过具体财务管理工作的经历，这样在实践教学过程中才能够更有针对性地提高学生的实践动手能力。然而现阶段从许多地方高校的教师队伍来看，能够具备以上能力的实践课程教师不多。大多数高校教师没有在企业中从事具体财务管理工作的经历，甚至有部分教师从经济、金融和物流等其他专业转型过来，而地方高校中繁重的理论课教学任务和越来越重的职称评审压力都导致高校青年教师不愿意将大量时间投入到实践教学中，必然导致实践教学达不到预期效果。

（五）校外实习基地不足

专业实习作为财务管理专业实践教学的重要环节，本应起到增强学生实践能力，提高学生就业市场竞争力的重要作用，但却由于多种原因而效果并不理想。一方面，许多地方高校安排的专业实习多集中在第七学期或者第八学期，这一期间学生面临的毕业论文压力和就业压力较大，很多学生忙于参加招聘会和各种工作面试，无心认真进行专业实习。另一方

面,由于财务管理专业近年毕业生规模在不断扩大,而校外实习基地不足,只能接受部分集中实习的学生,相当一部分学生只能采用自主实习的方式,而这些学生往往随意寻找一些小企业,甚至是小商户在实习记录表上盖章,并编造实习内容,使实习流于形式,严重影响了实习效果,不能达到专业实习的目的。

三、完善财务管理专业实践教学的对策

财务管理专业实践教学中存在的问题严重影响了该专业人才培养目标的实现,应采取多种措施解决这些问题,提高学生的培养质量,增强财务管理专业毕业生的市场竞争力,满足社会对财务管理人才的市场需求。

(一)思想上转变认识,提高实践教学所占比重

作为应用性极强的专业,毫无疑问社会对财务管理专业毕业生的实践能力有很高的要求,这就需要地方高校在对财务管理专业的学生进行培养时必须充分认识到实践教学环节在人才培养方案中能够起到的重要作用。为实现人才培养的目标,应在现有人才培养方案中进一步提高实践教学课时占总课时的比重,力争将财务管理专业实践教学课时比重提高到30%左右。针对许多具有实践内容的课程,具体操作上可通过增加上机课时或者案例讨论与分析等方式增加一些实践课时。

(二)推进财务管理专业实验室的建设

地方高校要尽快调整财务管理专业等同于会计专业的固有思维,除了应继续利用好会计手工实验室以及会计电算化实验室之外,还应当投入建设财务管理专业实训和综合实训实验室以及ERP企业沙盘模拟实验室。建设财务管理专业实训和综合实训实验室,训练学生对企业融资活动、筹资活动、经营活动以及股利分配等财务活动的处理能力;建设ERP企业沙盘模拟实验室,通过让学生进行角色扮演、模拟企业经营的方式,使学生在经营对抗过程中处理资本结构决策、融资方式选择、固定资产投资以及营运资金管理等问题,从而加深学生对财务管理活动的理解,最终提高学生的实践能力。

(三)增强实践教学教师专业素质

一方面为了提高青年教师的实践教学能力,学校应加强与企业之间的联系,建立常态化的校企合作关系,将青年教师送到企业进行形式多样的交流、挂职、短期培训、进修、研讨以及考察等活动,以增加青年教师的实践工作经验,有效提高青年教师的实践教学能力。另一方面为了调动实践指导教师进行实践教学的积极性,应修改目前许多高校对实践教学在工作量计算与课酬支付方面的相关政策。受传统思维方式的影响,许多高校认为实践教学不需要教师投入太多的时间和精力,因此在课酬支付标准上与理论课程教学相比往往区别对待,降低课酬支付标准,这直接导致实践课教师上课的积极性不高,对待实践教学任务敷衍了事。事实上,对于教师来说,上好一节实践课要比上好一节理论课投入更多的时间和精力。只有将实践教学与理论教学一视同仁,按照相同的课酬支付标准计算教师的教学工作量,才能够有效提高教师进行实践教学的积极性。

(四)加强校外实习基地建设

地方高校应本着为地方经济服务的宗旨,加强与地方企业的合作,可采用合作办学的方式,将企业变成学校的固定实习基地,为学生提供稳定可靠的实习机会,增强学生的就业竞

争力。同时,学校可将教师派出到企业,可为企业提供专业咨询、制度设计和理论授课等服务,从而成为企业发展的顾问和智囊团,也可以将优秀毕业生推荐到实习企业工作。

（五）对实践教学环节进行科学规划并加强过程控制

首先,应对校内实验课程的成绩评定制订考核标准,要求学生认真对待实验课程,独立完成实验报告,并严格按照考核标准进行成绩评定,对未能按时按质完成的实践教学任务,应按照学校规章制度进行重做或重修。其次,可考虑采用短学期制度,将校外的专业实习提前到第六学期甚至第五学期的后面三到四周集中进行,这样就能够有效避免学生在毕业学期因毕业论文和工作面试等原因对专业实习敷衍了事。最后,对校外的专业实习应由实习指导教师强化过程控制。对于集中实习,应组织指导教师全程参与和监督,对学生进行查岗和指导,同时对学生实习中遇到的问题提供帮助,并经常与实习单位保持联系。对于自主实习,应每隔一段时间由实习指导教师对学生进行查岗并检查学生的实习报告,在自主实习结束时要认真落实自主实习答辩制度。

参 考 文 献

[1] 田祥宇,郝晓雁.本科财务管理实践教学内容体系的构建[J].高等财经教育研究,2013(12).
[2] 闫永海.本科财务管理专业实践教学存在的问题及对策[J].中国管理信息化,2009(11).
[3] 朱霞,王玲玲.财务管理实践教学问题研究[J].桂林电子科技大学学报,2009(2).
[4] 马杰,邹晓明.财务管理专业实践教学改革研究[J].财会通讯,2010(9).
[5] 李红侠.应用型本科财务管理专业实践教学创新探索[J].湖北经济学院学报,2014(3).

人力资源管理专业本科人才培养方案修订思路和框架

杜 娟 魏 骅 吴成海 丰志培 王 珊
李爱玉 叶六奇 刘静静 王 永

内容摘要：为了全面提高人才培养质量,促进学生的全面发展和满足岗位需求,本文通过用人单位问卷、学生座谈、相关院校调研等方式获得一手资料,总结了人力资源管理专业本科生的实际培养要求,并在此基础上对于人力资源管理专业本科人才培养方案的修订提出了一些建议,包括设计思路、基本框架和主要内容。

关键词：人力资源管理；人才培养；实践能力

高校人力资源管理专业(本科)旨在培养具有管理学、经济学及人力资源管理方面的基本理论和基本知识,接受人力资源管理方法与技能的专业训练,具备人文精神、科学素养和诚信品质,能够在营利性和非营利性组织从事人力资源管理和开发工作的应用型、复合型高级专门人才。

为了全面提高人才培养质量,促进学生的全面发展和满足岗位需求,我们针对原人力资源管理专业本科人才培养方案展开了三个层次的调研,包括用人单位、各年级学生(往届毕业校友)、相关院校,主要采用了调查问卷、会议座谈、实地参观等多形式、多角度的调研方式。调研覆盖面广,具有一定的代表性和解释力。

一、现行人力资源管理专业本科人才培养方案的主要问题

用人单位问卷、学生座谈、相关院校调研结果反映了目前使用的人力资源管理本科人才培养方案中存在着诸多问题,可以归纳为以下几个主要方面：

(一) 人才素质结构需要完善

组织对于人力资源工作人员,尤其是人力资源管理专业毕业生的要求比较一致,主要体现为：一方面,组织要求人力资源管理毕业生具有扎实的专业知识,主要包括管理学、人力资源管理、工作分析、招聘与人才测评、绩效管理、薪酬管理、培训与开发、劳动关系与劳动法、组织行为学等课程的学习与掌握；另一方面,组织越来越注重人力资源管理毕业生实践能力的培养,实际解决专业问题的技能培养和良好的就业观,而这在目前的人才培养方案中没有

[作者简介] 杜娟(1974—),女,安徽萧县人,安徽中医药大学医药经济管理学院讲师,研究方向：人力资源管理、管理心理学。魏骅(1966—),男,安徽无为人,安徽中医药大学医药经济管理学院教授,研究方向：药事管理、医药产业经济。

[基金项目] 安徽省(医药)人力资源管理专业综合改革试点(2015zy032);安徽省重大教学改革研究项目"以创新和实践能力培养为核心的医药经济管理人才培养模式改革研究与实践"(2015zdjy098);安徽中医药大学精品资源共享课程"人力资源管理"(2013zlgc002)。

得到充分体现。

（二）教学进程不够均衡

目前的人力资源管理专业本科人才培养方案中,大一、大二的专业课程较轻松,大三、大四的专业课程繁重,这与学生考研、就业等存在一定冲突。学生希望增加低年级时的课程量,较早接触专业课程,从人力资源管理角度进行职业规划,同时希望大四时集中安排实践教学。

（三）教学方法与方式单调

目前人力资源管理专业本科人才培养方案囿于偏重传统课堂理论教学设计,学生希望教师更新传统教学方法,加大自学内容比例,并增强综合实践能力、沟通能力、团队建设能力等。

（四）培养结果单一

目前人力资源管理专业本科人才培养方案未充分考虑到学生考研、考证与就业的分流与引导。

二、人力资源管理本科专业人才培养新方案的设计思路

为了培养人力资源管理本科专业人才的学习能力、实践能力和创新精神,坚持知识、能力、素质协调发展,体现科学性和前瞻性,强调应用性和实践性,我们希望通过以下措施来体现人力资源管理本科人才培养新方案的科学性、合理性。

（一）转变教学思想

在教学实践中培养学生学习的主动性、积极性,尊重学生个性发展。

（二）改革教学内容

建立以素质为核心,以应用型人才培养为目标的课程体系,注重全面的知识结构,突出基础理论与应用实践相结合。

（三）革新教学方法

更多地采用自主学习、案例教学、TBL教学,引入情境模拟教学,在考核等教学环节中更重视学生分析与解决问题的能力,培养学生的批判性思考能力,鼓励学生进行自发的研究。

（四）增强实践环节

通过各类实践环节(创新科技活动、三下乡、第二课堂、竞赛、社会实践、讨论课等)的教学设置和实施办法,培养学生的创新精神、合作精神和实践能力。

（五）加强职业技能教育

推广人力资源管理专业学生的"双证"教育制度,鼓励学生获得学历证书的同时,参加人力资源职业资格认证,提高学生在就业中的竞争力。

三、人力资源管理专业本科人才培养新方案的基本架构和主要内容

（一）主干学科及核心课程

参照《普通高等学校本科专业目录和专业介绍》中的相关内容,我们建议确定10门核心

课程,包括专业核心课程和通识教育核心课程:组织行为学、组织理论与设计、工作分析、劳动关系与劳动法、招聘与人才测评、绩效管理、薪酬管理、培训与开发、人力资源管理、劳动经济学(四年制专业核心课程总数控制在18门以内)。

(二)课程设置

课程分为两大类:必修课程与选修课程(每类包括通识教育课程、专业基础课程、专业课程和实践课程)。

1.必修课程

(1)通识教育必修课程,包括思想道德与政治理论课程等,共计40学分。

(2)专业基础必修课程,指按专业必备的基本理论、基本知识和基本技能结构设置,并为专业课程学习奠定基础的课程。主要包括管理学原理、组织理论与设计、高等数学、西方经济学、劳动经济学、组织行为学、劳动关系与劳动法、公文写作、普通逻辑学等。

(3)专业必修课程,专业必修课程着重于有直接联系的专业理论和专业技能,例如工作分析、招聘与人才测评、绩效管理、薪酬管理、培训与开发等。

(4)必修实践课程,在充分需求调研的基础上,认真分析人力资源管理专业的就业领域和岗位的工作要求,科学凝练培养目标,主要建议开设人力资源管理专业综合实训、人力资源管理案例编写等必修实践课程;小学期必修实践课程为人力资源管理社会调查(6学分)。

2.选修课程

(1)通识教育选修课程,密切结合人才培养目标要求,有选择地设置通识教育选修课程,主要建议确定社交礼仪、团队管理、创新思维、创业基础等专业通识教育课程体系。

(2)专业基础选修课程,指在一定范围内选修的,体现专业培养方向的专业基础课程,主要包括线性代数、概率论与数理统计、统计学原理、管理定量分析、管理信息系统等。

(3)专业选修课程,指为学生开设的专业内或跨专业选修的课程,遵循就业导向,主要开设了行政管理学、医院管理学(考虑到倾向于行政事业单位有关工作的应聘作用);市场营销学、组织管理(考虑到组织相关工作的应聘作用);员工援助计划、生涯辅导(考虑到专业人力资源类工作的应聘作用)等。

(4)选修实践课程,学生通过自主选择参加小学期实践活动人力资源管理社会调查(2学分)、创新创业训练、职业技能培训、参与学科竞赛、参加社团活动与公益事业等方式,多渠道获取选修实践学分,毕业前修满一定学分即可。

我们建议增设具有人力资源管理专业特色的实践课程,包括人力资源管理咨询与服务、团队拓展训练、求职体验等。

(三)理论教学

鼓励教师开展教育教学改革,加强学生自主学习能力培养。我们建议有课堂教学环节的课程均应设置不少于15%的自主学习学时。

(四)实践教学

要切实做好素质拓展与社会实践、实验实训与见习、实习等实践教学环节的整体设计,积极构建既符合教学需求又体现办学特色的实践教学体系。在培养方案中,人力资源管理专业实践教学环节尤其要注意以下几方面:

1.实验实训环节

我们建议开设2门综合实验实训课程:人力资源管理专业综合实训、组织管理模拟实践。

2.素质拓展与社会实践环节

我们建议每位学生在学期间应完成不少于6学分的素质拓展与社会实践学分。

3.毕业实习环节

毕业实习学分设定为20学分,并注明"不得欠修"。

（五）课程要求

1.科学设置核心课程

尽量精简核心课程门数,控制在10门左右。

2.恰当设置通识课程

普通本科专业通识教育必修课程共计40学分。其他通识教育选修课程由各专业根据实际情况确定,应不少于6学分。

3.合理制定课程比例

本次修订的培养方案中,必修课程（除毕业实习学分外）与选修课程的学分比例控制在（2～3）：1；通识教育课程、专业基础课程和专业课程的学分比例控制在3：4：3左右。

4.有效固化教改成果

将我院人力资源管理教学团队完成的省级质量工程项目建设取得的教改成果,与本次培养方案修订有机结合,并有效固化在课程设置和教学内容当中。

5.均衡安排教学任务

注意学生学习任务、必修与选修课程、考试与考查课程均衡分布,合理安排各学期教学任务,严格控制理论教学总时数,各学期理论教学周学时数控制在28学时以内,考试课程控制在5门以内。

（六）修读学分比例

我们建议实践环节累计学分在毕业合格学分中的比例不少于35％。

参 考 文 献

[1] 边慧敏,宋光辉,郭志刚.人力资源管理人才培养模式探索[J].中国大学教学,2009(4).

[2] 彭剑锋,饶征.基于能力的人力资源管理[M].北京:中国人民大学出版社,2003.

[3] 张洪霞.基于胜任力的人力资源管理专业本科生培养目标研究[J].消费导刊,2010:198-199.

[4] 王馨晨,荆炜,党建宁.就业视角下人力资源管理专业学生职业能力提升思考[J].兰州学刊.2013(8).

师范类院校经管专业应用型人才培养模式探讨
——基于2014版人才培养方案修订的思考

储平平　杨国才　潘锦云

内容摘要：高校经管热的出现，对我们培养应用型人才提出更高要求。在人才培养方案的制订过程中，既要强化其专业基础，又要拓宽学生专业视野，同时还要兼顾增加学生自主实践的时间，这三者之间的矛盾必须得到解决。强化课程建设，贯彻实践教学要摆上日程。尤其是在这个过程中如何发挥院系作为应用型建设的平台、教师教学活动中如何体现与执行人才培养方案的应用性都是我们孜孜追求的目标。

关键词：经管专业；人才培养；应用性

根据中国科学技术协会出版物《中外管理》发布的数据，1991年全国仅9所试点院校开设EMBA课程，到2010年，236所院校获批，扩张了26倍。1991年仅94人入学，2010年超过3.6万人入学，增加了383倍。[1]社会上的经管热尚且如此，高校大学生对经管专业的热衷程度也就可想而知。

一、经管专业发展现状

（一）高校经管专业招生规模剧增

当前高校明显呈现出经管热，各经济、管理类专业受到热捧。根据1998～2012年教育部公布的本科、研究生各学科学生的分布情况，对比了经管专业和理学专业在招生人数上的变化后发现，在大学扩招的背景下，经管专业学生和理学专业学生规模均有所扩大，但经管专业招生规模增长速度明显快于理学的增长速度。15年间，经管专业本科、研究生招生规模均扩大了10倍，理学专业本科和研究生仅增长4倍，远低于本科和研究生总体招生数6倍和8倍的增长规模。另外，据中国校友会网发布的《2014中国高考状元调查报告》显示，1977～2013年中国各地区高考状元中，选择就读经济学专业的高考状元人数最多，有288人，居榜首；工商管理专业有283人，居第二位。就读经济学和工商管理的高考状元人数遥遥领先于其他专业，合计占高考状元总数的38.45%。[1]面对高校经管热的局面，各高校经管专业也蓬勃发展。

[作者简介]　储平平（1975—），女，安徽潜山人，安庆师范大学经济与管理学院副教授，研究方向为区域经济学。杨国才（1969—），男，安徽怀宁人，安庆师范大学经济与管理学院教授，研究方向为区域经济学。潘锦云（1975—），男，安徽桐城人，安庆师范大学经济与管理学院教授，研究方向为区域经济与城市经济。

[基金项目]　2013年安徽省质量工程校企合作实践教育基地"现代流通类人才创业实践基地"。

（二）我校经管专业发展迅速

安庆师范大学从2002年开始招收经管类本科专业学生，当年开设市场营销专业，2005年开设国际经济与贸易专业，2006年招收物流管理专业学生，并于2006年成立经济与管理学院，随后进入全面快速发展时期，年招生数量达到500人，2011年财务管理专业获批招生，2013年再次成功申请金融工程专业并获得招生资格，同年国际经济与贸易中美合作办学"2+2"班也获得省教育厅批准，并于2013年秋季实现招生。除了隶属经济与管理学院以上专业外，旅游管理、经济统计学、农村区域发展等专业均在其他院系招生。

高校经管热的出现，也对高校如何更好地培养合格人才提出了更高要求。其适应面广，应用性强的特征都对我们的人才培养提出挑战，特别是我们这些师范类院校的经管专业。据此，一直以来都在探索制订一套合理高效的经管专业人才培养方案。这里以2014版人才培养方案的修订为对象来进行阐述。自2012年以来安庆师范大学就对2014版各专业人才培养方案进行了谋划，2013年下半年正式启动该工作，到2014年5月份才告一段落。在这次人才培养方案的修订过程中，我校经管学院对此进行了深入的分析与思考，将一些新的想法与要求贯彻融入，具体体现在以下一些方面。

二、我院2014版人才培养方案修订成果

（一）坚持与体现"应用性突出，特色鲜明的高水平大学"办学方向

我校第五次党代会提出的"建设应用性突出、特色鲜明的高水平大学"的目标，是我们2014版人才培养方案制订过程中追求的目标。坚持"以生为本"，依据学校的办学定位和办学理念，合理定位专业培养目标及规格标准，创新人才培养模式，大力推进教学改革，强化学生实践能力，优化学生知识结构，突出人才培养的个性化，提升人才培养质量。

（二）夯实专业基础，拓宽学生专业视野

坚持紧密结合专业特点、人才培养多样化原则，提高新一轮人才培养方案的创新度。此次2014版人才培养方案修订中，我们注意将各专业的基础打牢，增加专业基础课程的数量与课时，比如我们依据当前物流行业发展新领域、新形势和新特点，为物流管理专业新增了生产运作管理、冷链物流、物联网管理和国际物流与多式联运等课程。对于金融工程专业我们增加金融工程专业特色课程，在专业基础课中增加MATLAB与金融实验、期货交易理论与实践，同时还在专业拓展课中增加了利息理论、金融风险管理技术、金融信托与租赁、"SAS:数据分析与金融计算"、微分方程和随机过程等课程。

（三）精减学分，增加学生的自主学习时间

我校2010版人才培养方案中经管专业学分控制在185学分，2014版降至175学分，每个专业减少4~5门课程，增加学生自由支配学习的时间。

现物流管理专业176学分，国际经济与贸易专业175学分，市场营销专业176学分，财务管理专业176学分，金融工程专业173学分。因此对于一些与本专业关联度不高、没有合适的教材、内容空洞、实务性不强、内容与其他课程重复的课程将进行删除，比如物流管理专业的以下课程：政治经济学、配送管理、国际运输与保险、物流企业管理、企业公共关系、工业工程导论、物流经济地理、超市物流管理和港口物流。在国际经济与贸易专业中，我们将"社会主义市场经济专题"课程删除，原因是在"政治经济学"课程中将设置中国经济专题内容；

同时将与世界经济概论、跨国公司管理、国际贸易实务课程内容重复较多的国际经济合作、国际商务、国际运输与保险删除。在市场营销专业的培养方案中,我们将删除与专业相关度不高的政治经济学、财政与金融、外贸制单实务课程,此外还删除了管理信息系统课程,这主要是从专业的角度考虑,该专业文科招生占比大,就业领域主要从事营销工作。同时删除了计划经济时代的产物商品学课程。

(四)强化课程建设与改革在人才培养过程中的基础性地位,提高课程建设与人才培养目标之间的契合度

在2014版人才培养方案中我院坚持不因人设课,也不因无人不设课,强化课程建设与改革在人才培养过程中的基础性地位。根据专业的特点以及当前社会对专业的需求,我们对各专业的课程都做了一些调整。比如物流管理专业,根据需要调整一些课程名称,如"运输管理"改为"运输与配送管理","仓储管理"改为"仓储与库存管理"。国际经济与贸易专业将"统计学""货币银行学"分别改为"统计学原理及SPSS的应用""金融学",主要原因在于统计软件的普及和货币银行学内容的扩展,这使得原课程名称不能全面反映课程最新发展,使用金融学课程名称更加科学。将市场营销专业的"电子商务"改为"网络营销",这更符合专业要求。财务管理专业将"成本会计"与"管理会计"合并成为"成本与管理会计",解决了原课程设计中授课内容重复的问题。

(五)强化人才培养应用性,实践教学四年不断线,提高专业人才培养对于我校办学定位的支撑力

对于我们经管学院各专业而言,合理确定专业人才的培养规格,加强学生实践能力培养,强化人才培养应用性,除了强化实验教学、非师范生毕业实习、专业实践活动等专业实践教学环节外,还加强学生的创新创业教育,将其渗透到所有课程教学中,大力推进科教结合,鼓励教师在教学中结合自身的科研经历以及科研成果,开发校本课程,把发现、分析与解决问题的创新思维方式和科学实践技能传授给学生;将科研成果转化为教学内容,将科研优势转化为教学优势,培养具有创新精神和较高创新创业能力的高素质人才。通过以下形式增强学生自主创新学习能力:发表学术论文、科技创新大赛获奖、学科竞赛、职业技能比赛获奖等。获省级以上奖励一次,均可获取学分,此学分可替代部分专业拓展课学分。

另外我院经管各专业均有自身的专业赛事活动,通过对毕业论文(设计)的形式改革,使学生的这些自主创新成果与论文相挂钩,促使这些活动更有效地开展。活动包括毕业论文(设计)(可以包括以下一些形式:专业赛事院级一等奖第一作者,校级一、二等奖第一作者,省级一、二、三等奖第一、二作者;大学生挑战杯校级一、二等奖第一作者,省级一、二、三等奖第一、二作者;国家级一、二、三等奖第一、二、三作者);公开发表学术论文4000字以上(第一作者)、专业案例研究8000字以上(第一作者)、专业调研报告8000字以上(第一作者);8000字学术论文等。

以上内容主要以我院2014版人才培养方案的修订工作为分析对象,表达了我们对于师范类院校经管专业人才培养过程中主要应关注的方向和思路。

三、应用型人才培养方案贯彻实施的工作思路与设想

(一)加大经管实验室建设力度,确保应用型转型需求

2002年我院市场营销专业开始招生,提高学生的动手能力,必须有专业教学必需的实

验室。经管学院第一实验室建成于 2004 年 3 月,总资产近 30 万元,后又投资 50 多万元兴建了第二实验室,主要包括由局域网系统以及投影仪、功率放大器、视频展示台、微机等设备组成的多媒体教学系统。2008 年又建设了 ERP 沙盘模拟实验室。这些实验室配备了包括营销、物流、财会、国际贸易、电子商务等多门课程的模拟教学软件。在实验室里,学生可以模拟市场营销、电子商务、国际贸易、财会以及物流管理的全部实务操作。2011 年我院新建了财会模拟手工实验室。不可否认,这些实验室为学生提供了一个真实性极高的管理模拟实验平台,也大大丰富了教师的教学手段。但随着新专业的招生和学生规模的不断扩大,原有实验室已经满足不了现实的需求。近几年我院累计投入达百万元建立国际贸易与经济综合实验室,先后购置了数个国际贸易与经济教学实验软件,平均每年受益学生数超过 1500人次。同时随着金融工程专业的招生,金融工程专业实验室正在积极筹建中。届时经济管理实验室设备将较为齐全先进,基本满足学生的需求。

这些实验室建设从根本上克服了传统教学手段从书本到书本,从理论到理论的缺陷,在学生掌握知识以及运用知识的过程中为帮助我们强化能力、提高素质等发挥了不可估量的作用,这不仅为我们经管专业建设构筑一个比较高的平台,同时也为我们向应用型转变起到积极的推动作用。

(二)组织骨干教师编写教材,让应用性教材进课堂

为适应我院学科建设、专业建设和教学改革的需要,自 20 世纪 90 年代以来学校一直鼓励教师主编、参编教材。自 1993 年我们汪时珍院长主编的教材《市场营销学》由河南人民出版社出版起,学院教师主编、参编教材已达几十部,主要体现在市场营销专业、物流管理专业与财务管理专业方面。李亦亮教授任总编的物流管理系列的省级规划教材已由安徽大学出版社出版,并获得较好的社会影响,第二版的修订工作也已经告一段落,现正在着手制定流通类创业人才实践教学教材建设规划。为提高教师自编或与企业业务专家合编创业人才培养实践方面教材的积极性,我院将建立一套教师出版教材的激励机制,反映我校实践教学改革成果,特别是在现有的全部教学科目的实施经验,为省内外高校开展教学改革提供鲜活蓝本。我校目标是力争通过 5 年建设,编制完成流通类创业人才培养实践所需的特色鲜明的专用教材体系,根据培养方案,拟编教材包括《流通行业创业导论》《创业实务》《中小流通企业运营管理》《流通企业创业案例分析》《创业计划书写作》等。

通过组织骨干教师编写教材这项工作,特别是一些应用型为主导的教材的编写,确保教师的应用型研究成果与课堂紧密结合。

(三)进一步完善"四位一体"的创业教育模式,为大学生走入社会提前谋划

我院对于创业教育认知较早、重视程度较高,从一开始的 SYB 创业教育模式,到后来的创业意识教育模式,再到 2011 年的创业模拟实训教育模式,结合国际劳工组织和人力资源和社会保障部的培训模式,结合社会产业发展和商业环境情况,集大经济类大管理类广大教师的智慧,在学校教务部门和就业创业部门的精心组织和支持下,在本地企业家的大力支持下,经过四年来的不断探索,逐步形成和完善了"四位一体"的创业教育模式,主要体现在如下 4 个方面:

1. 依托人社部门的创业培训平台,系统开展创业模拟实训

近年来,我院先后组织多批教师赴人社厅参加创业模拟实训师资班、网络创业培训师资班,先后培养了三十余位创业教育的讲师、助理培训师。依托人社部门的创业实训平台和创

业教育导师,我校每年开办40个左右创业模拟实训班,以培养学生的创业意识,激发学生的创业热情,打牢学生的创业基础。4年来约5000余名学员拿到人社部门颁发的《创业模拟实训合格证书》,凭证书可以享受相应的创业扶持政策。

2. 依托本地组织和社会企业,组织学生深入创业实践一线

我院多年来不仅重视培养学生理论知识,更重视鲜活的创业实践教育。每年都组织多批学生赴安庆市中小企业创业辅导中心、安庆市高新技术创业服务中心、安庆智慧产业园实地参观,了解国家和地方政府出台的创业扶持政策,考察创业企业的孵化情况,感知初创企业的运行机理。此外,每年组织若干批次学生赴企业参观,熟悉生产车间、举行管理座谈,以增长见识、增强自信。

3. 依托本地优秀企业家,定期开展创新创业讲堂

为增长大学生创新创业知识,提升大学生创新创业能力,激发大学生创新创业热情,浓郁大学生创新创业氛围,推动大学生创新创业实践,我校每月举办一期"安庆创新创业讲堂",每期邀请1~2名成功企业家、优秀管理者或杰出校友到讲堂主讲。主讲内容包括:创新创业经验、企业发展感受、组织成长举措、管理创新探索、经济发展思想、商业模式探秘、产业发展探究、创业路径描绘、创新心路历程以及成才成功感悟等等。创新创业讲堂由我院承办,大学生经贸协会协办,已经成功举办多期,每期讲堂都人气爆棚,广大在校大学生不仅能够聆听企业家分享创业的心路历程,而且能够近距离进行互动,将自己的创业想法、创业项目向企业家咨询,得到企业家的当面辅导。

4. 依托创业大赛和创业孵化基地等平台,辅导扶持大学生创业

多年来,我校高度重视团系部门、教育部门、人社部门、科技部门等各种部门或者各种学会组织的创业大赛,精心组织、用心谋划,选派专门指导教师,全程跟踪指导,并且举办预赛、半决赛等各种选拔比赛。之所以如此,是因为创业大赛能够营造"鼓励创新、支持创业"的氛围,激发广大学子的创新创业精神;参加创业大赛,可以让大学生们系统接触营销、物流与采购、人力资源、财务报表、企业文化等各方面的知识,建立健全企业管理类的知识体系;参加创业大赛,一般是以团队的形式,能够让大学生们增强团队意识,加深对分工合作的理解等等。正因为我校对创业大赛的意义认识深刻,所以非常重视,因而成绩斐然。近年来,我校屡次在"挑战杯"和"创青春"全国大学生创业大赛中斩获佳绩,多次挺进全国赛决赛,多次获得省赛金奖、一等奖、"创业之星"等称号。为鼓励和引导大学生自主创业,营造大学生创业的良好环境,我校专门兴建了大学生创业孵化基地,搭建一条龙综合服务式创业孵化平台,为立志创业的在校大学生提供政策咨询、创业场地、项目论证、专家指导、项目推介、市场拓展等系列创业服务。先后有多支大学生创业团队进驻创业孵化基地进行孵化,目前陆续有团队进行工商登记注册为有限公司。我们坚信,埋下创业的火种,星星之火可以燎原。

(四)鼓励教师科研服务教学,提高科研对应用型专业建设的贡献

建院以来,我们一直鼓励教师要努力将教学与教研、科研相结合,鼓励教师积极参与指导我们各专业学生的专业赛事活动以及相关专业赛事活动,并已取得明显成效。

目前,我院已经形成"一专业一名牌赛事"的专业建设模式,并依托专业开展五项品牌专业赛事:国贸英语秀、物流设计大赛、营销策划大赛、财会技能大赛、电子商务(网络营销)大赛。比赛以全国竞赛为导向,以开设专业为平台,以校企合作为途径,以提高学生专业水平、团队协作能力、综合素质为目标,以提升就业核心竞争力为核心,每项比赛指定一名专业教师全程指导。如物流设计大赛由黄先军博士指导,营销策划大赛由张时玲副教授指导。比

赛注重理论与实战结合。如营销策划大赛分别与香飘飘、上海大众、宏基电脑深入合作,模拟实战营销环节。

围绕专业,依托学生社团,搭建专业赛事。每个专业成立一个学生社团,指定专业教师担任指导老师,开展专业竞赛。竞赛项目主要以现有全国性赛事为主,以企业实际案例为课题,学生自主组队参赛。比赛前,由专业老师,对参赛队员进行专门培训。每场竞赛在大型会场如图书馆东报告厅举行,全院学生参与,同时邀请教研室主任、专业教师、企业人员担任比赛评委,进行现场指导。经过竞赛选拔,推选优秀学生代表队伍参加省级、国家级比赛。各专业竞赛已逐步形成品牌效应,在学生当中的影响力逐步提升。每项专业竞赛,吸引了众多学生参与。

通过专业竞赛,学生有更多机会接触企业,参与实践。学生专业理论基础得到进一步加强,学生综合能力进一步提升,学生就业能力得到明显提升,学院总体就业质量也在逐步提升。

这些活动使青年教师从中受益,并惠及到我们的学生。由此可见,支持和鼓励教师教研与科研服务教学,也是我们提高科研应用型专业建设的必经之路。

参 考 文 献

[1] 冯杰,孙震. 大学重商难出诺贝尔奖,基础科学坐冷板凳[EB/OL]. [2014-10-9]. http://news.163.com/14/1017/13/A8OURI5B00014AED.html.

地方应用型高校经管类专业人才培养模式探讨

郑国余　史贤华　郑　峰

内容摘要: 地方应用型高校应该成为地方经济发展人才供应的重要来源。本文通过分析当前地方应用型高校经管类专业在人才培养方面存在专业定位不清、培养目标脱离实际、培养方法落后等问题,提出构建以培养实用型人才为目标的人才培养模式。

关键词: 地方应用型高校;经管类专业;人才培养

当前随着我国经济发展进入新常态,经济发展方式随之发生转变,对人才需求的数量和质量都提出了新的较高要求。地方应用型高校经管类专业应根据其办学定位,结合所处地域环境、层次和条件,培养社会需要的应用型经管类学科人才。然而,地方应用型高校经管类专业现行的人才培养模式依然以传授理论知识为主,实践教学不足,人才的培养与社会的需求存在着日益突出的结构性矛盾。因此,迫切需要转变人才培养理念,加快教育和教学改革,建立适合地方应用型高校经管类专业的人才培养模式。

一、现行人才培养模式存在的问题

虽然地方应用型高校经管类专业在人才培养模式上进行了一些有益探索和改革,但是,受制于办学条件、传统的教育理念和教育模式的影响,经管类专业现行人才培养模式依然存在专业定位不清、培养方案脱离实际、培养方法落后等问题,培养出来的人才与社会经济发展的要求存在较大的差距。

(一)专业定位不清

科学合理的专业定位是培养符合社会需求人才的前提。现在很多地方应用型高校经管类专业定位脱离自身实际和地方经济发展,没有体现出面向地方、服务基层的特色。一方面,专业设置同构化现象严重,往往直接照搬部委和省属重点本科大学,盲目追求高水平、高层次,没有结合自身条件。培养出来的人才在理论水平和科研能力等方面与重点高校差距较大;另一方面,专业人才培养模式与地方高职高专区别不大,培养出来的人才在实践能力方面又与高职高专存在着差距。培养出来的人才既面临重点高校的竞争威胁,又面临高职高专毕业生的替代风险。

[作者简介] 郑国余(1986—),男,安徽肥东人,滁州学院经济与管理学院助教,研究方向:国民经济学。史贤华(1962—),男,安徽全椒人,滁州学院经济与管理学院教授,研究方向:三农问题。郑峰(1983—),男,安徽长丰人,滁州学院经济与管理学院副教授,研究方向:工商管理、统计学。

（二）培养方案脱离实际

目前地方应用型高校经管类专业毕业生去向多为中小企业，这些企业对应用型、操作型人才需求量较大。中小企业由于自身条件限制，在人才培养、培训上投入较少，对应聘者的实际能力、适应能力要求越来越高。一些经管类专业扩招后办学模式建设相对滞后，培养方案的制订缺少实地调查研究，缺少与社会用人单位的沟通与协调，存在着闭门治学的现象，没有充分反映社会经济发展方式的转变，用人单位对人才需求的变化。培养出来的学生基础知识掌握不牢、专业知识缺乏实用性，与社会需求不能接轨，人才供需相脱节。

专业培养目标定位不清。培养目标过多地受到重点高校的影响，培养目标定位大同小异。培养规格要求的设定没有考虑学生的实际水平和能力，过多强调学生对理论知识的掌握，缺少对实践应用能力的具体要求。课程设置模式强调重理论、宽口径、知识结构全面，专业课程设置没有体现应用性特色。

（三）培养方法落后

教学的方式和方法比较单一，教学方式仍然以教材为核心，教师为中心，教学方式通常为单向灌输，实践与应用性案例分析课时偏少。缺少适合地方应用型高校经管类专业所需的配套教材，教材选用与办学层次不吻合，一般直接使用重点大学组织编写的教材，教材的理论和案例与地方应用型高校的社会经济环境存在一定差距，没有体现经管类专业应用性的特点。

（四）教师队伍水平不高

教师队伍中具有博士以上学历及副高以上职称的教师比例偏低，不能满足经管类专业扩招对师资队伍建设的需要。教师队伍结构不合理，缺少具有实践经验的教师，很多教师都是直接从学校到学校，实践能力偏低，水平有限。

二、应用型人才培养模式的构建

应用型人才培养模式的构建要以科学合理的办学目标为依托，要以教育教学方式的创新、教师队伍的优化整合为支撑，充分考虑地方经济发展对人才的现实需要和潜在需求，培养出基础知识扎实、应用能力强的实用型人才。

（一）明确专业定位

专业设置和调整有其自身规律，在新设专业和调整专业中应遵循一定的原则。地方应用型高校经管类专业要准确定位，专业设置应具有相对稳定性、现实性、前瞻性。人才培养需要一个较长的周期，完全根据市场供需变化进行调整，就会出现已有专业尚未发展成熟，新设专业又需要投入大量办学资源发展，必然导致经管类专业系统处于极不稳定的状态，资源得不到合理的利用，最终影响到自身的发展。因此，经管类专业设置时应保持专业的稳定性。

专业设置要依据地方经济发展规划，自身办学条件和市场的现实及潜在需求，注重发挥市场机制对人才培养的导向作用，培养符合地方经济发展需要的应用型人才。

（二）科学制订培养方案

人才培养是一项系统工程，应用型人才主要承担着转化应用、实际生产和创造实际价值的任务，进而为促进社会经济发展服务。人才培养方案是实施人才培养工作，保证教育教学质量,实现人才培养目标的纲领性文件,是人才培养的蓝图和开展教育教学活动的基本依据。它集中体现了办学思想和育人理念,决定着人才培养的质量规格水平,对规范教学工作,稳定教学秩序,提高教学质量有着极其重要的意义。人才培养方案的制订应依据"厚基础、宽口径、高素质、强能力的原则",加强对学生综合品格素养、知识水平、能力素质的培养。制订人才培养方案应遵循多方参与的原则。培养方案制订前要深入社会用人单位进行实地调研,主动与他们加强合作,听取意见和建议,以便对方案进行修改和完善。

精心制订培养目标。要紧紧围绕"应用型人才"的培养,全方位研究培养目标的可操作性和可行性以及实施的预期效果。首先,从整体上把握不同专业学生需要掌握的知识点和技能点,做好前期调查研究工作。其次,制订培养目标过程中应该让学生代表参与进来,要以学生为本,立足于学生的实际能力和水平制订目标。最后,需要对实施的效果做好及时反馈和总结,以便为以后修订和制订方案提供参考。

设置科学合理的课程体系。坚持以学生为核心的课程设计理念,建立以学生为中心的弹性课程制度,增强课程的弹性与可选择性,使课程设计在类型、形式与内容等方面适应学生多样化的发展要求。在课程具体安排上,依据社会需求、学生特长、行业特色和专业优势,以提高行业应用能力为导向,满足学生的个性发展需要和社会发展及市场需要,大胆裁并、整合课程,设计并开设全新的弹性课程,打破传统按学科范畴设计课程的旧框架,有机整合主干课程理论课。要建立以模块化为基础的知识整合与知识构建,按照基础模块与拓展模块、通识模块与专业模块、选修模块与必修模块、以学科为中心的模块与以问题为中心的模块等不同维度,建立模块式的课程体系。

(三)加快教育教学改革

坚持以"教师为主导,学生为主体"是培养应用型人才必须遵循的教学理念。教学方式方法的运用应以培养和提高学生的思维能力为主,充分调动学生学习的主动性与积极性。现代科技的长足发展为教学方式的转变创造了诸多条件,应该充分利用多媒体、计算机辅助教学系统、互联网等教育媒体与工具改善教学环境,及时把最新的专业知识带进课堂,提高教育的效率与效果。教师在教学过程中应加强基础理论教学与实践应用的相互融合,通过实践项目提高学生分析解决实际问题的能力。教学方法上应注重使用多样化、灵活性的教学方法。强化案例教学、情景演示与模拟教学、角色扮演教学等教学方法的使用,重视对学生的启发性教学和课堂互动,避免教师对学生单向"填鸭式"的强制灌输知识。

加快专业教材的编写和修订。有条件的经管类专业可以组织经验丰富、知识水平高的教师和知名的用人单位管理人员一起编写针对地方应用型高校经管专业适用的教材。已有教材应做到及时修订,避免专业教材的使用落后于社会经济发展对知识更新的需要,以及教材里面的内容长期得不到更新,从而阻碍学生对新知识的吸收和消化。

(四)优化整合师资队伍

"国家的未来发展看教育,教育的发展看教师"。素质水平高、结构合理、"双师"等是培养应用型人才对教师队伍的必然要求。地方应用型高校经管类专业教师相对于重点大学来说,教师队伍水平整体偏低、结构不合理,亟需加大对教师队伍的建设。一方面,需要提升教师队伍的学历层次和能力水平。应科学合理地安排他们到企事业单位挂职学习,既可以帮助他们了解用人单位的诉求,把用人单位对人才的反馈意见融入教学之中,有针对性地培养学生的知识和能力,还可以提高他们的社会实践和教育教学能力。同时,应创造条件鼓励年轻教师继续深造,提高他们的学历水平。对于老教师应鼓励他们继续学习,强化知识培训,更新知识体系,以适应社会经济发展对知识更新的需求。另一方面,优化教师队伍结构。切实改变师资仅由"学院派"教师构成的现状,可以根据实际采取长期聘任和短期讲学相结合的方式,邀请知名企业管理人员、杰出校友、经济研究部门的专家来校授课或讲座。

参 考 文 献

[1] 陈向军. 谈经管类应用型本科人才的培养[J]. 中国人民大学,2008(12).
[2] 胡健. 创新地方财经院校应用型人才培养模式[J]. 中国高等教育,2009(21).
[3] 张婕. 高校特色专业建设:现实与前瞻[J]. 教育研究,2011(5).
[4] 宋克慧,田圣会,彭庆文. 应用型人才的知识、能力、素质结构及其培养[J]. 高等教育研究,2012(7).
[5] 教育部关于地方本科高校转型发展的指导意见(征求意见稿)[EB/OL][2014-10-31]. http://ddh.hsu.edu.cn/s/65/t/132/c3/6f/ info50031.htm.

我国应用型高校经济工程专业建设探讨

司武飞　陈江华　杨承刚

内容摘要： 截至2014年，我国518所普通高等院校开设了经济学本科专业，其中"985""211"高校118所、地方性院校400所；从高校类别看，其分布在综合类、理工类、农林类、医药类、师范类、语言类、财经类、政法类、体育类、艺术类、民族类11类高等院校。我国经济学专业本科教育存在的根本问题是应用性高等教育的主体应用型高校与学术性高等教育的主体研究型高校之间经济学本科教育的同质化。经济工程专业建设是应用型高校经济学本科专业改造的方向，是应用性高等教育发展的必然要求，顺应了文理跨学科发展趋势，将满足市场高级应用复合型人才需要。

关键词： 应用性高等教育；应用型高校；经济工程专业；模块化

为贯彻执行《国家中长期教育改革和发展规划纲要（2010—2020年）》第七章第二十二条"建立高校分类体系，实行分类管理。引导高校合理定位，克服同质化倾向；优化学科专业和层次、类型结构，重点扩大应用型、复合型、技能型人才培养规模，促进高校办出特色"的纲要精神，根据教育部《普通高等学校本科专业目录（2012）》《普通高等学校本科专业设置管理规定》（教高[2012]9号）等文件要求，我国应用型高校应明晰自身发展定位，细分市场，以应用型人才培养为目标，主动服务经济社会。

一、我国应用型高校经济工程专业建设的必要性

随着应用性高等教育从我国高等教育体系中分化独立，截至2013年，在我国1145所普通高等本科院校中，约占20%的"985""211"院校走学术研究型之路，近70%的二本、三本院校以及独立学院的人才培养目标皆定位为"培养应用型人才"。然而，目前700多所应用型院校的本科专业人才培养方案与研究型院校的区分度不大，没有真正做到根据学科属性和经济社会发展的人才需要来培养从事应用科学研究和技术研发的应用型高级专门人才。以经济学科为例，我国硕士研究生教育分为学术性和专业性两类，与之对应，在经济学门下设理论经济学和应用经济学两大类。然而，在2012年教育部颁布的《普通高等学校本科专业目录和专业介绍》中，经济学门下的经济学、财政学、金融学以及经济与贸易四大分类未能相应衔接匹配目前我国实际存在的学术性和应用性本科教育分类。应用性本科教育必须有应用性学科和专业支撑，应用型高校经济工程专业建设正体现了应用性本科教育体系的要求。

[作者简介]　司武飞，男，合肥学院经济系副教授，经济学教研室主任。陈江华，男，合肥学院经济系主任，教授。杨承刚，男，安徽合肥人，合肥学院经济系讲师，硕士，主要研究方向为区域经济学。

[论文项目]　本文是安徽省质量工程卓越人才教育培养计划项目（2014zjjh037）以及专业综合改革试点项目（2013zy065）的阶段成果。

应用性本科教育必须有应用性学科和专业支撑，应用型高校经济工程专业建设正是应用性本科教育体系的要求。经济工程是从经济性、技术性和法律性角度出发的，利用统计学、运筹学、系统工程等理论方法，设计和构建复合型的经济性和技术性体系。经济工程是经济学科和工程学科耦合而成的应用性交叉学科，由工学和经济学集成的跨学科课程体系支撑。

（一）经济工程专业建设是应用性高等教育发展的必然要求

高等教育毛入学率达到15%以上时，高等教育进入大众化阶段。高等教育大众化外在表象是高等教育规模扩大，内在实质是高等教育结构体系的多元化发展。2003年教育公报首次公布我国高等教育毛入学率为17%，标志我国高等教育跨入大众化发展阶段。2013年我国高等教育毛入学率已达到26.9%，随着我国高等教育大众化程度不断深入，原先精英教育格局下的学术性高等教育体系必将分化形成与高等教育大众化发展阶段相适应的学术性与应用性并存的新的高等教育体系。应用性高等教育是以学科属性和经济社会发展的人才需求为依据，是以培养从事应用科学研究和技术研发的应用型高级专门人才为目标的高等教育体系。应用性高等教育模式类似于企业由计划经济下的"供产销"转向市场经济下的"销产供"生产经营程式，首先是根据经济社会发展的实际需要设置专业，然后根据设置的专业确定专业培养要求，最后按照专业培养要求，在一系列的学科门类中选择不同的专业课程组建课程模块体系，从而实现应用型人才培养目标。因此，紧密联系和依托经济社会发展的需要开展应用学科建设，致力于应用科学研究和技术研发，强调理论知识的实际应用，解决经济社会发展中的现实问题，是应用性高等教育最本质的特征之一，应用性高等教育实质上是以专业为主导，学科为支撑，其核心是以专业建设为中心整合教育资源，以发展专业群的理念开展学科重组和调整，实现理工结合、文理渗透。

改革开放三十多年来，我国高等教育取得了长足发展，由精英教育迈向大众化教育阶段，高等教育体系正日趋分化为学术性和应用性两大类。但是，目前有近700所地方性应用型本科院校，在学科建设以及专业设置上与研究型大学的差异性、区分度很小，还未能真正面向市场，走向应用；在人才培养目标上，还是强调知识的系统性和理论基础的扎实性，重文本轻实践、重传承轻创新，与市场经济下的复合型、交叉型、应用型人才需要不相适应。

由此可见，应用性高等教育体系形成和发展要求应用型高校在学科建设和专业设置上必须从学术性转向应用性，必须遵循"应用性高等教育体系——应用性学科发展——应用性专业建设"的逻辑结构。对于经济学门下的学术性较强的经济学类专业而言，增设经济工程专业是应用性本科教育体系发展的必然要求，更是应用性本科教育理工结合、文理渗透的体现。

（二）经济工程专业建设顺应文理跨学科发展趋势

随着当代科技的加速度发展，各种交叉学科、边缘学科成长迅速，技术交叉和融合越来越频繁，复杂的高科技工程必须通过多学科、多种技术共同协作完成。在此背景下，国外跨学科的理论和实践研究应运而生。

1980年跨学科研究国际协会成立，标志着跨学科研究体制进入国际化。1986年，联合国教科文组织召开了首次跨学科会议。在跨学科课程实践领域里，美国的MIT率先开设了旨在拓宽和增强工程教育人才知识面和技术水平的跨学科综合课程，马里兰大学、俄亥俄州立大学也要求学生必须参加一定学分的跨学科课程学习，以提高综合应用能力。1995年日本开设跨学科、综合性课程的大学占全国大学总数的70%以上。法国大学强调本科教育的

"多科性"原则,重视基础知识和跨学科教学,努力实现基础科学与技术、工程科学相结合,人文科学、社会科学与自然科学相渗透。

在德国,许多应用科技大学都设有经济工程专业。与以往德国专业设置的专向性不同,经济工程是一个交叉学科。经济工程专业课程体系综合了经济学专业和工科专业的课程,工科一般提供机械和电子两个方向供学生选择,同时在经济方面除了必学的经济法、宏观、微观经济学,还有投资、管理、市场营销等方向让学生作为选修课来学习。经济工程师截止到目前还未列入官方的统计。据不完全估计,德国有近12.1万在职的经济工程师,其中1/4以上年龄已经超过50岁。对经济工程师需求量最大的是机器制造业,其次是电子工业和汽车制造业。经济工程师在这些行业中除了参与市场营销、物流管理、物资管理、生产管理、财务管理和质量监督等工作外,还负责分析与经济、技术和法律相关的各种问题,进行经济性和技术性评判并有能力解决这些问题。经济工程师的就业前景相当不错。由于社会需求量较大,而毕业生的数量相对较小,因此就业前景非常广阔。

我国的大学在1952年院系调整后,全面学习苏联的教育体制,采取的本科教育模式是学生从一进校就分专业,而且是"窄口径"的专业。课程体系按照"基础课、专业基础课、专业课"来组织。这种状况在改革开放后有所改变,主要是专业口径有所放宽,但基本的教育模式没有变化。20世纪80年代,我国跨学科理论快速发展,代表性人物和著作有《交叉科学导论》(李光,1989)、《跨学科导论》(刘仲林,1990)。国内学者研究跨学科理论集中在《跨学科的范式研究》(汪丁丁,2004);《跨学科的人才培养》(牟忠英,2002;朱现平,2004);《跨学科的研究方法》(鲁兴启,2004)和《国内外跨学科的比较研究》(江小平,2003;秦国柱、程如烟,2005)。目前,我国跨学科应用领域研究主要偏重于从跨学科角度对大学的学术组织进行再造,如北京大学、复旦大学等学术型大学,人才培养的重心正逐步向研究生教育提升。武汉大学在经济学本科专业建设中先后开办了数理经济、数理金融等试验班,创立了多学科复合的人才培养模式。至于应用型高校,将高等教育职能与大学内部特征以及市场人才需求特点相结合,进行跨学科专业设置、跨学科课程设计的应用实践还是星星之火。

从经济学学科本身考察,在经济学说史上,前古典经济学时代经济学从属于哲学,自经济学脱离哲学成为一门独立学科起,经济学一刻也未停止跨学科发展的步伐。统计学与经济学的融合诞生了计量经济学,完善了经济学的实证方法;数学与经济学的融合,开创了数理经济学,数学模型分析方法至今仍占据主要地位;物理学对经济学的推动也是不可估量的,"均衡"概念就来源于物理学领域;信息科学更是带来了博弈论的高潮与经济学的革新;伦理学与经济学的结合使得伦理经济学在考虑效率与价值的同时,不能忽视社会公平与社会稳定;法学与经济学的融合诞生了产权和制度经济学派;心理学与经济学的融合变革了传统理性人假设的思维方式,不以主观的先验假设为依据,强调对行为的心理形成机制进行分析。总之,经济学在与其他学科门类的哲学、法学、历史学、理学、管理学的跨学科发展中,形成了各种经济学派,丰富了经济学理论体系。

经济学从解释现象到决策应用,从决策应用到工程设计,这样的演进方向,极大地提升了它的实践应用价值,并最终达到为经济社会直接创造价值的经济工程阶段。经济工程学包括理论、方法、工具和主体间可核实性的知识以及经济学科、工程学科和法律学科之间的关系。作为企业经济与工程学之间的连接口,经济学正发展成为一个独特的跨学科领域。正因为经济工程学的内容具有跨学科性,因此往往形成非常复杂的系统,包括开发、执行、实施、优化以及在符合法律要求和规定下对某些系统的实际操作。这些系统不像纯粹经济性或者纯粹技术性系统那样分散,而是作为整体系统被人们研究。经济工程学从技术性、经济性和法律性角度出发,利用系统理论、运筹学、统计学等不同的方法,设计和构建真实的经济性和技术性体系,同时将来自相应模式中对生产、制造、营销以及信息系统的要求引入到现有的或者新型的真实系统中。

(三) 经济工程专业建设满足经济社会复合型人才需要

20世纪90年代,英、美等发达国家更新教育观念,实施宽口径综合课程教学,提出高等教育要文理并重,积极开展复合型人才培养,使高等教育更有效地服务经济社会。随着我国市场经济的深入发展,过去单一的学术型人才培养目标越来越不适应经济社会对多样化人才的需要,出现"就业难与招聘荒并存","硕士博士满街跑,技工技师无处找"的现象。这些现象反映了高校专业设置不适应市场需求的问题:一方面设置了市场需求不足的专业,另一方面缺乏市场需求旺盛的专业。因此,高等教育必须面向市场,高等学校必须面向市场设置和调整专业,满足经济社会对高层次应用型人才,尤其是高层次复合型应用型人才的需要。

从学科门类看,经济学与理学在理论上早已交叉,在市场经济条件下,经济学与工学在应用实践上的交集愈发放大,经济社会越来越需要既懂经济学科知识又懂工学学科知识的复合型人才。然而,目前国内不管是学术型大学还是应用型高校,网络浏览其经济学专业的培养规格和要求几乎都是:"本专业要求学生系统掌握经济学基本理论和相关基础专业知识,了解市场经济运行机制,熟悉党和国家的经济方针、政策和法规,了解中外经济发展的历史和现状,了解经济学的学术动态,具有运用数理分析方法和现代手段进行社会经济调查、经济分析和实际操作的能力。毕业生应具备以下几方面的知识和能力:掌握马克思主义经济学、当代经济学的基本理论和分析方法;掌握现代经济分析方法和计算机应用技能;了解中国经济体制改革和经济发展;熟悉党和国家的经济方针、政策和法规;能从专业角度看待国家经济发展问题;掌握中外经济学文献检索、资料查询基本方法,具有一定的经济研究和实际工作能力。"对于学术型大学而言,这样的经济学专业培养规格和要求无可厚非,但是,对于应用型高校来说,如此培养规格和要求不仅与学术型大学的区分度太小,而且与市场的复合型人才需要相去甚远。

经济工程专业人才培养目标是培养在经济和技术交叉领域中完成相关任务的复合型人才,具有从不同角度分析问题并且进行经济性和技术性评判的能力。经济工程师能够清晰地判断出与经济、技术和法律相关的各种问题并有能力解决这些问题。因此,在我国社会主义市场经济条件下,应用型高校增设经济工程专业满足了经济社会复合型人才的市场需要。

在后国际金融危机时代,世界经济增速放缓,国际市场需求下降,虚拟经济发展过度,实体经济回归焦点。制造系统也日趋系统化、复杂化和集成化。企业和社会迫切需要大批既具有一定工程背景,又掌握扎实的系统分析、优化与设计理论的工程类高级专门人才。对于应用型本科院校来说,专业的设置与调整,取决于经济社会的发展和需要。由于高校专业人才培养的周期性与市场经济下人才需求变化的即时性之间存在矛盾,可能造成培养出来的人才的数量结构与质量规格与社会需要脱节,因此,市场的人才需求预测非常必要。

理论层面,市场愈发达,分工愈细化,专业愈加新,人才专且精;实践层面,如同企业的存在节省了市场的交易费用,复合型人才的出现节约了企业专业性人才的交易费用。市场经济越发展,复合型人才越需要。从学科门类看,经济学与理学在理论上早已交叉,市场经济下,经济学与工学在应用实践上的交集愈发扩大。目前在德国,经济工程毕业生几乎无人失业,与其他工程专业不同,经济工程专业的招生数量没有下降。在应用技术大学,该专业的学生人数甚至在不断增长。每年将有 4000 多名经济工程专业的毕业生从德国应用技术大学毕业。目前国内高校在工科门类中的有关专业开设的工程经济学课程实证了社会需要经济与工程交叉的复合型人才。根据《国家中长期人才发展规划纲要(2010—2020 年)》预测,到 2020 年在国民经济发展重点领域如能源资源、装备制造、航天航空、国际商务、住宅产业化、现代交通运输、生物技术、新材料等方面,我国急需紧缺专门人才 500 多万。因此,根据国家中长期人才发展规划要求,结合地方经济发展需要,合肥学院经济系增设经济工程专业,面向安徽及周边地区培养经济与新能源、经济与建筑领域中的高级应用型复合型人才。

1. 建筑领域需要经济工程复合型人才

随着我国工业化、城镇化和农业现代化的深入发展,建筑业和房地产业仍将持续发展。对于城镇化率低于全国平均水平的农业大省安徽来说,建筑业、房地产业对国民经济的拉动作用将进一步加大。伴随城乡一体化体制机制实施、房地产业的高涨、工程咨询业无条件的开放、国外工程咨询公司的进入、造价职业资格逐步规范以及本科段无直接对口专业,建筑领域经济工程专业毕业生的就业前景更加广阔。一方面,随着建筑市场的快速发展和造价咨询、建筑管理等相关市场的不断扩大,社会各行业如房地产公司、安装企业、建设施工企业、咨询公司等相关行业对造价人才的需求不断增加,造价行业的发展十分迅速。对于工程造价来说,既要掌握设计、构造、技术,还要掌握材料及市场信息和动态;既要对工程整体环境及背景有整体认识,又要应用预算专业知识对工程造价有整体掌控。工程造价确定的不再是传统的套定额取费模式,而是在国家规定的资源消耗的标准基础上,由施工企业自己编制定额,自主报价,增加了工程造价文本编制的难度。一个工程项目造价的形成非常复杂,不仅决定工程项目本身,而且与项目资金的来源组成、项目投资管理、项目投资地区及国家有关的财政税收政策有关,这就要求造价人员必须是复合型人才,既要具备专业知识和技能,同时也要具有经济学知识进行分析问题,解决问题的能力。我们对合肥市房地产开发企业发放 100 份问卷,收回 98 份,问卷针对房地产开发企业招聘工程技术人员的要求进行设计。问卷整理分析得出:90%的房地产开发企业对既能设计又懂材料市场价格变化以及工程成本预算的多能型人才愿意出高薪聘请。反观高校的人才培养,传统经济学专业的学生只掌握经济理论知识,对建筑工程知识知之甚少;而传统工程建筑类学生只会工程设计、绘图,而对建筑项目的市场价格、成本核算等经济知识更是匮乏。另一方面,城镇化深入发展带来的城镇规模扩张,在市政工程管理方面迫切需要城市环境工程经济学、城市能源技术系统应用、电子数据处理、城市交通工程经济、城市垃圾处理工程经济等方面的复合型经济工程人才。因此,市场经济下,经济社会越来越需要既懂经济学科知识又懂工学学科知识的经济工程复合型人才。

2. 新能源领域需要经济工程复合型人才

当今世界正处在第二次工业革命和化石能源世纪的最后阶段,人类能否步入一个"后碳"时代,避免灾难性的气候变化,就此问题美国学者提出了基于"能源互联网"的第三次工业革命。

我国是世界上最大的火力发电国,煤炭在能源结构中占 70%,截止 2012 年我国页岩气资源潜力为 134 万亿立方米,约为美国的两倍,我国现在是世界上最大的能源消耗国和仅次于美国的二氧化碳排放国;与此同时,我国也是世界上最大的风力涡轮机和太阳能电池板生产国,太阳能光电产品生产总值占世界 30%。尽管我国是世界上风力资源和太阳能资源最为丰富的国家之一,然而,可再生能源发电量仅占国内能源消耗量的 0.5%。是继续依赖化石能源与技术,还是积极投身第三次工业革命,大力开发可再生能源科技将是世界各国争夺未来的竞争,基于能源的经济与管理的工程人才十分稀缺。

(1) 新能源领域工程科技人才需求预测

在风能和太阳能发电领域,由于我国现在还没有风电与太阳能发电等方面的工程科技人才的统计资料,这方面人才以德国类比进行预测,生物质能发电方面的工程科技人才以美国类比进行预测。2004年德国风电装机1662万千瓦,从业人员6.16万人(包括研发、设计、运行、维修等人员),由此可以计算出每万千瓦需要从业人员37人。根据德国太阳能工业协会的数据,2005年德国太阳能发电装机容量为83.7万千瓦,共有从业人数4.2万人(包括研发和服务人员),每万千瓦约需要从业人员500人。2006年,美国有350多座生物质发电站,装机容量在1000万千瓦以上(这里按照1000万千瓦计算),提供了大约6.6万个工作岗位。根据前面的数据,2020年达到5000万千瓦;太阳能发电装机容量2020年达到150~200万千瓦(以200万千瓦进行预测);我国生物质能发电装机容量2020年达到1600万千瓦。参照德国和美国的数据,中国工程院"创新型工程科技人才培养研究"咨询项目的预测结果如下:2020年我国未来对风电、太阳能、生物质能发电专业的工程科技人才需求数量分别是18.5万人、10万人和10.5万人。

(2) 新能源领域科技人才能力要求预测

根据中国工程院的咨询项目预测,创新型工程科技人才至少要具备三种能力。第一,跨学科交叉能力。以电力行业为例,在实现西电东送、全国联网的建设进程中,具有特高压、远距离输电特色的中国电力,由于自动化程度越来越高、工程趋于系统化以及机、炉、电一体化,使得电力企业的岗位由孤立、分散、专一转变为更加具有复合性,电力企业中经济、管理与生产融合,既懂现代科学技术,又懂经营和管理的高学历、高素质的复合型人才成为电力企业最受欢迎的人才。第二,自主创新能力。创新是行业发展的动力,没有创新就没有发展,我国工程科技人员只有不断创新,才能在新能源发电领域设计和开发出满足客户要求或市场发展趋势的新产品、制造工艺、新材料、新管理方法。第三,国际化能力。我国新能源行业虽然潜力巨大,但是生产效率较低,许多知识需要和国外公司、研究机构或政府交流,这就需要新能源领域的人才了解对方的文化、背景和习惯等,需要具有与不同国家人员共同工作的能力,能与行业内的相关人员很好地交流。总之,新能源领域的经济工程人才不仅需要,而且需求量大。

3. 外贸企业需要经济工程复合型人才

通过对轻工、纺织、粮油、化工和机械等5家不同行业的安徽大型外贸企业的总经理进行访谈,得出:大型外贸企业的外贸业务员只管把订单拿回来,至于后续组织订单生产、成本核算、价格控制则由不善于外贸谈判的内勤人员负责。市场经济下,尤其是后国际金融危机时代,外贸企业招聘业务人员的要求都是既要懂国际经济贸易知识又要懂相关工程基础知识的复合型人才。一个从事轻工国际贸易的业务员,不仅要掌握国际贸易经济专业知识,还要熟悉轻化工程专业的知识;同样,纺织工程、机械工程、化学工程与工艺等专业知识也是从事相应行业外贸业务人员的必备知识。尽管近年来国际贸易形势严峻,但地处合肥的这五家外贸企业每年都大量招聘复合型业务人员,外贸企业需要既懂国际经济贸易知识又懂工程基础知识的复合型人才。可见,经济工程专业毕业生就业前景光明。

总之,在发达国家主动调整科技和产业发展战略,把绿色、低碳技术及其产业化作为突破口背景下,在"十二五"结构调整的方针下,安徽审时度势,把握趋势,在"十一五"后期积极主动求变,"合芜蚌自主创新综合配套改革试验区"和"皖江城市带承接产业转移国家级示范区"的设立,为安徽"十二五"发展抢占先机。合芜蚌自主创新区的应用技术研发中心、科研集群基地、孵化基地、产业基地建设需要大量高层次复合型人才;安徽省初步形成了平板显示、公共安全、量子通信、新能源、新能源汽车等战略性新兴产业,优势主导产业集中在加工制造业,形成了汽车、装备制造、家用加电、化工及轮胎、电子信息及软件、新材料、生物技术及新医药、食品及农副产品深加工等八大行业。皖江城市带基于主导产业进行集群化承接产业转移,积极参与泛长三角区域经济发展的分工,2011年,皖江城市带实现生产总值达10348.5亿元,对全省经济增长贡献率接近70%,整体上已迈入工业化中期阶段。此外,合肥市是国家科技创新试点市,安徽省是"国家技术创新工程试点省"。可见,安徽在科技创新和实体经济上的发展符合当今宏观经济发展趋势。安徽经济和社会的快速发展,亟须大量高层次复合型人才,能够为经济工程专业毕业生提供就业保障。

二、应用型高校经济工程专业建设的合理性

随着当代科技的加速度发展,各种交叉学科、边缘学科成长迅速,技术交叉和融合越来越频繁,复杂的高科技工程必须通过多学科、多种技术共同协作完成。在英国,牛津大学开设"经济学与工程科学"课程;在德国,有30所综合性大学、84所应用科技大学、15所职业学院共129所大学开设经济工程专业,该专业学生人数在不断增长,毕业生几乎无人失业。其中需求量最大的是机器制造业,其次是电子工业和汽车制造业。与发达国家相比,我国高校跨学科研究和人才培养差距较大,单学科专业培养人才的观念根深蒂固,高校选修课较少,可供选择的专业也很小。

经济工程包括理论、方法、工具和主体间可核实性的知识以及各种经济学科、工程学科和法律学科之间的关系。它作为企业经济与工程学之间的连接口,多年来发展成为一个独特的科学领域。经济工程学的内容具有跨学科性,因此往往形成非常复杂的系统,包括开发、执行、实施、优化以及在符合法律要求和规定下对某些系统的实际操作。这些系统不像纯粹经济性或者纯粹技术性系统那样,而是作为整体系统被人们研究。经济工程学是从技术性、经济性和法律性角度,利用系统理论、统计学、运筹学等不同的方法设计和构建真实的经济性和技术性体系,同时将来自相应模式中对生产、制造、营销以及信息系统的要求引入到现有的或者新型的真实系统中。可见,经济工程本科专业建设在应用性高等教育分化以及学科体系方面逻辑自洽,不仅必要而且合理。

(一) 与所属"专业类"下其他专业的区分

在德国应用科技大学,经济工程专业可以授予经济学学士学位,也可以授予工学学士学位。在我国,经济工程本科专业拟归入经济学门类下的经济学类。从2012年新颁布的《普通高等学校本科专业目录》中的经济学类来看,经济工程本科专业只包括经济学和经济统计学两个本科专业以及国民经济管理、资源与环境经济学、商务经济学和能源经济四个特设专业。经济学本科专业在培养要求上主要讲授经济学基本理论和基本知识,运用现代分析方法与手段进行社会经济调查、经济分析;主干学科包括理论经济学、应用经济学、工商管理。经济统计学本科专业主要学习经济统计学体系的基本理论和基本知识,掌握复杂经济社会实际问题统计测度、数据处理与分析;主干学科包括理论经济学、应用经济学、统计学。国民经济管理、资源与环境经济学、商务经济学和能源经济4个特设专业在学科上属于应用经济

学范畴,研究对象为特殊部门或热点行业。

经济工程由经济学科和工程学科共同组成,两者同等重要。其内容为包括工程学科知识和经济学科知识的跨学科课程。它作为一门独特的学科同时也被列入众多大学工程学科的院系之中。经济工程不仅已经建立了独立的科学性课程,同时也被作为独立的科学性专业领域设立于公共以及私人的研究机构中。经济工程专业的毕业生尤其具有在经济和技术交叉领域中完成跨学科相关性任务的能力。经济工程师能够基于他们所受到的培训清晰地判断出与经济、技术和法律相关的各种问题情况并有能力解决这些问题。这种既包含有企业经济学、自然科学、工程科学,又包含有法学的课程内容在过去的几年中被推广到许多国家之中。通过对经济工程学课程的学习,学生们应该能够从不同的角度分析问题并且对其进行经济性和技术性的评判,力求通过跨学科的方法使得毕业生们获得处理问题的全局观。学科课程作为架在经济与工程科学之间的桥梁,汇集来自两个科学领域的内容与能力。为完成这一目标,课程设置不仅以在自然/工程和企业经济方面的专业能力培养为重点,同时在专业整合方面如质量管理、项目管理、环境管理、流程管理和法律等继续进行开发。由此培养出毕业生们所必须具备的能力,以使得他们在技术与商业交叉领域胜任各项工作。

总之,经济工程专业与经济学类下的经济学、经济统计学以及其他四个特设专业无论在培养目标、培养要求上还是在学科研究对象上的区分度都较明显。

(二)经济工程专业名称的规范性

在工学中,以"工程"命名的专业很多,如机械工程、通信工程、软件工程、土木工程、交通工程等;在经济学门类的金融学类中有金融工程专业,管理学科门类中有管理工程、工业工程专业。经济学与工学跨学科融合形成经济工程专业,专业名称较为规范,不会引起歧义。需要说明的是,在工学或管理学的相关专业中都涉及"工程经济学","经济工程"与"工程经济学"的区别在于:工程经济学一般针对的是特定项目在技术参数既定下来分析经济上的可行性,而经济工程作为架在经济与工程科学之间的桥梁,从系统工程的角度分析问题并对相关领域进行经济性和技术性的评判。

三、应用型高校经济工程专业建设保障措施

(一)应用型高校经济工程专业建设离不开主管部门的认知与支持

发达国家的跨学科研究,起步较早,成果丰富,社会影响大,高等院校增设跨学科专业较早,社会各界对跨学科专业有较深的认知,增设跨学科专业在寻求外界支持时,能够得到广泛响应。我国高等教育模式是借鉴前苏联的,专业划分细致,单一专业教育观念深入人心。国外发达国家的跨学科专业没有统一的专业目录,高校的跨学科专业名称由学校自主确定,教师对一些课程进行组织,形成不同的模块课程体系,同时也就形成了专业。不同的模块课程组合,由于侧重点不同,专业名称也不一致。例如,德国应用科技大学将经济学科与工科相融合形成了"经济工程"专业;英国牛津大学则直接命名为"经济学与工程科学"专业。

在我国,十八届三中全会决议通过了"深化教育领域综合改革,创新高校人才培养机制,促进高校办出特色争创一流"的决策,《国家中长期教育改革和发展规划纲要(2010—2020年)》第七章第二十二条提出"建立高校分类体系,实行分类管理。引导高校合理定位,克服同质化倾向;优化学科专业和层次、类型结构,重点扩大应用型、复合型、技能型人才培养规模,促进高校办出特色",第十三章第三十九条提到的7个"自主"中第二个"自主"就是学校

"自主设置和调整学科、专业"的规划内容。但是,现阶段我国高等学校的本科专业设置与调整由教育部或地方教育厅进行备案、审批管理,专业设置与调整的程式性较严,尤其是新建地方应用型二本院校增设的新专业不在《普通高等学校本科专业目录(2012)》之内,即目录外专业的审批程式更严。因此,现阶段,作为中德省州共建已有30年历史、被誉为"新建本科院校第一方阵排头兵"的合肥学院,借鉴德国应用科技大学经济工程专业的办学经验,增设应用性的经济工程专业离不开各级主管部门的认知与支持。

(二)应用型高校经济工程专业建设需要完善创新模块化课程体系

经济工程专业是经济学与工学两个学科相互融合而共生的一个实践性、应用性专业,经济工程专业人才培养目标的实现及课程体系创新是关键。如何创新课程体系?根据经济工程专业的跨学科融合特点,创新跨学科课程体系是专业建设的内功,直接关系到经济工程专业建设的成败,而跨学科课程体系实现的路径是模块化课程构建。模块能够围绕一个特定主题独立构成一个单元,可以在事先设计时就进行考虑其能够服务于哪些重点或是否可以跨专业使用,特别是那些跨学科设计的模块在不同专业里有着广泛的用途。模块应该跨系乃至跨学校在其他学校的相近专业中加以实施。只有这样,才能促进现有资源的有效利用,同时扩展专业设置的多样化。若能够进行跨系合作,并将各自学科领域的内容以单元形式——"模块",通过所谓的"模块组合池"(形容盛装全部模块的地方,在这里,可以根据专业需要对模块进行组合,在实际操作时,就是模块数据库),在不同专业及专业方向中进行运作,这样,跨系的专业设置就会很容易,并且可以减少教学资源上的浪费。

(三)应用型高校经济工程专业建设需要建立一支双能型师资队伍

教师是教学活动的主体,高素质的师资队伍是专业教学质量提高和人才培养目标实现的根本保障。经济工程专业师资团队建设需要一支既熟练掌握经济理论又具有工程实践丰富经验、积极进取、敢担重任的双能型师资队伍,同时,跨学科、专业的双能型教师部门归属对管理创新提出了新的要求。

(四)应用型高校经济工程专业建设需要建设现代化综合实验平台

经济工程专业的应用型、复合型人才培养目标离不开实验教学,经济工程专业的现代化实验平台建设要保证各相关课程的实验教学要求,要满足验证性、设计性、创新型实验的要求,要保障专业科学研究以及产学研合作项目等相关实验要求。

(五)应用型高校经济工程专业建设要创新实训基地校企合作模式

实习实训基地建设对于经济工程专业学生实践应用能力的培养意义重大,不仅能提高学生理论联系实际和主动适应社会的能力,而且通过在实习基地参加生产实践,让学生熟悉了企业生产的全过程,增强了学生动手能力和分析解决问题的能力,缩短了毕业生的工作适应期。由于高等教育大众化,在校学生人数剧增,企业不愿接收实习生,校外实习基地建设困难重重,实习基地偏少无法满足学生实习要求。因此,创新实训基地校企合作模式非常必要。

参 考 文 献

[1] 高利民. 经济学进入工程时代[N]. 东方早报,2012-10-17.
[2] 张衍林. 工程造价专业人才需求调研报告[J]. 现代企业教育,2012(14).

面向经济工程专业建设的应用型高校经济学专业改造

司武飞　　陈江华

内容摘要：截至2014年,我国518所普通高等院校开设了经济学本科专业,其中"985""211"高校118所,地方性院校400所;应用型院校与研究型高校经济学本科教育的同质化导致市场人才供求结构性过剩。经济工程专业建设是应用型高校经济学本科专业改造的方向,是应用性高等教育发展的必然要求,顺应文理跨学科发展趋势,满足市场经济下复合应用型人才需要;在学科体系上,经济工程专业是经济学专业面向应用实践的分支,属应用经济学范畴;基于模块化课程体系创新是应用型高校经济工程专业建设的途径。

关键词：应用性高等教育;应用型高校;经济工程专业

国际上,当高等教育毛入学率达到15%时,一般认为高等教育进入大众化阶段。自2002年我国高等教育毛入学率达到15%以来,我国高等教育毛入学率不断增长,2014年增长到37.5%(如图1所示)。随着我国高等教育毛入学率不断加深,应用性高等教育体系应运而生。应用性高等教育体系的主体是应用型院校,应用性高等教育体系要求应用型高校在学科建设和专业设置上必须从学术性转向应用性,必须遵循"应用性高等教育体系——应用性学科发展——应用性专业建设"的逻辑结构。市场经济下,为克服我国普通高等学校办学同质化趋向,根据国家教育中长期发展纲要精神,我国应用型院校应明晰自身发展定位,细分市场,以应用型人才培养为目标,重点扩大应用型、复合型、技能型人才培养规模,主动服务经济社会。

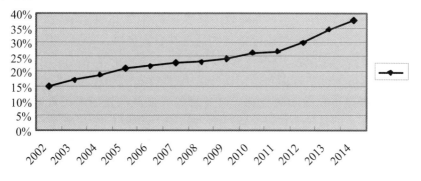

图1　2002~2014年我国高等教育毛入学率

［作者简介］　司武飞,男,合肥学院经济系副教授,经济学教研室主任。陈江华,男,合肥学院经济系主任,教授。

［基金项目］　安徽省级质量工程专业综合改革试点项目(2013zy065)以及卓越人才教育培养计划项目(2014zjjh037)的阶段成果。

一、我国普通高等院校经济学专业设置现状

根据教育部《普通高等学校本科专业目录和专业介绍(2012年)》，经济学门类下设经济学、财政学、金融学、经济与贸易4大类；在经济学类下，共设有6个专业，其中编码带T的为特设专业。本文的"经济学本科专业"是指经济学类下编码为020101的经济学专业(如表1所示)。

我国究竟有多少所院校开设了经济学本科专业？根据2014年全国高校信息综合查询系统中的高考志愿填报参考系统，查询经济学(020101)本科专业招生院校，得出：全国共有518所本科院校开设了经济学专业(若统计三本院校，达620所)，占我国1145所普通高等本科院校(2013教育部官网统计数据)的45%，其中39所"985"院校只有电子科技大学、国防科技大学、西北工业大学、天津大学和中国科学技术大学5所未招生，其余34所都开设了经济学本科专业；118所"211"院校(含"985"高校及其分校)开设了经济学本科专业；开设经济学本科专业的地方性院校有400所，占518所开设院校的77%。根据2014年全国高校信息综合查询系统中的高考志愿填报参考系统，高校类别分为：综合类、理工类、农林类、医药类、师范类、语言类、财经类、政法类、体育类、艺术类、民族类、军事类、其他类，其中，开设了经济学本科专业的518所高校的分类情况如表2所示。

表1 我国普通高等学校经济学本科专业目录

经济学门类(020)								
经济学类(0201)						财政学类(0202)	金融学类(0203)	经济与贸易类(0204)
经济学(020101)	经济统计学	国民经济管理	资源与环境经济学	商务经济学	能源经济			

表2 518所高校开设经济学本科专业按类别分布

综合类	理工类	农林类	医药类	师范类	语言类	财经类	政法类	体育类	艺术类	民族类
149所	131所	33所	8所	89所	7所	33所	9所	4所	1所	14所

根据教育部《普通高等学校本科专业目录和专业介绍(2012年)》，经济学专业培养目标为："培养站在时代前列，具有强烈民族精神和高度社会责任感，以马克思主义为指导，经济学基础理论功夫深厚，信念执着、品德优良、知识丰富，能够理论联系实际，了解中国国情，具有国际视野，具有强烈的创新意识和应用实践能力，能在高等学校和科研机构、相关政府部门、企事业单位从事经济学教学研究和经济管理等方面的高素质专门人才和拔尖创新人才。"然而，该专业人才培养目标不仅在综合类、理工类、农林类、医药类、师范类、语言类、财经类、政法类、体育类、艺术类和民族类的518所院校中的经济学本科专业的人才培养目标趋同，而且34所"985"、118所"211"院校与400所地方性院校的经济学本科专业的人才培养目标也相近，基本都是"能在高等学校和科研机构、相关政府部门、企事业单位从事经济学教学研究和经济管理等方面的高素质专门人才和拔尖创新人才。"可见，我国经济学专业本科教育存在的主要问题是应用型高校与研究型高校之间经济学本科教育的同质化，从而导致人才供求结构性失衡。

二、我国应用型高校经济工程专业建设的必要性

随着应用性高等教育从我国高等教育体系中分化独立,截至2014年,在我国1202所普通高等本科院校中,约占20%的"985""211"院校走学术研究型之路,近70%的二本、三本院校以及独立学院的人才培养目标皆定位为"培养应用型人才"。然而,目前700多所应用型院校的本科专业人才培养方案与研究型院校的区分度不大,没有真正做到根据学科属性和经济社会发展的人才需要来培养从事应用科学研究和技术研发的应用型高级专门人才。以经济学科为例,在2012年教育部颁布的《普通高等学校本科专业目录和专业介绍》中,经济学门下的经济学、财政学、金融学以及经济与贸易4大分类未能相应衔接匹配目前我国事实存在的学术性和应用性本科教育分类。

应用性本科教育必须有应用性学科和专业支撑,应用型高校经济工程专业建设正是应用性本科教育体系的要求。经济工程是从经济性、技术性和法律性角度,利用统计学、运筹学、系统工程等理论方法,设计和构建复合型的经济性和技术性体系。经济工程是经济学科和工程学科耦合而成的应用性交叉学科,由工学和经济学集成的跨学科课程体系支撑。

(一)经济工程专业建设是应用性高等教育发展的必然要求

应用性高等教育的逻辑起点是市场需求,目标是培养应用型高级专门人才。应用性高等教育模式类似于企业由计划经济下的"供产销"转向市场经济下的"销产供"生产经营程式,即根据经济社会发展的实际需要开设专业以及改造专业培养目标,依据专业培养目标要求,构建模块化课程体系,从而实现应用型人才培养。因此,应用学科支撑应用性高等教育发展,应用学科建设的基础是应用性专业建设,应用性专业建设强调理论知识的实际应用,解决经济社会发展中的现实问题。目前,开设了经济学本科专业的400所地方性应用型本科院校,在经济学专业建设以及培养目标上,与118所研究型大学的经济学专业建设以及培养目标的差异性、区分度很小,还未能真正面向市场,走向应用;在人才培养目标上,还是强调知识的系统性和理论基础的扎实性,重文本轻实践、重传承轻创新,与市场经济下的复合型、交叉型、应用型人才需要不相适应。目前国内不管是学术型大学还是应用型高校,网络浏览其经济学专业的培养规格和要求几乎都是:"本专业要求学生系统掌握经济学基本理论和相关基础专业知识,了解市场经济运行机制,熟悉党和国家的经济方针、政策和法规,了解中外经济发展的历史和现状,了解经济学的学术动态,具有运用数理分析方法和现代手段进行社会经济调查、经济分析和实际操作的能力。毕业生应具备以下几方面的知识和能力:掌握马克思主义经济学、当代经济学的基本理论和分析方法;掌握现代经济分析方法和计算机应用技能;了解中国经济体制改革和经济发展;熟悉党和国家的经济方针、政策和法规;能从专业角度看待国家经济发展问题;掌握中外经济学文献检索、资料查询基本方法,具有一定的经济研究和实际工作能力。[1]"对于学术型大学而言,这样的经济学专业培养规格和要求无可厚非,但是对于应用型高校来说,如此培养规格和要求不仅与学术型大学的区分度太小,而且与市场的复合型人才需要相去甚远。

由此可见,应用性高等教育体系形成和发展要求应用型高校在学科建设和专业设置上必须从学术性转向应用性,必须遵循"应用性高等教育体系—应用性学科发展—应用性专业建设"的逻辑结构。增设经济工程专业是应用性本科教育体系发展的必然要求,是应用性本科教育理工结合、文理渗透的体现,是对经济学本科专业的应用性改造。

(二)经济工程专业建设顺应文理跨学科发展趋势

随着当代科技的加速度发展,各种交叉学科、边缘学科成长迅速,技术交叉和融合越来越频繁,复杂的高科技工程必须通过多学科、多种技术共同协作完成。在此背景下,国外跨学科的理论和实践研究应运而生。

在跨学科课程实践领域里,美国的MIT率先开设了旨在拓宽和增强工程教育人才知识面和技术水平的跨学科综合课程,马里兰大学、俄亥俄州立大学也要求学生必须参加一定学分的跨学科课程学习,以提高综合应用能力。日本在1995年开设跨学科、综合性课程的大学占全国大学总数的70%以上。法国大学强调本科教育的"多科性"原则,重视基础知识和跨学科教学,努力实现基础科学与技术、工程科学相结合,人文科学、社会科学与自然科学相渗透[2]。德国应用科学大学首次创新设置了经济工程跨学科交叉专业,经济工程专业课程体系综合了经济学专业和工科专业的课程,工科一般以机械和电子两个方向供学生来选择,经济与管理方面要学习经济法,宏观、微观经济学,投资、管理、市场营销等课程。德国的在职经济工程师,机器制造业需求量最大,电子工业和汽车制造业次之。经济工程师在这些行业中除了参与市场营销、物流管理、物资管理、生产管理、财务管理和质量监督等工作外,主要是分析与经济、技术和法律相关的各种问题,进行经济性和技术性评判并有能力解决这些问题。由于社会需求量较大,而毕业生的数量相对较小,因此经济工程师的就业前景非常广阔。

目前,我国的应用型高校将高等教育职能与大学内部特征以及市场人才需求特点相结合,进行跨学科专业设置、跨学科课程设计的应用实践还是星星之火。从经济学学科本身考察,前古典经济学时代经济学从属于哲学,自经济学脱胎哲学成为一门独立学科起,经济学一时也未停止跨学科发展的步伐。经济学与统计学、数学的融合形成了计量经济学、数理经济学;博弈论得益于经济学与物理学、信息科学的融合;伦理学与经济学的结合形成伦理经济学;法学与经济学的融合形成了产权和制度经济学派;心理学与经济学的融合变革了传统理性人假设的思维方式。总之,经济学在与其他学科门类的哲学、法学、历史学、理学、管理学的跨学科发展中,形成了各种经济学派,丰富了经济学理论体系。

经济学从解释现象到决策应用,从决策应用到工程设计,这样的演进方向,极大地提升了经济学的实践应用价值,使经济学终于到了为经济社会直接创造价值的经济工程阶段[3]。经济工程学包括理论、方法、工具和主体间可核实性的知识以及经济学科、工程学科和法律学科之间的关系。作为企业经济与工程学之间的连接口,正发展成为一个独特的跨学科领域。正因为经济工程学的内容具有跨学科性,因此往往形成非常复杂的系统,包括开发、执行、实施、优化以及在符合法律要求和规定下对某些系统的实际操作。这些系统非纯粹经济性或者纯粹技术性系统,而是作为整体系统被人们研究。经济工程学是从技术性、经济性和法律性角度,利用系统理论、运筹学、统计学等不同的方法,设计和构建真实的经济性和技术性体系,同时将来自相应模式中对生产、制造、营销以及信息系统的要求引入到现有的或者新型的真实经济与工程系统中。

(三)经济工程专业建设满足经济社会复合型人才需要

随着我国市场经济的深入发展,过去单一的学术型人才培养目标越来越不适应经济社会对多样化人才的需要,出现"就业难与招聘荒并存","硕士博士满街跑,技工技师无处找"的现象。这些现象反映了高校人才培养目标未能因时而变,专业设置时滞于市场需要,人才供给结构性失衡。因此,高等教育必须面向市场,高等学校必须面向市场设置和调整专业,满足经济社会对高层次应用型人才,尤其是高层次复合型应用型人才的需要。

在后国际金融危机时代,世界经济增速放缓,国际市场需求下降,虚拟经济发展过度,实体经济回归焦点。制造企业为节约人工成本,迫切需要既熟悉工程技术,又掌握经济系统分析的经济工程类高级专门应用型人才。理论层面,市场愈发达,分工愈细化,专业愈加新,人才专且精;实践层面,如同企业的存在节省了市场的交易费用,复合型人才的出现节约了企业专业性人才的交易费用。市场经济越发展,复合型人才越需要。目前在德国,经济工程毕业生几乎无人失业,与其他工程专业不同,经济工程专业的招生数量不降反升。目前国内高校在工科门类中的有关专业开设的工程经济学课程实证了社会需要经济与工程交叉的复合型人才。根据《国家中长期人才发展规划纲要(2010—2020年)》预测,到2020年在国民经济发展重点领域如能源资源、装备制造、航天航空、国际商务、住宅产业化、现代交通运输、生物技术、新材料等方面,我国急需紧缺专门人才500多万。以建筑业为例,工程造价既要对工程整体环境及背景有整体认识,又要应用预算专业知识对工程造价有整体掌控。一个工程项目造价的形成非常复杂,不仅决定工程项目本身,而且与项目资金的来源组成、项目投资管理、项目投资地区及国家有关的财政税收政策有关,这就要求造价人员必须是复合型人才,既要具备专业知识和技能,同时也要具有经济学知识进行分析问题,解决问题的能力[4]。对房地产开发企业发放500份问卷,收回438份,问卷针对房地产开发企业招聘工程技术人员的要求进行设计。问卷整理分析得出:90%的房地产开发企业对既能设计又懂材料市场价格变化以及工程成本预算的多能型人才愿意出高薪聘请。反观高校的人才培养,传统经济学专业的学生只掌握经济理论知识,对建筑工程知识知之甚少;而传统工程建筑类学生只会工程设计、绘图,而对建筑项目的市场价格、成本核算等经济知识更是匮乏。另一方面,城镇化深入发展带来的城镇规模扩张,在市政工程管理方面迫切需要城市环境工程经济学、城市能源技术系统应用、电子数据处理、城市交通工程经济、城市垃圾处理工程经济等方面的复合型经济工程人才。因此,市场经济下,经济社会越来越需要既懂经济学科知识又懂工学学科知识的经济工程复合型人才。

总之,在市场经济条件下,经济学与工学在应用实践上的交集愈发放大,经济社会越来越需要既懂经济学科知识又懂工学学科知识的复合型人才。经济工程专业人才培养目标是培养在经济和技术交叉领域中完成相关任务的复合型人才,具有从不同角度分析问题并且进行经济性和技术性评判的能力。经济工程师能够清晰地判断出与经济、技术和法律相关的各种问题并有能力解决这些问题。因此,在我国社会主义市场经济条件下,应用型高校增设经济工程专业满足了经济社会复合型人才的市场需要。

三、应用型高校经济工程专业建设保障措施

(一)应用型高校经济工程专业建设离不开主管部门的认知与支持

一方面,市场经济越发展,社会分工越细化,学科专业越分化;另一方面,市场经济越发达,学科融合越深化。高度市场化的欧美发达国家,学科融合应用研究深入,高校增设的跨学科专业能够得到社会广泛响应。欧美发达国家学科融合形成的跨学科专业没有统一标准的专业目录,各高校具有自主确定跨学科专业名称的权利,课程体系由教授根据社会需要组织审定,进而形成不同的模块课程体系,最终形成跨学科专业。不同的模块课程组合,由于

侧重点不同,专业名称也不一致。例如,德国应用科技大学将经济学科与工科相融合形成了"经济工程"专业;英国牛津大学则直接命名为"经济学与工程科学"专业。在我国,尽管《2010—2020》年国家中长期教育改革和发展规划纲要第十三章第三十九条提到了7个"自主",其中,第二个"自主"就是学校"自主设置和调整学科、专业",但是,现阶段我国高等学校的本科专业设置与调整由教育部或地方教育厅进行备案、审批管理,专业设置与调整的程式性较严,尤其是新建地方应用型二本院校增设的新专业不在《普通高等学校本科专业目录(2012)》之内,即目录外专业的审批程式更严。因此,借鉴德国应用科技大学经济工程专业的办学经验,增设应用性的经济工程专业离不开各级主管部门的认知与支持。

（二）应用型高校经济工程专业建设需要创新构建模块化课程体系

经济工程专业是经济学与工学两个学科相互融合而共生的一个实践性、应用性专业,经济工程专业应用型人才培养目标的实现,关键是构建创新符合市场需要的课程体系。如何创新课程体系?按学科设置的"公共课—专业基础课—专业课—专业选修课"的传统课程逻辑框架,在学术型大学实施无可厚非,也是非常合理和必要的。但是,对于应用型院校的应用性专业而言,因为市场是动态变化的,所以市场需要的岗位能力及其能力要素也是动态变化的,从而使得按学科体系设置的静态的传统课程逻辑框架不能及时有效地反映和预见市场的动态变化,导致人才供求结构失衡。因此,按市场岗位群及其能力要素内生性重构应用性专业的课程体系,成为应用性高等教育的必然要求。

模块化课程框架能够契合应用性专业内生性的市场要求。模块化课程是基于应用性专业的市场岗位群所要求的能力以及能力要素,对传统课程内容,通过"增加、保留、删除、减少"进行组合重构,每个模块化课程完成一个特定的能力或能力要素,所有的模块化课程按岗位群能力及其能力要素分类成为一个整体,从而构成应用性专业的课程框架。模块化课程由模块描述、能力培养、内容组合、模块实施以及动态更新等部分组成,是反馈市场需求的岗位群及其能力和能力要素,从而实现应用性专业人才培养目标。市场需求的岗位群以及岗位群要求的能力及其能力要素是架构在模块化课程与专业培养目标之间的桥梁和纽带,相互间的关系如图2所示。

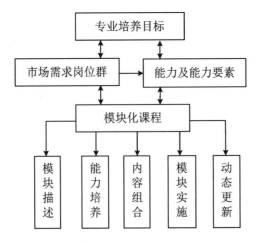

图2　模块化课程与岗位群能力以及专业培养目标间关系

(三)应用型高校经济工程专业建设需要建立一支双能型师资队伍

教师是教学活动的主体,高素质的师资队伍是专业教学质量提高和人才培养目标实现的根本保障。经济工程专业师资团队建设需要一支既熟练掌握经济理论又具有工程实践丰富经验、积极进取敢担重任的双能型师资队伍,同时,跨学科、专业的双能型教师部门归属对管理创新提出了新的要求。

(四)应用型高校经济工程专业建设需要建设现代化综合实验平台

经济工程专业的应用型、复合型人才培养目标离不开实验教学,经济工程专业的现代化实验平台建设要保证各相关课程的实验教学要求,要满足验证性、设计性、创新型实验的要求,要保障专业科学研究以及产学研合作项目等相关实验要求。

(五)应用型高校经济工程专业建设要创新实训基地校企合作模式

实习实训基地建设不仅能提高经济工程专业学生理论联系实际以及主动适应社会的能力,而且通过在实习基地参加生产实践,让学生熟悉了企业生产的全过程,增强了学生动手能力和分析解决问题的能力,缩短了毕业生的工作适应期。尽管被聘用者在用人单位有3个月或1年的试用期,但市场经济下,用人单位对新员工的待遇可以有试用期,岗位能力和岗位经历却不给试用期,要求"来者能干,干能胜任",从而节约培训成本。因此,对应用型院校来说,创新实训基地的路径之一是创新校企合作模式:把课堂搬进企业,请企业走进课堂。这方面,德国应用性高校与企业法定契约式校企合作模式的经验值得借鉴:德国应用科技大学经济工程专业本科生必须有6个月或1年的时间在与专业相关的企业带薪实习,政府规定企业必须接纳学生实习,薪水由政府承担。

参 考 文 献

[1] 教育部高教司.普通高等学校本科专业目录和专业介绍(2012年)[M].北京:高等教育出版社,2012.
[2] 胡迎春.论计算机专业跨学科教育改革的必要性[J].科技咨询导报,2007(27).
[3] 高利民.经济学进入工程时代[N].东方早报,2012-10-17.
[4] 张衍林.工程造价专业人才需求调研报告[J].现代企业教育,2012(14).

经济工程专业本土化的构想与实践

——基于合肥学院中德合办专业的经验及启示

宋玉军

内容摘要:经济工程专业是合肥学院与德方高校合作办学的一个项目,是经济学专业下设的一个方向,也是德国高校普设的一个独立专业。经济工程是经济学和工学耦合而成的复合性专业;具有适应人才市场需求多变、整合利用学校优势资源和契合学生个性化成才的特征。基于合肥学院在此方面的办学实践与经验积累,提出了经济工程专业在"缘何"及"何以"实现本土化的几点思考。

关键词:经济工程专业;经济学+;工程方向;本土化

调整高等教育结构,提升高校适应和服务经济社会转型的能力,引导部分地方普通本科高校应用型转型发展,是全面深化高等教育综合改革的迫切需要。专业转型是推动地方高校转型的重要抓手,必然要求改造传统专业,创办发展一批应用型、复合型新专业。将经济工程方向升华为独立的专业更是开拓经济类专业应用转型的一种尝试。合肥学院在与德国应用型大学合办过程中对德国应用型人才培养模式有了较深入的了解,推动经济工程专业本土化的条件日趋成熟。

一、中德合办经济工程专业方向的由来

中德合办经济工程方向起源于德国的经济工程专业。在德国,经济工程专业开办于1927年的德国柏林工业大学。到目前为止,德国开设经济工程专业或项目的应用型大学有101所,综合型大学有32所[1]。该专业的核心目标在于将经济学科与工程技术有机结合,以解决德国工业制造业存在的工程技术人员不懂经济、经济专业人员不懂工程技术的现实难题。所以,经济工程专业的开设根源于德国经济社会发展的现实需求,特别强调专业的实用。该专业人才的培养大多都与企业合作,让学生在不同的实践项目中完成学业,较为充分地体现出应用型人才培养的特质。

在现实发展过程中,经济工程专业对于经济学科的理论要求较为稳定,涵盖了产品制造、物流、金融、审计等领域的知识与素养;也开设法律相关知识;而工程学科方向的理论与能力培养却是多元的,各高校基于自身学科优势(或专长)和资源禀赋,选择机械制造、电子信息、建筑等领域作为经济工程专业人才培养的一个重点方向。因而,德国各高校的经济工

[作者简介] 宋玉军(1974—),男,安徽霍邱人,经济学博士,教授,硕士生导师,合肥学院经济系副主任。研究方向:劳动就业、市场经济理论。

[基金项目] 本文为合肥学院教研项目"供给侧改革下应用型高校校企合作育人机制建构与整合研究"的阶段性成果。

程专业之间千差万别,因校而异;在专业层次上有硕士、本科;授予的学位也是不同的。其本质是跨学科,学习难度较大。

合肥学院与德国高校合作已有30年的历史。在合办经济类专业方面,2010年开始启动经济工程项目。2011年,该项目建设获得德意志学术交流中心(DAAD)的资助立项。2012年,经安徽省政府批准,中外合作经济学(经济工程)专业(采用"3+1"学制)在合肥学院正式招生。2015年5月,经济工程专业方向在合肥学院顺利通过德意志学术交流中心(DAAD)资助项目的德方专家的验收。

二、经济工程专业内涵、特征及优势的本土化释解

经济工程专业是在德国高校中普遍设置的一个独立专业。经多年合作办学和对德国应用型人才培养模式的考察、交流,合肥学院对经济工程专业内涵的认识日渐明朗化。经济工程是经济学和工学耦合而成的复合型专业——基于经济理论知识与素养要求的稳定性,该专业以"经济学+"为专业设置基础,将经济学与工学置于同等重要位置,以对接企业项目的教学形式,将学生自主选择与学校优势资源相结合,综合运用经济学与工学的知识与技能,生成不同于纯粹经济学和纯粹工学的跨学科专业。该专业的特征与优势表现在以下几个方面:

(一) 具有适应人才市场需求多变的特性

自2008年金融危机以来,世界经济进入深度调整时期;我国经济发展进入新常态,由高速增长转向了中高速增长,产业结构亟待调整、优化升级,社会转型要求迫切。适应新常态,激发新动能,培育经济社会急需应用型、复合型人才,保持经济持续健康发展是我国当前面临的重要课题。以"互联网+"、大数据等为代表的创新驱动因子不断累积并引发新一轮产业变革和创新浪潮。由此带来市场需求变化速度加快,对专业人才的能力素质提出了新要求。跨学科知识融合、跨领域技术协同已成为当代科技领域创新项目实施的显著特征,单一学科、专业的发展越来越难以满足这种综合性、复合化的新要求。这就需要不断"优化学科专业、类型、层次结构,促进多学科交叉和融合"[1],培养更多的具有多学科背景的复合型专业人才。

顺应经济社会发展新趋势是推动经济学科专业转型发展的先决条件和必然要求。集成了经济学与工学两大学科的经济工程专业,明显具有"深厚经济理论+明确工程方向"的多学科复合优势,既是对经济社会发展新要求的回应,也是市场驱动的必然结果。经济工程专业因"市"而动和因"人"而异的工程方向动态化设置,完全能够适应人才市场需求的多变性,解决了地方高校人才培养与市场需求不相匹配的难题,克服了传统意义上经济专业学生不懂工程知识、工程专业学生不懂经济的现实困境。在合肥学院准备与德国合办经济工程专业进行论证时,经大量的调研和企业实地走访,我们发现这种复合型经济类人才最受用人单位的欢迎。在国家实施"大众创业,万众创新"战略背景下,更需要培养类似经济工程这种复合型专业人才。

(二) 具有整合利用校内外优势资源的特点

培养人才,服务社会是高等教育发展的根本宗旨。高校的学科发展、专业设置与经济社会发展相契合是高等教育发展规律的内在要求。经过长期的发展和历史的积淀,各高校在一些学科专业、实践教学、服务地方等方面积累了丰富的经验,也拥有各具特色的办学资源。

如何依托和利用已有的校内外优势资源,开辟专业转型的新路径,进一步形成特色专业集群,需要地方高校系统思考学科布局和专业结构优化的调整路径。

就经济工程专业而言,以"经济学+"为设立基础,通过整合利用学校所积累的校内外优势资源,紧密贴合区域性产业发展和人才市场的需求,确定人才培养细分的"工程方向",叠加能源、建筑等工程专业的知识理论,从而提高和放大经济学专业方向调整和人才培养的动态性和柔性化,以实现高校人才培养与市场需求的"无缝对接",专业调整与地方经济发展的良性互动,使得"专业的变化更加与社会同步,专业也更加呈现出跨学科特点"[2]。这既能发挥地方高校原有一些优势工程学科的辐射作用,与地方经济发展的紧密"贴合"关系也能让高校借助和利用校内外优势资源推动学科专业发展,培养地方经济社会发展急需的人才,促推地方高校把控人才培养的主动权,进一步提升高等教育对经济社会发展的贡献度。

(三)具有契合学生个性化成才的特征

经济工程专业定位于经济学学科是缘于本专业学生的初始理论基础为经济学,是以"经济学+"为理念而产生的新专业。区别于一般经济类专业的是,经济工程专业学生在低年级阶段学习经济知识,培养经济学科思维和评判能力;而在高年级阶段则要结合个人兴趣、特长自主选择接受建筑工程、能源科学与工程等方向的理论知识和能力训练,细化和聚焦经济工程专业人才培养的方向,明晰定位该专业学生未来工作的行业,通过产教融合、产学结合、校企合作的育人机制,实现人才培养规格与地方经济发展、行业岗位需求的完美"续接"。所以,经济工程专业毕业生汇集经济学与工学两个学科领域的知识与能力,能够基于他们所受到的教育背景与能力训练,从不同视角分析与经济、技术和法律相关的各种工程问题,并能进行经济性和技术性的评判,具备解决这些问题的能力与素养。显而易见,经济工程专业学生以兴趣选择专业方向,以专业方向确定未来工作走向,遵循由"兴趣→专业→职业"的个性化职业生涯成长路径,高度契合学生成长成才多样化的内在要求。

三、推动经济工程专业本土化实践的思考

经济工程专业本土化就是将中德合作经济学专业(经济工程方向)在我国现有经济学科门类下设置为一个独立的新专业,将德国的专业设置和培养模式"移植"并内化为国内传统专业的改造和人才培养模式的创新实践,在地方高校形成有力支持地方经济社会发展的一个新的复合型专业。

(一)经济工程专业缘何本土化

经济工程专业本土化不仅仅在于专业自身存在的优势,更重要的是切合我国地方高校应用型转型的要求,为传统专业改造、经济专业拓展和应用型人才培养提供了新思路。

1. 地方高校应用型转型发展的需要

在高等教育大众化阶段,人才培养日益多元化,"应用型"办学定位成为地方高校破解区域高等教育趋同发展困局,适应经济社会多样化需求的应然之举。《国家中长期教育改革和发展规划纲要(2010—2020年)》明确提出"适应国家和区域经济社会发展需要,建立动态调整机制,不断优化高等教育结构";"重点扩大应用型、复合型、技能型人才培养规模"[3]。2015年10月21日,教育部、国家发展改革委、财政部联合发文《关于引导部分地方普通本科高校向应用型转变的指导意见》,对引导部分地方普通本科高校转型发展和应用型人才培养战略意义、转型路径和方式方法做了详细的阐述,指出"要以改革创新的精神,推动部分普通

本科高校转型发展"[4]。这必将成为推动地方高校转型发展的新航标。

地方高校应用型转型不能将"应用型"办学定位置于虚化的境地,而应该将转型发展着实建立在专业应用型转型和为地方培养应用型人才的现实基础之上。在新的产业变革和创新浪潮中,地方高校应该紧紧围绕区域经济社会发展需求调整专业体系,通过传统专业改造,增设和发展一批应用型、复合型专业,以学校"专业链"有效对接地方"产业链",从而实现学校的"华丽转身"。从国际经验看,在新的工业革命和产业变革中,欧洲发达国家都及时调整了高等教育的层次和科类,普遍重视发展应用型高等教育。"通过教育结构与经济产业结构的适切调整与匹配,使高等教育对社会经济发展和国家竞争力提供了有力的支撑"[5]。

因此,借鉴德国、荷兰、瑞士等国家经济类专业转型发展的理念和办学经验,在当前经济学本科专业目录下增设经济工程专业,以专业调整与转型促推地方高校应用型转型,从而助力地方创新创业、区域产业转型和国家系列重大经济战略的实施。

2. 提供专业转型改造和应用型人才培养的新思路

经济工程专业是经济专业知识与能源等细化方向工程知识的有机组合而成的一个复合型新专业,是多学科支撑专业发展和经济类专业进一步细分的体现,是对现代社会发展复杂性、市场发展多变性和创新要求跨越性的积极回应。

就经济学学科而言,地方高校转型发展就是要设立更多经济类复合型专业,为地方发展培养高水平应用型经济类专业人才。经济工程是以"经济学+"为专业设置基础,复合新型新能源等对接地方经济社会发展需求的工程方向课程模块,以产学结合、校企合作的项目教学方式,将理论学习与知识运用有机结合起来,改变了以"学科导向"设置专业、以"知识传授"培养人才的传统模式,体现了"市场需求导向"专业设置和"知识学习"与"知识运用"同步化推进的应用型人才培养的教育发展理念,最佳匹配学生自主选择、学校优势资源与市场需求,从而提高经济类专业结构调整的"柔性化"程度,拓展了经济类专业衍生的新途径。经济工程专业设置和人才培养模式没有遵循纯粹经济性或者纯粹技术性的单一发展路径,具有很强的应用型和复合化的要求和特质,为其他学科推动和实现专业的复合化、专业的转型改造以及应用型人才培养模式提供了新思路。

(二)经济工程专业方向实现专业本土化的要件分析

学校准确的办学定位、教育教学改革的勇于探索和经济工程专业方向的办学实践为经济工程专业实现本土化创造了条件。合肥学院逐渐具备实现经济工程专业本土化所积累的基础和条件。

1. 办学定位是经济工程专业实现本土化的先导条件

办学定位是学校发展的顶层设计[6]。引导部分地方高校向应用型转型就是要明确学校的办学定位,要求学校能够结合自身的条件,探索融合地方经济社会发展的新路径。合肥学院2003年确立了"地方性、应用型、国际化"的办学定位,借鉴国外应用型高校的办学模式,创建应用型人才培养新机制,自2012年设立经济学专业(经济工程方向)以来,合肥学院经济系依据学校办学定位,立足于安徽省重点产业和战略性新兴产业(如新能源)发展的现实,针对合肥市尤其是经开区产业发展和人才需求的特点,结合国外(德国)合作院校优势专业设置能源工程、建筑工程、房地产三个工程方向,培养与合肥市经济社会发展需要高度吻合的应用型经济类人才。正是基于合肥学院准确的办学定位才有经济工程专业方向的设立,才能为实现经济工程本土化,实现创设经济工程专业提供了可能。

2. 教育教学改革为经济工程专业本土化铺设了前提条件

教育教学改革是推动高校转型、学科专业发展的动力。合肥学院积极开展一系列教育教学改革，勇于探索合作育人、开放育人之路。其中，不断推进的模块化教学改革为经济工程专业设置和应用型人才培养规律探究提供了坚实的基础和良好的环境。各经管专业与各工程专业的课程模块化，消除了课程间的界限，使得"经济模块"与"工程模块"的叠加与融合由可能转化为现实。课程模块化教学改革的一个重要目标就是要实现由"知识输入"转变到"知识输出"、"能力培养"，强化实践育人。由第二课堂、认知实习学期设置、创新创业教育模块、专业见习实习以及各子模块的实验、实训等系列实践育人环节紧密相连，构成了系统化实践育人体系，学校各专业实践学分全部达到了30%以上。同时，"双师型"师资队伍不断扩大，实习基地建设根基不断稳固，企业"嵌入"课堂深度不断加大，等等。这都为创设经济工程专业和人才培养体系的建立铺设了前提条件。

3. 中德合作办学经验的积累为经济工程专业本土化建构了基础要件

在中德共同合作举办经济学专业（经济工程方向）过程中，合肥学院经济系秉持学校开放育人的理念，坚持"干中学"的基本要义。该人才培养方案制定由德方负责，专业细化方向的子模块由德方老师承担，着实见证了德方应用型高等教育的发展理念和应用人才培养模式，不断反思我国地方高校专业设置和人才培养模式，将德国应用科学大学的专业设置与人才培养的一些先进理念和教学模式，不断内化为经济工程专业本土化的实际行动。开办经济工程专业，就是要为地方（合肥）培养能够在能源、环境等工程领域岗位从事工作的高端应用型人才，也是充分借鉴和利用德方合作办学经验的必然结果。

参 考 文 献

[1] Wirtschaftsingenieurwesen[EB/OL]. https://de.wikipedia.org/wiki/Wirtschaftsingenieurwesen.
[2] 叶飞帆. 高校怎么向应用型人才培养转型[N]. 光明日报，2014-11-25(13).
[3] 《国家中长期教育改革和发展规划纲要（2010－2020年）》[EB/OL]. http://www.moe.edu.cn/publicfiles/business/htmlfiles/moe/moe_838/201008/93704.html.
[4] 教育部、国家发展改革委、财政部联合发文《关于引导部分地方普通本科高校向应用型转变的指导意见》[EB/OL]. http://www.moe.edu.cn/srcsite/A03/moe_1892/moe_630/201511/t20151113_218942.html.
[5] 孙诚. 引导部分普通本科高校向应用型转变势在必行[EB/OL]. http://www.moe.edu.cn/jyb_xwfb/moe_2082/zl_2015n/2015_zl58/201511/t20151115_219016.html.
[6] 张文兵. 合肥学院："八个转变"提升应用型人才培养质量[EB/OL]. http://edu.people.com.cn/n/2015/1127/c1053-27865572.html.

面向实践能力提升的统计学专业
人才培养教学改革

吴 杨　　华欢欢

内容摘要：随着应用型人才的需求增大，高校对学生实践能力的培养显得尤其重要。本文初步探讨了统计学专业人才应具备的实践能力，主要包括：宏观设计能力、信息收集和整理的能力、信息挖掘的能力以及统计分析报告的撰写能力等四方面。然后针对当前统计学专业人才培养模式存在的问题，提出统计学专业人才培养改革的目标和内容。

关键词：实践能力；统计学专业；教学改革

2010年7月29日，中共中央国务院印发的《国家中长期教育改革和发展规划纲要（2010—2020年）》中指出，"优化学科专业、类型、层次结构，促进多学科交叉和融合。重点扩大应用型、复合型、技能型人才培养规模。"该纲要充分说明我国的高等教育逐渐从精英教育转向了大众教育，注重对人才实践能力的培养。统计学专业是一门应用型极强的学科，其人才培养的目标更应该体现在人才的应用和实践能力上。因此，探讨面向实践能力提升的统计学专业人才培养教学改革具有重要的现实意义。

一、统计学专业人才应具备的实践能力

统计学专业自1890年在英国牛津大学设立以来，其课程体系也在不断地优化过程中。但总的来说，统计学专业的课程体系都是由一系列的认识客观事物的方法论学科组成。认识客观事物就需要统计工作，而这些方法论学科则是统计工作的理论概括，因此，统计理论源于统计实践，要培养合格的统计专业人才，就需要注重对学生的实践能力的培养。实践能力通常由一般实践能力、专业实践能力和综合实践能力构成，其中一般实践能力主要包括表达能力、适应环境能力、自学能力、人际交往能力、外语能力和计算机应用能力、组织管理能力等；专业实践能力主要包括实际操作能力、数据分析能力、记忆分析能力、观察想象能力、逻辑思维能力、信息处理能力、专业写作能力、实验能力、科研能力、设计能力、发明创造能力等；综合能力则包含了在一般实践能力和专业实践能力基础之上的解决综合问题的其他能力。

统计学专业课程体系的特点是主要通过利用概率论建立数学模型，收集所观察系统的数据，进行量化分析、总结，做出推断和预测，为相关决策提供依据和参考。其过程一般包含总体方案的设计、调查、收集、分析、预测等部分。根据统计学专业人才培养目标和课程体系的特点等方面的分析，统计学专业学生应具备的实践能力主要有以下几方面：

[作者简介] 吴杨(1962—)，男，安徽铜陵人，铜陵学院经济学院院长，教授，研究方向：经济统计。华欢欢,(1987—)，男，江西乐平市人，铜陵学院经济学院讲师，硕士，研究方向：经济统计分析。

（一）宏观设计能力

统计专业的学生应该具备针对实际问题统计思想分析的能力，这就需要学生培养自身的统计思维。面对一个客观实际问题，首先需要把实际问题转化成统计的问题，用统计的语言来描述。设计完整的研究方案，要求对研究的目的、对象、内容、思路、方法等都有明确的设计，从而对所研究的客观事物开展深入的调查，这就需要学生有很好的宏观设计能力。

（二）信息收集和整理的能力

在进行统计学思维研究问题的时候，需要面对大量的信息源，如何获取信息、管理信息、把信息变成统计数据，这是统计学专业学生必备的能力。面对大量的数据，采用何种途径何种手段获得数据，以及获得相关数据后，如何录入、审核、汇总，进行数据管理，这些都是学生信息收集和整理能力的体现。

（三）信息挖掘的能力

面对大量的数据，统计学专业的学生应该具备应用统计学理论，通过各种定性和定量统计分析方法，对数据进行分析，发现客观事物的统计数量规律，挖掘内在的信息，为解决问题提供客观数据的支持。

（四）统计分析报告的撰写能力

统计分析报告是统计整个实践过程的一个总结性报告，撰写统计分析报告是统计学专业学生必备的一个实践能力。统计分析报告能更好地描述整个实践过程，对实践的结果进行展示，赋予合理、清晰的解释，是最终性成果。

二、当前统计学专业人才培养模式存在的问题

统计学作为一门重要的方法论学科，在日常的工作和生活中有着广泛的应用空间。它不仅存在着学术性的理论探讨，面对实际工作生活中大量的数据信息，还可以充分发挥其强大的数据分析功能。然而，目前许多的地方性高校在对统计学专业人才培养的过程中并没有注重对学生的实践能力的培养，这主要体现在统计学专业理论教学设计、实践教学的设计以及师资队伍的建设等方面。

（一）理论教学设计不够完善

教育部在1998年将原来分别隶属于数学学科的概率统计与经济学科的经济统计合二为一，形成了统计学专业。统计学专业毕业生可授予理学学位或经济学学位。正因为统计学这样的背景，导致许多的学校在对本校统计学专业人才培养的定位不清。在实际的课程安排上，有些太偏数学，有些又偏弱数学，甚至不涉及数学。太偏数学使得统计学专业学生得不到很多的应用培训，偏弱数学使得学生没有很好的数学基础，对统计的方法不能很好地掌握。同时，在实际的教学内容上拘泥于一本教材，甚至是一本非常老的教材。实验教学上也局限于对统计理论的一种验证，不能很好地结合现实的案例进行教学。这些问题导致学生对统计学专业没有一个很好的认识，不清楚统计学专业和实际的工作和生活有什么关联。

（二）实践教学设计不够合理

首先，实践教学学时安排较少，导致统计学专业的实践教学环节无法全面顺利开展，考核手段也是以笔试的形式为主，造成了高分低能的情况。其次，实践教学资源缺乏，仍是以实习为主，进行走马观花似的实习基地的参观，参与一些毫无技术含量的简单工作，背离了

实践教学的初衷。最后,实践教学缺乏有效的评价监督机制,实践教学内容缺乏系统性、规范性的一体化教材,过程也不规范,随意性较大,没有明确的管理机构和科学的管理制度。

(三)师资力量不能满足应用型统计人才的培养

有一句名言:要给学生一滴水,老师必须先有一桶水。随着现代社会经济和信息技术的发展,传统的"一支粉笔一本书"的教学模式已经远远不能满足教学的需要。现代统计教育对教师的素质要求是全方位的:除了要掌握统计的基本原理与方法,还必须有娴熟的统计软件包应用能力以及真刀真枪的实践经验。目前,统计学教师队伍存在两个突出问题:一是缺乏专职的指导实践的老师,大多都是由专业老师兼任,而大部分专业教师从学校到学校,缺乏在企事业单位、调查公司等从业的经验,不能很好地指导学生进行社会实践。二是随着信息技术的发展,各种统计软件层出不穷,相对而言,教师的知识水平更新的速度跟不上时代的步伐,部分教师的知识结构过于陈旧,满足不了教学的需要。

三、统计学专业人才培养教学改革

(一)教学改革的目标

1. 构建课堂、实验室和社会实践相结合多元化的立体教学模式

建立一套合理的、适应社会需求的统计学专业应用型人才培养模式,实现教学内容的与时俱进,提升实验教学和实践教学的层次,加强学生对于统计理论与方法的应用和认识,进一步提高教学质量。

2. 完善产学研互利共赢合作机制,服务地方经济发展

当前,我校已经积聚了产学研合作创新的有利条件,为解决产学研合作创新的意识不强、动力不足、体制机制不完善、缺少实质性的深层次战略合作等问题打下了基础。在探索实践实习基地建设,以及时间人才队伍建设的过程中,力求建立完善有利于产学研三方发展的利益共享机制,进一步规范合作方式,消除合作障碍,建立规范的科研成果评估体系,保证各方的合理利益,建立健全产学研合作中的利益分配机制。

3. 培育"双师""双能"型实践教学团队

"双师""双能"型实践教学团队建设是培养学生实践能力和创新能力、开展教学改革以及提高教学质量的关键。统计学专业的教师不仅具有扎实的专业基础知识和较高的专业教学水平,还应具备规范的专业技术指导能力,掌握理论知识和操作技能的联系与规律,从而更好地引导教学,培养理论与实践结合的应用型人才。

4. 培育具有社会实践能力的应用型统计专业人才

掌握社会、企业对统计人才技能的需求,紧跟学科发展步伐,与时俱进,以提高学生的就业竞争力为目标,不断更新、调整专业课程,开拓新的应用方向,采用教学、科研、产业相结合的全新培养模式,重视应用性、前瞻性和开放性,形成一种灵活、立体的培养模式,培育适应社会实践需要的应用型统计专业人才。

(二)教学改革的内容

在教学模式上构建以课堂、实验室和社会实践多元化的立体化培养体系,通过实验设计、社会实践引导学生从现实中发现问题,用统计工具解决问题。加强学生实践能力锻炼,提高学生解决实际问题的动手能力和创新能力。具体研究内容如下:

1. 完善课题体系建设

在教学内容上,首先加强政府部门、企业和学校的互动,科学设置统计专业人才培养的课程体系,注重实际的应用能力培养。在实际的教学中教学内容不能拘泥于一本教材,要同国外的著名教材进行对比,将新的成熟的内容融入教学中。同时提倡将统计分析软件的内容融入到教学中,统计分析软件随着版本升级会及时将较先进的统计方法纳入软件中,为教学内容改革提供参考依据。此外,教师也可将其研究成果或重要期刊的科学研究成果融入教学内容中。

在实验教学上主要围绕提高实验层次和水平展开,由验证性实验到综合性实验,再到设计性实验,培养学生对实验数据的收集、整理和分析的实践能力。在统计学、时间序列、计量经济学、多元统计分析等课程中有大量的单项实验或课程综合实验,这些实验主要是让学生学会利用统计软件,通过分析数据从而验证统计相关理论与方法。这些实验是基础,在此基础上还需要学生进行大量的专业综合实验、跨专业综合实验和跨学科综合实验。这些实验可在经济预测与决策、宏观经济分析、市场调研与预测等课程中体现,主要通过结合经济或管理中出现的现实问题,培养学生理论联系实际的实践综合能力。更高层次的实验需要去培养学生自主设计的能力,在市场调查实务这门课中,综合实验涉及经济学、社会学、心理学、管理学、营销学、行为科学和数据库等多门学科的知识。所有实验在教学内容上都围绕信息识别、调查方法、资料整理、数据分析、定量预测等信息加工过程展开。实验的整个过程都需要全程的把握,从而可以去培养学生综合设计的能力,进一步提升学生的实践能力。

在实践教学上,从专业实习做起,确定实习目标是综合运用统计专业知识。将各专业课程和 SAS、Eviews、SPSS 等统计软件相结合,综合运用各学科统计分析方法解决实际问题,让学生将各种知识有机联系起来,锻炼学生的科研与实践相结合的能力。另外,教学结合社会实践中推广的实用性证书,比如统计师,市场调查分析师的考试等,开展相关专业技能的培训。并可以根据项目团队的人员力量,组织实施生活中的统计专业课题讲座,并做相关的课程趣味性调查。

2. 探索多样化实践教学的实现途径

实践能力的提升,主要在于培养学生解决实际问题的能力。究竟怎样去实现学生的动手能力呢?可以从以下几个方面展开:

(1) 通过产学研,开发实训实践基地。与当地政府、银行、企业等联系,与时俱进,探索统计实际应用领域和统计当前课题。发挥学校的人才优势,摆脱以往以企事业单位为主的合作机制,建立资源互用,长期合作的机制,并为学生提供实训实践的机会或未来就业渠道。

(2) 以项目为依托,培养以学生为主体的统计数据收集分析团队。以铜陵学院为例,铜陵学院与铜陵市统计局等单位合作建立了皖江经济协同创业中心,该中心有很多的经济数据和需要研究的经济类项目,这些项目就可以作为学生参与发展的实践项目。铜陵市政府组织的民意调查、铜陵市的经济普查、人才普查等亦可作为学生参与的数据收集项目,从而培养学生实际收集数据,处理问题的能力。

(3) 资助、鼓励学生自主项目建设。通过资助学生申报统计专业相关项目,培养学生学习统计的积极性以及在项目中运用统计知识,解决实际问题的能力。比如鼓励学生利用统计工具做大学生自身的生活学习满意度调查,以及相关的社会生活调查等,并可将项目的申报和科研成果作为相关课程或者毕业论文成绩的参考。探索应用型统计考试模式改革,在考试模式和内容上,结合统计专业特点以考查学生数据分析能力为主,改变过去考试强调统计知识记忆能力和单纯的统计计算能力的倾向,重点放在考察统计学生分析数据隐含的信息、分析计算结果体现的统计意义的能力上。

3. 培养应用型教学团队

(1) 校内教师"走出去"。对高校教师出去挂职情况进行统计,并对挂职锻炼效果进行调查研究,提出可行的应用型教师团队建设途径。还可对教师参加考取社会实践性证书的情况以及证书服务教学情况进行调查分析。培养学生实践能力和创新能力、开展教学改革以及提高教学质量的关键是应用型师资队伍建设。应用型教学团队,不仅应具有扎实的专业基础知识,较高的专业教学水平,还应具备规范的专业技术指导能力,掌握理论知识和操作技能的联系与规律,这样才能更好地引导教学,培养理论与实践结合的应用型人才。

(2) 校外导师"迎进来"。加强与政府、企业银行等单位的合作,积极开展实训实践基地,并积极合作产学研项目。通过订单培养,实习导师等方式,引进政府、企业人才到高校来做应用实践教育指导。在此过程中研究完善产、学、研三方发展的利益共享机制,建立规范的科研成果评估体系,保证各方的合理利益,形成长期有效的产、学、研合作机制。

四、结束语

本文以提升统计学专业人才的实践能力为要求,针对当前高校对统计学专业人才培养存在的问题,提出了统计学专业人才培养教学改革的目标和建议。在有限的资源下,师生应共同努力,尽自己所能为学校和社会输送符合社会需求的、具有很强实践能力的统计学人才。

参 考 文 献

[1] 孙亚静.创新型人才培养模式下实践教学改革研究[J].统计教育,2007(10).
[2] 向书坚,平卫英.30年来我国财经类院校统计学专业本科课程设置的历史回顾与展望[J].统计研究,2010,27(1).
[3] 伍长春,宁自军,杜欢政.应用型统计学专业人才培养模式的优化与实践[J].高教论坛,2010(11).
[4] 徐秋艳,万秋成.统计专业实践教学一体化模式研究[J].实验室研究与探索,2006(4).
[5] 曾五一,肖红叶,庞皓,等.经济管理类统计学专业教学体系的改革与创新[J].统计研究,2010(2).

基于合作教育的经管类专业人才培养的特色探索与实践

——以池州学院经管类专业人才培养为例

项桂娥

内容摘要：依托多种资源，开展产学合作教育是应用型本科高校培养创新人才的重要途径。文章从合作教育视角探讨了池州学院经管类专业"面向市场，服务地方，合作办学，特色发展"的办学思路及经管类专业合作教育培养人才的资源整合问题；构建了经管类专业合作教育的人才培养目标及以能力为平台的课程教学体系；基于地方智库、产学合作平台建设、职业技能培养三类合作教育模式，探索总结池州学院经管类专业应用型创新人才培养的途径和方法。

关键词：合作教育；应用型本科高校；人才培养

随着经济全球化和高等教育的发展，高等院校自我封闭的传统办学模式已无法适应自身变革和改革发展的需要。作为地方应用型本科高校，如何在发展中规避办学时间不长，积累少，资源不足问题；如何立足地方、面向市场充分利用的各种资源，挖掘本校不同于他校的"差异化资源"，答案就是开门办学，发挥地方高校在培养人才、服务社会方面的"比较优势"，提高人才培养质量，形成区别于其他高校的自身核心竞争力。在此环境下，产学合作协同培养专业人才就显得尤为重要。近年，我们坚持"面向市场，服务地方，合作办学，特色发展"的办学思路，围绕经济管理类专业人才培养进行了一系列的探索和实践，取得了一定的成效。

一、应用型本科高校经管类专业合作教育人才培养思路

"产学合作教育"（co-operative education），源于19世纪初的美国，最早是由美国辛辛那提大学工程学院教务长赫尔曼·施奈德提出的。1946年美国职业协会发表的《合作教育宣言》正式地将合作教育界定为："一种将理论学习与实际工作经历结合起来，使课堂教学更加有效的教育理念。"[1]日本经济学家青木昌彦认为产学合作是"通过分属不同领域的两个参与者——大学与产业的相互作用产生的相乘效应来提高大学与产业各自潜能的过程"。这一过程可能会引发人力资源素质提高、创新能力跃进和经济效益提高等一系列宏观效果[2]。在发达国家，产学合作已被视为培育创新人才的成功教育模式。我国早在20世纪80年代就已开始尝试产学研合作教育，经过30年的发展，产学合作教育已成为高校培养学生创新能力的重要途径。地方本科高校的主要职能是围绕地方区域经济社会发展的需求，培养出

［作者简介］ 项桂娥（1964—），女，教授，池州学院经贸系主任；主要研究方向：产业经济、教育管理。

［基金项目］ 安徽省教育厅教研课题：应用型本科高校国际经济与贸易专业人才"多方合作"培养模式探索与实践（20101121）。

大批应用性较强的高层次应用型人才,那么,广泛开展产学研合作教育也就成为地方高校以区域经济社会发展需求为导向,培养高素质应用型人才的重要抓手[3]。就地方本科高校来说,"产学合作教育"扩充了地方高校人才培养的资源要素,搭建了实践教学支持平台,实现了理论教学、科研创新实践与社会需要的对接,是提高学生创新意识和实践能力最为有效的途径之一。

地方本科高校经管类专业大都是"面向市场与时俱进"的专业。如市场营销、国际经济与贸易、电子商务等专业,客观上要求学生熟悉市场环境,了解社会,既应有必需的专业技能和综合素质,又应有国际视野,通晓市场惯例,适应多元市场文化。而这些能力仅靠校内资源是很难培养的,必须依托于多种资源,产学协同合作开展人才培养模式改革。池州学院经管类专业群在师资、实践教学、技能培养与地方产学合作上已有一定的基础,但由于学校本科办学时间短,师资、实践教学场所、教学经验等积累少,与兄弟院校相比,存在一定的差距。为此,我们成立了专门的课题组,提出"面向市场服务地方,产学合作特色发展"的专业办学思路,借鉴发达国家人才培养模式,充分利用多方资源产学合作办学,对应用型本科高校经管类专业人才培养模式进行探索。"面向市场"是强调经管类专业的人才必须掌握全球市场秩序和规律,具备洞察市场和随机应变的能力;"服务地方"要求培养的人才必须适应地方经济建设发展的需要,适应地方产业发展的需要,为地方区域经济发展服务;"合作办学"则是围绕面向市场服务地方而提出的办学和人才培养模式的改革,这里的合作包括校地(学校与地方政府)、校会(学校与行业协会)、校企(学校与企事业单位)、校校(安徽省应用型联盟高校之间)及国际合作办学等多方合作。通过在人才培养、培训、项目设计与研发、课程教学、学生实习、教师及专业人员相互交流等方面进行合作,建立协同联动互惠共赢人才培养的新模式,在合作过程中,双方相互参与,以培养高层次、高质量应用人才为目标,逐渐探索产学合作育人新模式;"特色发展"既包括凝练应用型本科高校所共有的经管类专业的人才特色,也强调学校根据自身的办学历史、学科专业结构、所处的地方产业发展对人才的需求而逐渐打造独有的经管类专业特色人才。

二、应用型本科高校经管类专业合作教育培养人才的资源整合

2012年,教育部颁布的《全面提高高等教育质量的若干意见》中,明确提出要建设优质教育资源共享体系,促进合作办学、合作育人、合作发展。产学合作教育人才培养创新模式基础是多种资源的整合和共享。为此,我们根据池州学院办学实际,针对校地资源、校际资源、校会资源开展了系列的整合和利用。

在校地(会、企)资源上,随着皖江城市带承接产业转移示范区规划的实施,一大批中小企业落户安徽,使得安徽拥有数量众多的民营企业以及丰富的企业家人力资源。此外,近年安徽企业国际化步伐加速,从出口贸易到境外投资,从产品输出到品牌输出,从单打独斗到国际结盟,向人们展示了丰富多彩的企业国际化经营活动,加之,全球网络化下一些小微企业也利用网络开展了各类贸易,这些成为我们培育经管类专业特色不可多得的可利用的地方资源。如果充分利用这些宝贵的地方资源,将对课程体系的改进和教学内容的更新、师资队伍的建设等起到重要的促进作用。基于此,几年来,我们通过对相关行业公务员、企业家、外贸人员问卷调查、用人单位访谈等途径,对大量分散的资源进行分类,建立了一系列的资源库,如动态的兼职师资库,滚动的学生实习实践基地资源,教师软科学研究基地,实训创业基地等。我校先后与池州及周边100多家企事业单位建立了联系,与安庆、池州市政府、银

行、海关、外贸商务系统建立了广泛的多种合作关系;成为安徽省电子商务协会、安徽省会计学会、安徽省对外经济贸易协会、安徽省产业经济学会、池州税务学会、工商联合会等常务理事单位。通过这些措施,我校使地方政府、企业、行业协会全程参与了经管类专业人才培养全过程,初步形成了"人才共育、成果共享、合作双赢"的格局。

在校际资源上,2008年,为整合地方应用性本科高校资源,提高应用性本科高校的教学质量和科研水平,更好地为安徽经济崛起服务,安徽省教育厅牵头成立了安徽省应用性本科高校联盟,省内高校间联系成为常态化,省内高校间实行资源共享愈加可行。作为联盟高校成员,借此平台,我们与省内设有经管类专业的高校间建立了广泛的联系,与周边的铜陵学院、安庆师范大学、黄山学院、皖西学院相关院系进行全面合作,如围绕皖江城市带产业转移示范区建设与铜陵学院合作开展了相关课题研究,并实行了教师资源、实验室资源和实习基地部分资源共享。同时,随着我国对外开放,高校的国际化步伐加快,在互联网支持下,全球高校间信息交流、师生交流、合作办学更加频繁。针对经管类专业开放性和国际化特点,我们尝试着与国外高校建立联系,实行了多种形式的合作办学,近两年我们已有多名学生到台湾地区、韩国深造,此外,我们国际经济与贸易专业已与加拿大里加纳大学正式签订"2+2"合作办学协议。

几年来,我们充分耦合学校与区域内的各种社会产学资源,将产学资源作为经管类专业特色培养的基础,建立了特色"资源库",并利用该资源库,在课程组织、产学平台建设及实践技能教学等方面进行一系列教学改革。

三、应用型本科院校经管类专业合作教育人才培养的目标定位

产学研合作教育理念是将大学作为一个社会子系统来确定人才培养目标[4],强调大学教育的过程离不开全社会多元化资源的支持,大学教育主要目的是提高学生对社会与生产的适应能力,促进人的智商、情商全面发展,培养满足未来社会需要的高级专业人才。与传统教育相比,产学研合作教育更注重人的社会能力培养。就应用型本科高校经管类专业的学生来说,他们毕业后一般都要到企业的生产经营管理一线工作,与其他专业学生相比,他们未来将直接处在充满不确定性的、复杂的市场经济环境之中,需要面对各种复杂的人际关系,其岗位要求他们有较强的心理承受能力、独立工作能力、社交能力、表达能力和人际沟通能力;并要求他们有风险意识和理财意识,有驾驭金钱或财富运动规律的能力;具备较强的创新能力,能综合运用所学知识,创造性地解决经济管理实践中的实际问题。而要实现这些,就需要他们在大学期间通过强化人的社会能力的产学合作教育来接收智商,情商和财商的融合培养。智商和情商为经管类专业毕业生在生产经营管理一线工作中处理人与物以及人与人之间的关系提供了能力保证,而财商则为他们始终保持工作热情和创造性提供持续的动力[5]。就本科生来说,必须通过系统的综合和专业知识主动学习,打下扎实的理论基础,未来才有发展空间;必须具有较强的实践能力和宽广的知识面,未来才能尽快适应基层多岗位的工作环境。为此,我们将经管类专业的产学合作教育人才培养的目标定位在:培养"基础实、视野宽、技能强、后劲足"的、智商、情商和财商融合发展的、满足地方经济管理一线需要的高级应用型人才。

四、以能力为平台,创新产学合作教育课程教学体系

科学合理的课程体系建设,能使学生接受系统化的训练,促进学生显性知识和隐性知识

的协调发展,使学生的智商、情商、财商得以融合发展。根据人才培养目标,我们利用产学研合作教育优势打破了以理论教学为主导、实践教学为辅助的传统教学模式的束缚,实行理论和实践并重融合,以能力为平台对课程进行整合、优化,创新课程教学体系(如图1所示)。

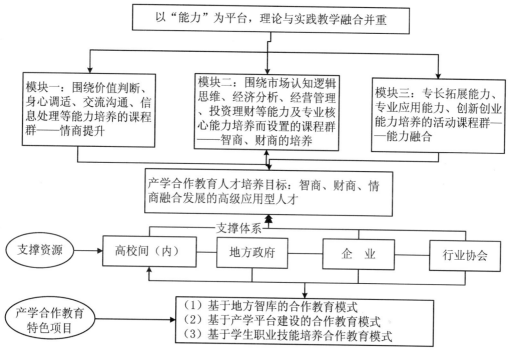

图1 经管类专业产学合作教育人才培养体系

在课程模块设置上,围绕综合能力,专业能力、拓展能力三个平台设置课程模块,各模块相互促进相互融合。模块一设置价值判断能力、身心调适能力、交流沟通能力、信息处理等能力培养的课程群。课程主要包括文学鉴赏类、语言表达类、社交礼仪类及消费心理、数据库等课程,以培养学生承受挫折、审美、情绪控制和处理人际关系和信息等方面的能力,提高学生的情商。模块二围绕培养学生市场认知能力、逻辑思维能力、经济分析能力、经营管理能力、投资理财能力及相关专业核心能力设置课程群,使其通过相关系统课程学习形成扎实的专业理论基础和专业知识体系,并在学习中提高其智商和财商。模块三设置专长拓展能力、专业应用能力、创新创业能力培养的活动课程群,使学生在学习活动中形成宽广的视野、较强的专业技能和一定的创新创业能力。

在课程教学体系上,立足多方支撑资源将实践教学体系融入到理论教学体系中,四年不断线,贯穿于整个教学过程中。课程内容包括化整为零的市场认知和专业认知实习,"源自课堂,走出课堂、回归课堂"的形式多样的课程内实践;小学期的社会实践,专业实践课程,专业综合仿真模拟课程,创新创业实践课程,毕业实习实训等。学生从在教师指导下进行实验室情境模拟,到企业运作过程综合仿真,再到在"双导师制"指导下深入企业的生产经营一线,完成毕业实习,广泛地参与各种实践环节,理论与实践结合,提高自己理论知识和应用能力,增加与各行业陌生人沟通的能力,见证财富的创造和运行,树立正确的消费观、理财及追求财富最大化的意识。在实践中使自己的智商、情商和财商得以融合发展,今后在工作中成为始终保持热情和有持续创造性的应用型人才。

五、以"能力培养"为抓手,探索创新多种合作教育模式

产学合作教育既是教学理念的改革,也是教学方法、教学特点、教学形式、教学内容等一系列全方位的改革。从教学方法上看,传统教育重视传授知识,产学研合作教育则重视实践能力培养;从教学特点上看,传统教育关注继承性、系统性,产学研合作教育则关注综合性、创新性;从教学形式上看,传统教育过分依赖课堂教学,授受相传,产学研合作教育则提倡探索性学习,亲身实践、科研训练[5]。可见,合作教育是以培养学生实践和创新能力为主的一种新的教学改革,多样化产学研合作模式是合作教育的基本特征。几年来,我们根据区域经济社会发展状况,结合学校的办学条件和创新型经济管理人才培养目标,以学生实践和创新能力培养为抓手,探索了多类产学研合作教育项目。

(一) 基于地方智库的合作教育模式

"面向市场,服务地方,贡献中求资源、谋支持"是我们开展产学研合作教育的基本前提。作为经管类专业的师生,直接承担地方科技创新类的项目虽然不多,但可以充分利用人缘、地缘等优势,扮演服务区域经济社会发展的地方智力资源库角色,与地方政府及相关企业在诸多领域开展合作和服务。近年,我们成立了区域产业经济研究中心,先后主持完成了池州市"十二五"商务经济发展规划的编制,承担了池州市小商品市场调研及发展规划布局,池州市主导产业选择,池州市中小企业发展路径等十多项政府及有关单位委托的横向课题研究。受托举办了多期地方税务系统干部、银行系统干部业务知识培训班;与池州经济开发区合作举办了地方企业高级管理干部研讨班等。上百名企业管理人员走进了池州学院的课堂,十多位老师先后走出校门举办各类学术专题讲座,多位老师成为地方政府相关专家库成员和企业管理顾问。

通过这类合作模式,一方面,我们打通了学校与社会的通道,密切了与政府、企业、行业及高校间的联系,创造师生接触社会、接触实际的机会,促进"双师型"教学团队的形成,也增强了企业人员对基础理论和前沿技术知识的了解和认知程度。另一方面,在横向项目合作中,项目实施由老师带着学生共同完成,实行了项目教学法,学生通过参与项目调查研究、项目策划以及解决和处理项目中遇到的困难,提高了学习的兴趣,理解和把握了课程要求的知识和技能,培养了分析问题和解决问题的思想和方法。在项目教学中,课堂教学融入了探索性学习和科研训练,使学生学习过程成为一个人人参与的创造实践活动,师生的实践能力和创新能力得以提高。

(二) 基于产学合作平台建设的合作教育模式

多种资源的整合和利用是合作教育的基础。近几年,我们基于多种资源共享角度加大了产学合作教育的资源平台建设。一是加大学生的实践实训平台建设。建立起经济管理类专业省级校企合作实践创新教学基地,并以此为平台,与五十多家单位签订了学生实训实习基地、见习基地、就业基地。围绕基地建设多次召开多边的或双边的产学研合作研讨会、校企合作恳谈会、实习基地协调会等,使学生从岗位认知实习到实践项目再到毕业实习,每一类实践都有固定的场所和明确的内容,教师常态化挂职锻炼也有了固定的岗位。二是加强专兼职教师队伍建设。我们基于合作教育的视角,本着"不求所有,为我所用"的原则,聘请和柔性引进几十名相关院校、行业领域专家到学校兼职授课。一方面聘请了省内外高水平知名教授来系讲学,与教师座谈,帮助教师了解学科前沿及趋势,弥补教师科研水平不足;另

一方面充分利用专家型政府领导及企业家人力资本资源,大力聘请生产经营和管理一线的行业专家作兼职老师,走进课堂,开展实践课程教学,以弥补老师实践能力不足。目前,池州海关的报关负责人,池州从事外贸业务的骨干,池州多家会计事务所的所长,池州税务、审计、财政局等单位的业务骨干等都先后成为我们的兼职老师。他们或是来讲课做报告,或是做实践指导,或是指导学生毕业论文,或是作为专业指导委员会委员,参与人才培养方案的制订,共同研究学科专业建设。同时,我们还与周边院校实行了教师互派资源共享,近两年铜陵学院十多位老师走进了我们课堂,我们的老师也走进了铜陵学院教室。

通过实践基地建设和专兼职教师队伍建设,我们充分利用了校内与校外、高校与社会的教育资源来进行教学,学生的"学习"条件得到大大改善。利用这类平台,我们创新开展了多种实践教学模式。如针对经管类专业学生不适宜"大兵团"拉到企业进行实习,我们采取长短结合、集散结合、大小结合等灵活多样的产学合作教育方式,使学生既有一天的岗位认知实习,又有一段时间的集中社会实践;既有由企业骨干来授课的几节课的课内实践,又有"双师型"教师授课的实践课程;既有在实验室情境模拟的仿真实习,又有深入企事业单位生产经营一线的岗位实习;既有校内指导老师跟踪,又有校外指导老师帮带,使学生提高了实践能力,企业获得了人力支持,实现合作双赢。

(三)基于职业技能培养的合作教育模式

"以就业为导向的合作教育"更加重视学生职业技能和创新能力的培养。近年来我们立足"强技能",提出并实施了"五个一活动":即取得一张职业资格证书,参与一项创新创业项目,参加一项学科竞赛,完成一份项目策划书(或是一篇市场调研报告),加入一个学生社团(4个学分)。为此,我们积极与相关行业协会合作开展了职业资格证培训和考试;组织学生参与政府、行业协会、企业或学校组织的各类竞赛活动;明确要求学生与企业导师合作申报教育部(厅)以及学校组织的各类创新创业项目;要求学生利用小学期社会实践深入企业开展调研,至少完成一篇市场调研报告或做一份市场项目策划书;支持学生组建或加入相关学生社团,开展相关活动;鼓励支持学生到校园内孵化基地自主创业等等。目前我们已与中国电子商务协会、池州市劳动局、财政局、海关等合作相继开展了电子商务师、营销师、会计资格证、助理会计师、单证、报关员、报检员等培训和考试工作;每年都组织学生参加教育部(厅)、中国市场营销协会、电子商务协会、中小企业协会以及用友、金蝶等大型企业等组织的"挑战杯"大赛、市场营销模拟沙盘、电子商务竞技、ERP沙盘等比赛活动;主持承担了几十项教育部(厅)立项的学生创新创业项目;学生也自主成立了6个相关学生社团;多名学生在校园孵化基地自主创业。

几年来,通过开展多种产学合作教育模式,我们初步搭建起产学研合作教育通道,使学生有机会置身于充满活力与挑战的现实的社会经济发展环境中,不断提高实践技能和创新能力。但就应用型本科高校经管类专业来说,如何扩大产学研合作教育的深度和广度,尚有大量的工作需要进一步探索。目前,无论是国际、国内还是区域经济社会发展,在经管领域都表现出一系列新的特点,这种趋势既为地方高校经管类专业的改革与发展提供了契机,又对地方高校经管类专业产学研合作教育培养高级应用型人才提出了新的要求[7]。我们只有主动地深入社会经济发展实践中,把推动区域企事业单位经济管理水平的提高与不断提高人才培养质量结合起来,不断创新建立深层次的合作教育模式,实现全方位育人,全时空育人,从而达到突出学生知识水平与创新能力的全面提高,突出地方高校以服务区域经济社会发展的目标。

参 考 文 献

[1] 赵伟.基于产学研合作人才培养模式的探索与研究[J].北京教育,2013(2).
[2] 青木昌彦.产学合作的发展方向[J].技术经济与管理研究,2005(4).
[3] 杨秀增,肖丽玲,盘世准.产学研合作教育培养创新性人才的实践与探索[J].广西民族师范学院学报,2013(3).
[4] 张旭.产学研合作教育培养创新型艺术管理人才的优势与模式[J].吉林省教育学院学报,2014(1).
[5] 唐志良.地方本科院校经管类特色专业建设研究[J].中国市场,2012(22).
[6] 于世勋.地方高校产学研合作教育的路径探索[J].国家教育行政学院学报,2013(1).
[7] 朱云章.国内不同层次高校产学研合作教育模式分析及其对经管类专业的启示[J].渭南师范学院学报,2013(3).

市场营销专业(对口招生)培养模式创新研究
——基于能力分层与多阶段能力考核视角

余 雷　　徐志仓

内容摘要：随着企业对市场营销专业人才能力需求的变化,以及我校市场营销专业招生生源的改变,原来针对高中毕业生的市场营销专业培养模式显然已经不符合教学需要。本文在把握市场营销人才供给和需求的变化趋势下,根据高职毕业生的素质现状,以专业能力分层与多阶段能力考核为视角,把市场营销专业能力分为"市场分析能力—产品促销能力—营销策划能力—营销管理能力—创新创业能力"的能力体系,提出对每种能力进行多次不同形式考核的教学模式,并打造相应的保障措施。希望对其他学校的经管类对口招生培养模式有所借鉴。

关键词：市场营销专业(对口招生);培养模式;能力分层;多阶段能力考核

一、市场营销专业人才需求和供给的变化趋势

(一)企业对市场营销人才需求的变化

随着中国企业的国际化趋势加快,以及新的商业模式不断涌现,企业对市场营销人才的需求也在不断地发生变化。

第一,企业对营销人才的需求出现多元化倾向。市场营销专业人才仍然是企业需求量最大的人力资源,根据《2014～2015年南方人才市场报告》,在人才需要Top10中(如图1所示)中,市场营销人才需求位居第一,占到总人才需求的39.21%,但是企业对市场营销人才的需求出现多元化趋势。从岗位的层次看,需要高层、中层、基层三类营销人才。高层营销人才是从事企业营销决策的专家型经理人才,他们大多是企业的高层领导、企业营销部门的负责人,如企业的营销总监等,这类人才需求量不大但很抢手。中层营销人才是企业产品营销策略的制定、组织和实施者,他们大多是营销部门内的各分部门负责人、各个区域的营销主管,负责一个部门或一个地区的营销工作,如销售经理、市场经理、业务经理、区域营销主管等,目前这类人才的需求比例逐渐上升。基层营销人才是向中间商、消费者宣传推销产品的一线营销人员,如业务员、导购员、理货员等,这类人才的市场需求量较大,但是进入门槛不高,可替代性较强。

[作者简介]　余雷,巢湖学院经济与管理学院副教授。徐志仓,巢湖学院经济与管理学院副教授。

第二,企业对市场营销人才的能力需求出现专门化趋势。根据《2014—2015年南方人才市场报告》的分析(如图2所示),虽然促销人员需求量仍然是最大的,但是企业对于策划人才的需求在增加,特别是随着电子商务的发展,企业对于在线销售人员的需求在增加。根据负责人及其团队在浙江、江苏等地与企业负责人座谈发现,企业对市场营销专业人才需求体现在市场实用性上。一位企业负责人说,我们招聘的市场人才要实用,马上能用,能够撰写市场调研报告、营销策划书,能够具备把产品销售出去这些实用性技能;但是他也感叹,大部分毕业生都不具备这些技能,还要经过培训才能上岗,很显然学校对学生的专业能力培养与企业的人才需求出现了脱节,企业更加需求的是个人特长能力,而不是普通的综合能力,很显然应用型高校的通识能力培养模式已经不符合市场需求。

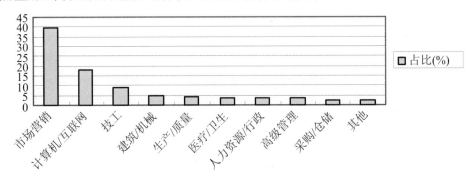

图1 市场对人才岗位需求类别 Top 10

数据来源:2014~2015南方人才市场报告

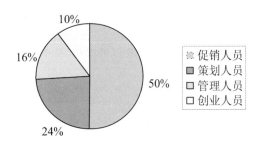

图2 企业对市场营销人才需求比例

数据来源:2014~2015南方人才市场报告

第三,电子商务等新商业模式的发展激发了对市场营销高端人才的需求。随着电子商务与数字化销售渠道在江浙等发达地区日益盛行,市场需要大量电子商务营销与运营经理,其中零售、时装与快速消费品行业对这类人才的需求最大,然而适合此类职位的应聘者却非常有限。因为,电子商务或者网络营销作为互联网时代的朝阳职业,对应聘者的要求出现了一些新特征,其中最明显的就是对复合型人才的要求,它要求应聘者具有计算机、网络、市场营销等多重知识背景。但目前的高校教育因专业所限,大多没有办法满足这种文理兼备、高度复合化的岗位要求。

(二) 应用型普通高校对市场营销人才的供给问题

最近几年安徽省对新升本的院校提出应用型的办学定位,各高校为突出办学定位,一般把市场营销专业的培养目标定位于培养高素质的市场营销应用型人才,在人才培养方案上并没有和高职高专严格区别开来,也没有能够为企业提供高端的、复合的市场营销人才。

第一,市场营销人才供给的结构性矛盾突出。从全国的供求总量看,市场营销人才供求基本趋于平衡,但其职位供求存在一定的矛盾,主要表现为结构性供给短缺:(1)在一些新兴行业和业务领域营销人才匮乏。如汽车营销人才、网络营销人才、金融营销人才等缺口很大,原因在于这些行业要求营销人才是复合型人才。(2)既有丰富实践经验(实践能力)又有较高理论水平的中、高层次营销管理人才严重不足。(3)各类营销专才匮乏。比如有系统知识、懂营销策划、创新能力强的营销策划人才很少。

第二,营销人才的培养与市场需求脱节。传统的教育管理制度、教育思想观念、人才培养模式等导致人才培养与市场需求脱节具体表现为:(1)教育思想观念模糊、混乱、落后,制约了人才培养方案设计和教育教学实践改革。(2)教学内容和课程体系安排不够合理,学生基本素质与能力不过硬,知识面窄,千篇一律,没有特色,在人才市场上缺乏竞争力。(3)课程教学重理论讲授和结果考核,轻能力培养和过程考核,学生只知死记。(4)对实践教学重视不够,实践教学的目标和要求不明确,实践教学体系不够完善,分量偏少,实践基础设施建设不足,制约学生能力培养、潜能和创新精神的发挥。

第三,应用型高校的专业划分限制了复合型市场营销人才的供给。电子商务和新出现的商业模式要求市场营销人才兼具文理科背景,既要具备一定的网络技术,也要懂得一定经济管理知识。但是很多高校实行的是严格的文理分科,从传统分工来看,市场营销属于文科专业,学生无需学习理工类的知识;而对于理工类专业来说,也无需设置经管类课程供学生学习,对于新设的电子商务等专业来说,还没有很好的融合文理科的教学模式,也无法培养出合格的电子商务的营销人才,造成市场营销复合型人才的供给不足。

以上状况说明高素质、高技能的营销人才学校供给与市场需求的矛盾,从而使得应用型普通高校场营销专业建设和发展将面临巨大的机遇和挑战。一方面,市场营销人才需求量大,且呈加速增长的趋势,另一方面,对人才培养的规格要求越来越高,这势必要求我们改进原有的教学体系和模式,培养出更加卓越的市场营销人才。

二、市场营销能力分层体系的构建

根据以上分析,本研究的基础是把市场营销专业能力进行科学的分层。鉴于中职学生的教育背景,对于他们本科阶段的培养,应用型高校应该打破过去那种综合能力培养的模式,根据市场对市场营销人才技能的需求,从低到高,逐次推进,让大部分学生掌握基本能力,让学有余力的同学掌握高级能力。本研究试图把市场专业解析为五种能力(如图3所示),并科学设置课程构建能力模块。

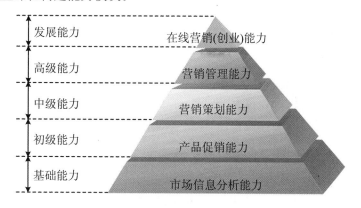

图3 市场营销专业能力体系

(一)基础能力——市场信息分析能力

市场信息分析能力是每个每个阶段能力都需要具备的基础能力。该能力要求学生掌握市场调研、市场调查报告的撰写,市场信息的分析。对于此能力的培养,计划设置经济数学、市场营销学、应用统计学、市场调查与实务等课程。根据前期调研,中职学生的数学水平普遍较差,把原来高等数学改为经济数学,把统计学改为应用统计学。

（二）初级能力——产品促销能力

产品促销能力是市场营销专业学生必须掌握的初级能力。该能力要求学生掌握产品促销的一般技巧,能够撰写产品促销方案,并能够独立地组织实施。对于此能力的培养,计划设置客观关系管理定岗实训、服务营销顶岗实训、商务谈判、商务礼仪、推销技巧顶岗实训。为提高学生的动手能力,这些课程全部为实践课程,并且多次安排到企业顶岗实训。

（三）中级能力——营销策划能力

营销策划人才企业需求较少,但是却是一种重要的综合能力,是学生创新能力的一种体现。该能力在是在前两种能力的基础上,谋划产品或品牌的市场推广,要求学生有能够综合各种因素的能力。该能力培养设置的课程有消费者行为理论与实务、渠道开发与管理、营销策划与实务(结合比赛)、品牌策划与管理、广告策划与实务。该能力对中职毕业生来说难度较大,因此,该能力培养采取课程学习与比赛相结合,多次实践的模式。

（四）高级能力——营销管理能力

毕业生走上工作岗位,将来发展会成为市场营销活动的组织者和领导者,因此必须具备一定的市场营销管理能力。该能力要求学生掌握企业管理的一般原理,懂得财务的运行,企业信息的处理,能够制订活动方案并领导实施。为强化该能力的培养,设计基础会计学、现代企业管理、企业信息管理等课程,另外还专门设置了比赛所需课程——企业管理决策实训。

（五）发展能力——在线营销(创业)能力

以上能力的培养已经能够保证学生满足企业的人才需求,但是随着电子商务的发展和国家对大学生创业的激励,大学生必须具备一定的互联网创业能力,与之有关的就是在线营销能力。该能力要求学生掌握在线营销的一般步骤、方法、技巧和创业的项目选择等。该能力课程全部为实践课程,包括专业创新教育、电子商务运营与管理、网店经营与管理、物流与配送。另外为提高学生的在线经营能力,该能力培养还创造性地设置了专门的定制化课程商品拍摄与美化。

根据以上分析,为保证中职毕业生的适应本科阶段学习深度,超越中职阶段学习的高度,拓展本科学习阶段的广度,通过科学的能力分层,在基础能力之上,以学生为中心,提供一个个性化差异化的能力学习模式设计,让所有的学生都学有所能、学有所长。

三、市场营销专业能力多阶段考核体系设置

本培养模式的关键是确定市场专业能力的考核及标准的制定。以往对学生专业能力的考察采取的多是课程考试的形式,加之培养方案中能力课程设置的间断性,学生考试以后就会把学习内容抛之脑后。鉴于中职学生的素质,需要不断强化专业能力的培养,本研究将在能力分层的基础上,结合单项能力当期考核与模块能力延后考核分学期多阶段考核(如表1所示),研究如何有效地把能力演示形式考核和方案制作与比赛形式考核进行结合,构建一

种专业能力持续学习的环境。考核难点在于标准的制定,与试卷考试不同,技能的评价标准不确定性更大,因此本研究将积极与企业互动,确定符合市场人才需求的考核标准。

表 1　市场营销专业多阶段能力考核时间及形式

能力分层体系	第一阶段考核时间及形式		第二阶段考核时间及形式	
综合能力	第七学期	实习报告	第八学期	毕业论文
互联网创业能力	第六学期	网店促销方案	第七学期	大学生创业大赛
营销管理能力	第五学期	企业管理模拟	第六学期	管理决策模拟大赛
营销策划能力	第四学期	营销策划方案	第五学期	营销策划大赛
产品促销能力	第三学期	促销技巧模拟	第四学期	促销活动方案
市场分析能力	第二学期	市场调查问卷设计	第三学期	市场调查报告

四、市场营销专业能力分层与多阶段考核培养模式的保障措施

本培养模式是在市场营销专业招生生源改变和企业对市场营销专业人才能力需求变化的背景下,依据差异化教育原理,为提升中职毕业生的市场营销本科专业的学习效果,创新性地提出建立能力分层和多阶段能力考核的市场营销培养方案,其中的关键问题是能力的考核和能力的实现。

（一）建立多阶段能力考核的标准

试卷考试有相对标准的答案,便于操作,但是以考核的形式来评价学生的学习效果难度更大,因为对能力来说,有很多关键的技术点,对市场营销专业能力来说,还涉及学生的表达能力、促销产品的特质、消费者的消费倾向等。本研究要解决的第一个关键问题是积极与企业互动,解构市场营销专业能力的技术关键节点,赋以一定的分值,建立各个能力考核综合评价体系。

（二）建立以学生为中心的能力培养的平台

能力的培养和实现是多种资源运用的合力。市场营销专业能力培养平台的建立与四个主体有关:教师、学生、学校、企业。第一是教师实践教学能力的提高,教学观念的改变;第二是学生个人学习能力的差异,学习热情的激发,变被动学习为主动自我学习;第三是学校能够提供专业能力培养的资源,包括科学合理的培养方案,良好的实验、实训条件;第四,企业是专业能力检验的终极平台,有众多合作良好的企业是该方案能够实现的关键。因此,本研究的要解决的第二个关键问题是,如何提高各个主体的实践供给、消费能力,实现主体间的最优协同。

（三）打造实践教学体系

针对中职学生理论学习能力的弱的问题,培养方案的重点是突出对学生实践能力的培养,那么就需要成熟而可实现的实践教学体系。实践教学体系一般来说涉及实践教学目的,这与企业的人才能力需求有关;实践方法,这与教师有关;实践教学资源,这与学校和企业有关。本研究正是基于企业的市场营销人才需求趋势为最高目标(如图 4 所示),教师应该根据中职学生的特点采取哪些先进的实践教学方法;学校应该如何合理的配置实践资源,开拓

更多的企业实践资源,与企业间互惠互动;建立可实现、易操作的实践教学体系。

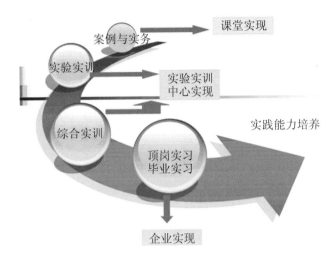

图 4 市场营销专业实践教学体系

(四)建设双师型师资队伍

长期以来,市场营销的教学重理论轻实践,导致教师的实践教学水平较低,而市场营销专业是应用性很强、行业需求面很广的专业,应用型本科教育的特点和企业对市场营销专业人才的需求共同决定了市场营销专业培养的人才必须在掌握专业理论知识的基础上,具备较强的专业实践能力。要培养市场营销专业学生的专业实践能力,就必须有一支优秀的"双师型"师资队伍,充分发挥"双师型"教师在教学中的中心作用。未来几年,为更好地践行该培养方案,市场营销专业教师要通过企业挂职、职业资格培训、自我创新等形式提高实践教学能力。

五、结论及进一步的思考

本研究是基于企业对市场营销人才需求的变化及中职毕业生的学习能力特点,把市场营销专业能力分为"市场分析能力—产品促销能力—营销策划能力—营销管理能力—创新创业能力",从低到高的能力体系。我们的教学理念是使得每个学生都学有所能、学有所长,并不要求每个学生都掌握所有的能力,而是要求每个学生都擅长一个能力。为了提升学生的实践能力,方案采取分时期的能力核心课程单独考核和模块能力综合考核的多阶段考核形式,进一步强化学生的实践能力。当然该方案要取得好的实施效果,还需要教学教学理念的转变、教学平台的打造、实践教学体系的构建、实践型师资队伍的建设等保障。

参 考 文 献

[1] 教育部高等学校工商管理类学科专业教指委.全国普通高等院校本科工商管理类专业育人指南[R].北京:高等教育出版社,2010.
[2] 邢蜻,张凤武.基于需求导向的应用型人才培养设计方案[J].经济研究导刊,2013(4).
[3] 张媛.对市场营销专业本科教学改革的思考[J].中国—东盟博览,2012(4).
[4] 胡宏力,李静.基于系统论的市场营销专业人才培养创新体系构建[J].陕西教育(高教版),2012(Z2).
[5] 杨为民.对市场营销专业建设的改革与思考[J].北京农学院学报,2007(1).

基于转型发展背景下地方高校国际经贸应用型人才培养路径探究

查道中 马 荣 贾敬全

内容摘要:目前我国外贸经济进入新常态时期,外贸结构转型升级正在逐步推进,同时部分地方本科院校正向应用技术型高校转型发展,外贸发展和人才需求的不断变革对高校国际经济与贸易专业应用型人才培养质量提出了更新更高的要求和期望,对人才培养模式也提出了进一步创新和改革的要求。然而,我国很多地方高校现有的专业人才培养方案、管理制度、师资建设、教学资源方面等制约国际经济与贸易专业应用型人才培养。因此地方高校国际经济与贸易专业从优化人才培养方案、改革教学课程体系、加大校内外实践教学和加强师资队伍建设等方面进行深化改革。

关键词:转型发展;国际经济与贸易专业;应用型人才;培养模式改革

2008年全球经济危机后,国际经济与贸易专业毕业生出现严重的就业的结构性矛盾。我国近465所高校开设了国际经济与贸易专业,大部分学校将其作为重点学科或重点专业来加以建设,以满足我国经济对国际经济与贸易人才的迫切需求。一方面,根据麦可思研究院发布的《2014年中国大学生就业报告》,国际经济与贸易专业被评为失业量较大、就业率较低且薪资较低的黄牌专业之一。另一方面,社会对国际经济与贸易应用型人才需求的不断提升。2014年2月26日,国务院召开常务会议,明确提出要"引导一批地方本科院校向应用技术型高校转型",这意味着部分地方本科院校向应用技术型高校转型发展已经成为国家决策。转型发展对国际经济与贸易专业人才培养提出了新要求。对该专业人才的贸易实务技能提出了更高的要求,许多学校都在调整国际贸易专业的培养模式,在激烈的高等教育竞争中形成有特色的人才培养模式,提高人才的培养质量,期望获得社会和企业的认可。学者们普遍认同人才培养模式是学校为学生构建的知识、能力、素质结构以及实现这种结构的方式,包括人才培养目标、培养规格和基本培养方式,均认同国际经济与贸易人才的培养应以应用型人才培养为主,但受诸多因素限制,目前国际经济与贸易专业人才的培养依然以贸易理论、操作和外语学习等内容为主,实践环节薄弱,缺乏系统的操作过程训练。

在此背景下,研究如何培养高质量的外贸应用型人才显得极其迫切且重要,对促进其国贸学科建设和外向型经济发展都具有重要的现实意义。

[作者简介] 查道中(1965—),男,安徽怀宁人,淮北师范大学经济学院教授,硕士生导师,商务系系主任,国际贸易师。马荣(1978—),女,安徽淮北人,淮北师范大学经济学院副教授,商务系副主任,国际贸易师。贾敬全(1972—),男,安徽淮北人,淮北师范大学经济学院教授,硕士生导师,副院长。

一、转型发展对国际经济与贸易专业人才培养的新要求

(一)人才培养定位更注重应用型

企业一直在强调要培养应用型人才,但是具体到国际经济与贸易专业,培养的学生到底应该具备哪些能力,各个高校都有自己的解读,而且差别很大。目前,我国国际经济与贸易本科专业所培养的人才大致可分为三种类型:国际经济贸易理论研究人才、对外贸易管理人才和对外经济贸易实务人才。国际经济贸易理论研究人才属于学术型或研究型人才,这是"985"和"211"以及研究生人才培养定位,对外贸易管理人才和对外经济贸易实务人才属于应用型人才。这是多数地方高校人才培养定位。这里我们主要研究应用型人才。对于应用型这两种不同性质的人才,其具备的能力有一定的差别。

1. 国际经济与贸易管理人才应该具备的能力

国际经济与贸易管理人才主要是从事各种对外贸易的管理以及国民经济综合部门的管理工作,如海关、商务机构以及涉外公司的对外贸易管理,对于该类人才应该具备以下能力:第一,应具备一定的经济学理论知识和管理基础知识,能够对国际贸易中的一些经济现象进行分析,同时能够对经济和贸易活动进行高效的管理。第二,应具备一定的专业理论知识,即与国际经济与贸易相关的专业知识,以便能够对各种贸易政策和相关的组织规定进行解读,促进我国对外贸易的发展。第三,应具备一定的国际市场知识,以便在经济贸易活动中进行准确的市场预测,为商业部分以及涉外公司提出经营管理的意见和建议。第四,应了解和掌握国际经济贸易的各个环节,以便能够对各种经济活动和业务进行管理。第五,应具备一定的计算机能力和语言能力,具备一定的信息技术管理能力,为日常的贸易和经济管理活动提供技术支持,同时能够用多种语言与国外贸易对象进行交流,促进对外贸易的发展。对外贸易管理人才属于高端的应用型外贸人才。

2. 国际经济与贸易实务人才应该具备的能力

国际经济与贸易商务人才应该是应用型、技术型人才,是对国际贸易中的各种商贸活动进行管理操作型具体经办的人才,比如从事国际结算、国际运输、进出口报关、报检、业务跟单等。根据从事的工作内容以及性质,可以概括出国际经济与贸易商务经办人才应该具备的以下几个方面能力。第一,与国际经济与贸易管理人才的能力要求一样,应具备一定的经济学理论知识、管理知识、专业理论知识,便于在工作中能够对一些经济现象进行分析,对各种贸易政策和相关的组织规定进行解读,促进国际经济与贸易工作过程中的各项工作内容积极推进。第二,应具备商品知识和市场知识,能够对商品进行独立拓展,在国际市场中寻找相关的客户,建立客户群等。第三,应要熟悉国际商务活动的相关形式,具备填制各种外贸单证的能力。第四,应了解和掌握国际贸易的惯例以及相关的经济法规,具备进行国际商务活动洽谈的能力。第五,要掌握一定的会计核算知识和商品报价能力,了解进出口报关、清关知识和程序了解,具备报关、清关的能力。第六,要具备一定的报检基本技能,掌握国际货物运输和保险的相关知识内容,具备国际货物运输和保险的能力。第七,要掌握一定的国际贸易结算知识和能力,具备一定的计算机与网络语言能力,便于在商务活动中进行流畅地交流以及处理各种技术问题。第八,应具备一定的电子商务知识,适应国际商务活动发展的要求。

(二)人才培养方案要求特色化、个性化

最近若干年,国际经济与贸易专业受累于国际经济大环境,就业形势不佳,按照转型发

展的要求,属于需要改造的传统专业。国际经济与贸易专业要向特色化、应用性方向拓展,首先就要求人才培养方案特色化,否则,人才培养方案没有特色,培养出来的人也不可能有特色,专业也就不会有特色了,这是相辅相成的关系。

（三）校企合作更紧密

按照教育发展要求,要将产教融合、校企合作作为推动高校转型的主要途径,但是很多高校国际经济与贸易专业学生找到合适的实习锻炼岗位相对困难,大的外贸进出口企业基本优先接纳"985""211"高校学生实习,不愿意接纳地方高校学生实习。这就要求地方高校要积极拓展校外实训基地,加强校企合作。

（四）实训室建设要求高仿真

按照转型发展的要求,学生需要在学校就能学到实际岗位需要的能力,因此,现在国际经济与贸易专业就不仅仅是建设单证实训室、报关与国际货运实训室、国际结算实训室等,而是要建设包括国际贸易全流程的高仿真的一体化实训室,使学生在该实训室就能模拟整个进出口流程。

（五）师资要求"双师型"

任何先进的人才培养方案都需要靠优秀的师资去践行,转型发展要求国际经济与贸易专业师资熟练使用外语,精通外贸实务"双师型"教师。

二、当前地方高校培养国际经济与贸易应用型人才存在的问题

通过大量跟踪调研发现,许多用人单位都指出,多数高校培养的国际经济与贸易专业应用型人才并没有系统地掌握跨学科或跨专业的知识,不具备较多方面的能力,无法满足社会需求。近一半的学生对学校"实践性课程开设""注意培养学生动手能力"和"掌握实践性和应用性知识技能"表示出不满意。由此可见,关于应用型人才培养的许多深层次发展瓶颈始终存在,从观念到行为均存在十分明显的偏差和缺欠,培养成效不容乐观。究其原因,我们认为主要有以下几个方面：

（一）人才培养与需求脱节,专业培养定位模糊,普遍存在重理论轻实践的现象

国际贸易与经济专业是一门理论性和实践性都很强的学科,学生毕业后主要就业岗位涉及国际商务、金融、单证、报关、报检、商务谈判等具体领域,要求学生熟悉进出口业务的各个环节,能妥善处理从订单、签单、下单、采购、生产,到包装、订舱、运输安排和报关等各个程序。要想和国外客户有良好的沟通,必须具备很好的英语表达和沟通能力,对具体贸易业务上手快,这要求我们培养学生应以应用能力培养为本位。实践运用能力是国际贸易人才对自身所具备的专业知识和职业技能、学习能力和创新能力的综合实践运用,是国际贸易人才所需要具备的最重要的能力。国际贸易人才实践运用能力的强弱直接影响其在社会的职业生涯,这里的实践运用能力主要指将自身所学习的国际贸易理论知识与自身的创新能力相结合,综合运用于国际贸易各领域之中,解决国际贸易出现的各种问题的能力。我国一些政府涉外机构、跨国公司与外贸企业需要大批精通英语和国际贸易法规和惯例、精通现代国际商务技能和国际贸易实务操作技能、具有良好的外语能力和社会协作能力的综合型国际贸易人才。然而,一方面,我国严重缺乏这类人才;另一方面,与现实需求相比,我国国际经济与贸易专业大学生就业的整体状况并不十分理想。其中一个主要原因就是学校培养的学生

与社会的需求还存在一定的差距,大部分高校的发展定位是从教学型向教学科研型院校转变,对应用型国贸人才培养重视程度不够,出现重理论、轻实践的现象,实践教学是许多本科高校的薄弱环节。实践教学计划不能很好地贯彻执行,学生的外贸感性知识的获得仅靠一些贸易模拟软件,并没有从真正的外贸企业中获得外贸实践经验,使得很多高等院校培养出来的毕业生解决实际问题的能力不强,基础能力较差,不适应用人单位的需要,难以使学生发展成为适应地方经济发展的高级应用型人才。

(二)高校管理僵化,缺乏有效灵活性,跨专业教学资源不能合理利用

为顺应经济的转型发展,虽然目前我国高校的办学自主权得到扩大,对人才培养方案进行了适当调整,推行了学分制等,但我国高等教育仍摆脱不了计划性和统一性的特征,单一学科专业培养人才的观念始终在人们头脑中占有重要地位,制约国际贸易应用型人才培养的开展。跨专业人才的培养需要灵活自主、自由的学习环境和教学管理制度,但大多数高校教学管理制度中的弹性学分制实施不够彻底,各专业间选课制度不健全,高校教学组织以学科专业进行细致划分,这种划分使各学科、专业和办学资源分割过细,各学科和专业间难以有效融合,教学资源的不能充分合理利用。国际贸易应用型人才需要国际贸易、国际市场营销、商法、电子商务和外语等各学科的交汇、融合,在融合的基础上将所学知识运用到工作中时能顺应经济转型的需要,对各种复杂的市场环境表现出较高的自主创新能力,然而调查发现,大多数国际贸易专业的毕业生,无论来自重点院校还是普通高校,面对复杂的市场环境,在处理联系多部门、多国家的业务时表现出来的能力都是欠缺的。

(三)教师队伍无法适应用型人才培养的需要,普遍缺乏实践经验

国际贸易专业是一门实践性很强的学科,但是地方高校在师资队伍建设上本身就先天不足,而既懂外语又精通外贸实务"双师型"教师更是严重缺乏。缺乏丰富实践经验的师资是很难教育出优秀的国际贸易人才的。一方面,高校师资主要来源是我国高校毕业的硕士、博士研究生,从校门到校门,缺乏相关行业及外贸企业实践工作经验,不了解外经贸行业的动态,实践操作能力不足。在课堂上只能照本宣科,只能依托书本的案例分析进行实践应用教学,难以提高学生实际操作能力。另一方面,一直以来,我国高校普遍存在任课教师过去所学专业与应用型人才培养所需知识不相适应的情况。往往老师们学什么专业就教什么课程,国际贸易专业的学生受教于国际贸易专业的老师,所掌握的知识自然单一。高校教师的知识老化是一大问题,且这些教师在上岗后较少有进修和培训的机会,除了忙于应付日常教学工作外,更多的是花大量时间在评职称上,而评职称更多依靠的是科研水平,这样一来,实际上高校教师职称提升对培养高质量应用型人才的作用微乎其微。

(四)课程体系设置不完善

许多高校国际经济与贸易专业的应用型人才培养存在严重的课程设置问题,具体表现为:其一,课程设置仍偏重于国际贸易理论方面的课程,而实践方面的课程相对少,不能确保专业主干课程的开设,与国际贸易相关联的其他学科更少,如国际贸易实务软件操作类、国际商务英语类等课程,多数高校在英语课程设置方面,弱化了英语的教学,导致学生在工作中出现语言的短板,使学生就业的竞争力不强,因此无法形成完整、系统的知识体系;其二,来自不同学科的课程群各自为政,各门课程独立开设,缺乏统一的专业导向。不同院系承担不同学科的课程,课程之间难以交流与合作,难以形成课程群之间的配合,不能使每一门课程有效服务于应用型人才培养的系统工程,专业课程设置呈现为一种互不交融的大"拼盘"。

三、地方高校国际经济与贸易专业应用型人才培养模式构建

(一)进一步明确人才培养定位,完善人才培养方案

地方高校应进一步明确应用型国贸人才培养转变,根据本区域经济发展实际情况和市场需求,转变观念,明确本专业人才培养定位,凝练办学特色。国际经济与贸易专业应用人才不仅能熟练运用外语,而且要求掌握国际贸易基本规则、惯例和流程,具有国际商务谈判能力、单证制作和进出口报关实务操作能力。另外还要根据国际经济与贸易专业内涵日益拓宽的新趋向,在教学实施过程中继续调整和完善专业培养方案与模式。如在现有专业方向的基础上,进一步增设国际商务、国际物流方向,积极推进国外合作办学以及校企合作办学,不断增强对毕业生及用人单位的吸引力,并为本专业的发展赢得更加广阔的市场和发展空间。

(二)优化课程体系,打造特色化个性化人才培养方案

优化课程体系是培养应用型国际贸易人才的关键所在。高校国际经济与贸易专业要想打造特色化个性化人才培养方案,就必须认真分析市场需求,根据岗位实际需求,确定岗位要求的能力,再由此构建知识、素质以及课程体系。课程教学作为大学教育的基本环节,是学生直接获得知识和信息的重要途径,对于塑造学生知识结构、能力和素质具有核心作用。为实现人才培养目标,专业课程设置的改革至关重要,整个国际贸易专业的课程体系的设计应以应用型人才培养为中心,课程的先后顺序按照强化能力培养的先后次序来安排,使每门课程承前启后。应用型国际经济与贸易专业的课程体系构建,应该遵循"面向市场、服务区域、合作办学、特色发展"的原则。"面向市场"是指课程设置必须与社会和经济发展的方向、水平和要求相一致,紧贴国际经济与贸易发展的趋势,针对市场需求培养人才的类型、层次的需要和培养目标的实现,以就业为导向;"服务区域"则要求课程设置要结合区域经济贸易的发展要求,突出专业的区域特色,设置有关区域贸易文化的特色专业,拓宽学生的就业适应面;"合作办学"是指课程体系的设置要整合多方资源,充分利用校企、校地、校校合作,实现教学资源的共享;"特色发展"是指专业课程体系的设置要体现以生为本的原则,尊重学生个性,为学生的特性和专长预留空间。

(三)强化实践教学,积极加强校内实训室建设

实践教学的好坏是衡量高等教育质量高低的重要指标。应用型国际经济与贸易专业对实践教学的要求较高,学校首先要分析哪些通过实训室就能获得实践能力,实践教学的改革需要充分利用课内实践,不断完善校内实训基地的建设,要增强模拟实验的仿真性、实战性,增强课堂教学与实验教学的互动性。通过模拟实习,学生明确学习目的是为了能使用理论知识来进行贸易实践,因此知识必须转化为技能,这个转化过程就是学生进行知识的学习与实践的过程,真正实现国际经贸教学理论和实践的高度结合,为使学生成为具有综合业务知识、良好的业务操作和商务交往能力、素质一流的国际贸易人才创造条件。充分利用多媒体实验室模拟工作场景,让学生在学业完成之前先模拟实习,进行实际运用和训练,如和外商的交流、谈判可以在课堂上让学生角色扮演,既可以激发学生的学习兴趣,又可以提高学生对知识的应用能力,缩短了其进入社会的实习期。

(四)大力加强校企合作,推进产教融合

地方高校国际经济与贸易专业要想"突围",就要研究国际贸易专业岗位需求,深入分析

合作企事业单位的情况,牢牢把握国际经济与贸易专业核心能力培养方式,大力加强校企合作。第一,学校要与企事业单位合作建立实习基地,充分利用各自资源与人脉与外贸企业建立直接联系,为加强校企合作打下良好基础,积极为学生提供实习实践机会;第二,要建立专项基金支持校企合作,一方面方便与企业交流合作,另一方面让企业在与学校合作中有利可图;第三,要建立相应的考核激励机制,校企合作事关国际经济与贸易专业人才质量的高低,关系到该专业能否继续办下去,因此,必须明确各人在此工作中的责、权、利,充分发挥考核激励机制的作用,调动双方的积极性,推动校企合作、产教融合。

(五)强化双师型教师队伍建设

培养双师型、高素质的教师队伍是高校培养应用型人才的基本保障。教师应用水平的高低决定学生能力的强弱,师资队伍的重要性在国际经济与贸易专业中的重要性不言而喻。地方高校要建立一支由具备一定行业背景、实践经验丰富的应用型教师与专业理论基础深厚的理论型教师构成的综合型师资队伍,且保证应用型教师的一定比例。尤其是增强教师对学生职业引导的能力,一是积极挖掘校外资源,加大引进专业人才以及专业学科带头人的力度,吸引更多的实业界高管充实社会兼职教师队伍,聘请有实践经验的外贸企业人才兼职讲课;二是选送优秀的青年教师到外贸企业进行实践锻炼,使教师不断获得最新的国际贸易知识以更新知识结构,提高教师的实践教学能力和水平,从而提高教学效果,也为教师开展科学研究工作奠定基础。将来还应逐步要求现有国际经济与贸易专业教师到企业顶岗实习挂职锻炼,引进新教师时要求必须有相应企业的工作经历。

四、结论

总之,应用型国际贸易人才的培养,就要解决当前外贸企业招聘国际贸易专业人才难与国际贸易专业毕业生就业难的"两难"问题,其目的是培养学生具有国际化视野的工作能力与应变能力。它要求学生既要具备英语语言的基础知识,又要熟悉国际商务知识,并能够熟练地运用专业术语从事商务活动,提高国际贸易专业人才的国际竞争力,培养具有国际合作意识、国际交流与竞争能力的外向型人才。高校必须坚持以市场需求为导向,不断调整和完善国际贸易应用型人才培养模式,通过建立具有地方特色的人才培养目标,完善专业培养课程体系,注重专业实践课程教学,构建专业师资队伍等措施,培养综合素质高的应用型人才。

参 考 文 献

[1] 黄河东.地方性本科院校国际经济与贸易专业应用型人才培养研究:以贺州学院为例[J].时代教育,2014(4).

[2] 张汝根.服务地方经济的国际贸易本科应用型人才培养模式构建探讨[J].经济研究导刊,2012(26).

[3] 李峥.国际经济与贸易专业应用型人才培养的深层探讨[J].经济发展研究,2014(8).

[4] 徐向慧.国际贸易应用型人才培养研究、人才培养方法及途径研究[J].现代经济信息,2015(7).

地方院校国际经济与贸易专业应用型人才培养模式的探索与实践

——以池州学院为例

胡　鹏　项桂娥

内容摘要：地方院校国际经济与贸易专业应用型人才培养的目标是高级应用型外经贸人才。为实现这一目标，需要构建"平台＋模块"式的课程结构体系，打造专兼结合的"双师型"师资队伍，开展双语教学，完善实践教学体系，构建学生创新创业平台，并积极引入现代教学手段与方法。

关键词：国际经济与贸易专业；应用型；人才培养模式

金融危机之后国际贸易出现一些新特点，跨境电子商务蓬勃发展，国际服务贸易外包日益活跃，文化贸易迅速增长。外经贸企业对外贸人才的要求随之越来越高，诸如知识面广、外语水平高、抗压能力强、有团队精神、熟悉外贸网络平台等，这对国际经济与贸易专业建设和发展提出了新挑战。在此背景下，池州学院对本校国际经济与贸易专业的人才培养模式进行了改革和创新。

一、地方院校国际经济与贸易专业应用型人才培养目标的内涵

培养目标是人才培养模式的核心，讨论人才培养模式，首先要厘清人才培养的目标。对于地方高校国际经济与贸易专业人才培养的目标，学者们做了较多探讨。有学者指出，地方院校国际经济与贸易专业的培养目标就是培养应用型国际贸易专业人才；[1]有学者强调要突出"高级应用型特色"；[2]还有学者强调面向"开放型中小型企业"的就业定位；[3]也有学者从人才的规格属性方面对国贸应用型人才的目标进行了较为细致的阐述，认为国际经济与贸易专业应用型人才应该具备诸如：基本知识够，实践能力强，综合素质好，就业竞争力强等特征。[4,5]

通过对前人研究的梳理，可以发现地方高校国际经济与贸易专业人才培养应该定位于"高级应用型"，其"才"要有用、够用，突出应用性；其"人"要心理稳定、意志坚强，有责任心和团队精神等，突出"普适性"；[6]人才培养方面要以能力培养的系统化取代知识培养的系统性，学生要具有良好的文化素质和综合的专业知识，可持续发展能力强。[7]考虑当前国际经

[作者简介]　胡鹏(1981—)，男，汉族，安徽广德人，池州学院商学院经济学教研室主任，讲师，经济学硕士，主要研究方向：产业经济、区域经济、经济学教学。项桂娥(1964—)，女，汉族，安徽青阳人，池州学院商学院院长，教授，经济学硕士，主要研究方向：产业经济、区域经济和经济学教学。

[基金项目]　池州学院教学研究项目：应用型国际经济与贸易本科专业课程体系改革研究(2012jyxm015)、地方应用型院校国际经济与贸易质量标准建设。

济与贸易发展的新特点,结合池州学院实际,我们将国际经济与贸易专业的人才培养的目标定为:"培养德、智、体、美全面发展,掌握国际经济与贸易的基本理论、基本知识和基本技能;熟悉通行的国际贸易规则和惯例,了解'互联网+'下的国际经济与贸易现状;具有较强的创新精神、创业意识;具备经济分析能力、进出口业务操作能力、互联网贸易拓展能力或金融投资能力;能够胜任企事业单位和政府部门经济分析、金融投资与贸易实务、经营管理等工作的高级应用型人才。""德、智、体、美全面发展""具有较强的创新精神、创业意识"体现了人的普适性和良好的文化素质;"掌握国际经济与贸易的基本理论、基本知识和基本技能;熟悉通行的国际贸易规则和惯例,了解'互联网+'下的国际经济与贸易现状"等强调了综合的专业知识特征;"具备经济分析能力、进出口业务操作能力、互联网贸易拓展能力或金融投资能力;能够胜任企事业单位和政府部门经济分析、金融投资与贸易实务、经营管理等工作"则突出了应用型定位。应该说这样的人才培养目标既符合池州学院地方本科院校的定位,也迎合了当今国际经济与贸易和经济社会发展的要求。

二、应用型国际经济与贸易专业课程体系创新

为了实现上述人才培养目标,我们对国际经济与贸易专业的课程体系进行了改革,构建了体现国际经济与贸易应用型人才能力要求的"平台+模块"式的课程结构体系,将全部课程纳入综合能力平台、专业能力平台和能力拓展平台3大课程平台,如图1所示。

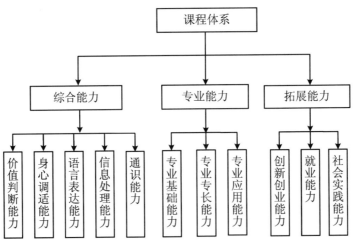

图 1　课程体系

综合能力平台包含"价值判断能力""身心调适能力""语言表达能力""信息处理能力"和"通识能力"5个课程模块。前4个模块的课程大多是根据国家相关规定开设的课程。通识能力模块的课程则是我校针对"应用型"定位所开设的特色课程,包括"大学生科学素养""大学生传统文化素养""大学生艺术素养""大学生德行素养""大学生劳动素养"以及"自然科学类、人文科学类、社会科学类选修课"等。综合能力平台相关课程、尤其通识能力模块课程的开设是为了突出"人"的"普适性",以实现学生"德、智、体、美全面发展"的目标。

专业能力平台由"专业基础能力""专业专长能力"和"专业应用能力"3个课程模块组成。该平台的课程是为了实现学生具备综合的专业知识及体现学生的高级应用型定位。专业基础能力模块主要是一些学科基础课和专业主干课程。在此模块,我们将一些理论性太

强、太抽象,应用性较低的课程如"政治经济学""计量经济学"删去,补充应用性强的课程如"专业认知实习""SPSS软件应用""电子商务"等。专业专长能力模块分为两个方向:互联网贸易方向和金融投资方向。互联网贸易方向的设置是迎合当前国际贸易网络化发展的需要。金融投资方向的设置则是为了迎合我国金融开放以及拓展学生就业就面向的需求。专业应用能力模块是在专业基础能力模块和专业专长模块的基础上开设的。该模块的课程主要为实践类课程,突出对学生专业技能的训练,包括"创业策划与实战""ERP沙盘模拟综合实训""国际贸易模拟综合实训""毕业实习"等课程。

能力拓展平台相关课程的开设主要是为了培养学生的创新精神、创业意识,让学生具备较强的可持续发展能力。

三、多方合作、内培外引,建设一支专兼结合的师资队伍

国际经济与贸易专业对师资队伍的要求较高,需要有一定比例的"双师型"和"双语型"教师,并要求有一定比例的具有企业一线经验的教师。大多数地方院校开设国际经济与贸易专业都面临师资力量薄弱的困境,池州学院地处经济欠发达区域,师资力量薄弱的问题更为突出。为突破师资瓶颈,我们在多年的办学过程中逐渐探索出一条"多方合作、内培外引"的师资队伍建设思路。

"多方合作"是指校地、校企、校协、校校"四位一体"的合作模式。具体来说,通过校地合作使本专业教师参与地方经济发展规划,积极承担地方经济社会发展的相关课题,在此过程中专业教师的能力得以提升;同时从地方经济管理部门引进兼职教师,不定期为学生开设一些专栏或讲座。校企合作方面,派遣本专业教师到企业挂职锻炼,让专业教师具有企业一线经营管理的经验;同时从部分合作企业中,聘请一些行业专家到校为学生讲解企业经营实务。校协合作主要指学校与协会之间的合作,主要是聘请协会的专家到校教学,指导青年教师。校校合作更多的是师资共享,目前本专业已经与省内多所院校实现了师资共享,如安徽大学、铜陵学院等。

"内培外引"则指内部培养和外部引进相结合。"内培"是指校内培养,如通过"博士工程"培养学科带头人,通过"双师工程"培养技能型教师,以满足实践教学的需求;通过"青年教师导师制""青年教师帮扶制"等加速青年教师的成长。"外引"是指外部引进,如通过"银发工程"将部分省内、乃至国内的已退休专家引入我校,成为本专业青年教师的导师;通过"柔性引进"将一些行业专家引入专业课程等。

目前,池州学院国际经济与贸易专业共有专任教师17人,其中教授2人,副教授5人,讲师8人,助教2人,"双师型"教师4人,有企业一线工作经验的教师3人。另有兼职教师11人,其中5人来自高校,3人来自政府经济管理部门,3人来自外贸企业。这种专兼结合、专家与行家相结合的师资队伍为本专业的人才培养提供了强有力的保证。

四、培养环节再造及教学方式改革

(一)开展双语教学,增加外语训练环节,提升学生外语水平

国际经济与贸易专业要求学生具备较高的英语水平,能够熟练地运用英语进行交流沟通,并能够运用英语书写诸如外贸函电、产品说明书、商业计划书等商业文书。因此,各个院校大都在国际经济与贸易专业的培养方案中在"大学英语"课程之后开设了诸如"商务英语"

"外贸英语听说(或外贸英语口语)""外贸函电"等课程。然而,通过我们对合作企业的大面积调研,他们大都反映学生的外语水平不高,几乎很难写一篇完整的商业信件,外语口语更令人失望。造成这种现象的原因在于,现有的以培养学生外语"听、说、读、写"能力的相关课程仍然是以应试教育的模式在教学,而且主要培训学生"读"和"写"的能力,对"听"的能力关注较少,"说"的能力几乎被完全忽略掉了。为提高学生外语水平及其应用能力,我们一方面积极推进双语教学,将"国际经济学""国际金融""国际商务谈判""外贸单证"等课程逐渐改革成双语课程。在双语课程教学中,授课教师制定详细的授课方案,起到课程组织者的作用,课堂的讲学则由学生自主完成,以此来提升学生英语综合运用能力。另一方面在课外增加英语训练,要求每个学生自大二起,每学期阅读一本英文原著,每学期看一部完整的美剧,以实现对学生跨文化思维的训练。

(二)改革教学过程,不断完善实践教学体系

为了全面提高学生的实践能力和创新精神,我们不断对实践教学体系进行了调整,构建了四年不间断的实践教学体系,并使得国际经济与贸易专业实践课学分占总学的比例高达29.5%。第1学期开设专业认知实践,让学生到外经贸企业实习一周,让其了解外经贸企业的经营管理过程和外贸业务的具体流程和岗位设置等。第2~6学期开设专业基础实践,主要是一些课内实践和单独的实验类课程,如"电子商务概论"的课内实践可以让学生熟悉跨境贸易的常见电子商务平台以及跨境贸易的基本操作,"SPSS软件应用"则可以让学生在学完"统计学"后掌握统计软件的具体应用,"国际结算实训""外贸单证实务实训""国际货物运输与保险实训""报关实务实训"等课程则在相关理论课程之后开设,通过模拟软件让学生熟练并掌握相关业务流程和操作。第6~7学期开设专业专长实践、专业应用实践和毕业实习。其中,网络贸易专长方向开设"网上零售实现"和"跨境电商实训",金融投资方向开设"商业银行经营实训"和"证券投资实训"。专业应用实践通过仿真模拟实验在实验室实现外贸业务全流程操作以及企业经理管理的全流程控制,主要包含"国际贸易模拟综合实训""ERP沙盘模拟综合实训"等。考虑到没有企业会需要大规模的外贸业务人员,毕业实习则通过校企合作的方式展开,如我校与义乌诚商会之间的合作,由诚商会组织大量的企业提供足够的实习岗位,学校和诚商会共同对学生的实习进行指导,以保证毕业实习的顺利完成。

(三)大力开设第二课程,构建学生创新创业平台

为了契合高级应用型人才的目标,培养学生的创新创业能力、实践能力和团队精神等,我们积极开设第二课堂。让老师带着学生开展横向课题研究,以培养学生的创新思维和理论联系实际的能力。让有企业工作或挂职经验的教师、"双师型"教师作为学生的导师,指导学生参加诸如"全国商科院校技能大赛国际贸易专业竞赛""大学生创新创业ERP管理大赛""'互联网+'大学生创新创业大赛""全国高校'创意 创新 创业'电子商务挑战赛"等赛事。在人才培养方案中开设"大学生创新创业素养""创业策划与实战""大学生生涯规划与就业素养"等课程与第二课堂相呼应,并开设创新学分和社会实践学分,以保证第二课堂落到实处。

(四)积极引入现代教学手段与方法

现代教学方法强调"以学生为本","重视现代教学技术的运用和各种具体教学方法的综合运用"。[8]以生为本就要重视学生个体差异,为此,我们积极推行分层教学,实行前期统一培养与后期专长培养相结合,前期注重基础理论传授,后期强调实践技能、团队精神培养。

改革知识传授为主的模式,推行项目式、研究式、体验式学习,综合运用演示法、实验法、案例法、讨论法等教学方法。为拓展学生自主发展空间,一方面压缩课时总量,为学生留出更多的可支配时间;另一方面充分利用网络,努力将专业基础和主干课程建设成为网络公开课,同时积极尝试将实习实训软件开放,供学生课后自主操练。

参 考 文 献

[1] 何解定.地方新建本科院校国际经济与贸易专业特色研究及实践[J].湖南科技学院学报,2009(2).
[2] 芮桂杰.一般本科院校"国际经济与贸易"专业人才培养模式研究[J].沈阳干部学刊,2010(10).
[3] 罗双临.国际经济与贸易专业应用型人才培养模式探索[J].当代教育论坛,2009(6).
[4] 赵静敏.国际经济与贸易应用型本科人才培养模式的实践与探索[J].徐州工程学院学报,2009(6).
[5] 郭玉.国际经济与贸易专业应用型人才培养模式探索[J].现代经济信息,2014(5).
[6] 胡建,宋克慧,彭庆文.地方教学型本科院校人才培养模式的突出问题与改革思考[J].大学教育科学,2010(3).
[7] 雷明全.地方高校国际经济与贸易专业人才培养模式的新探讨[J].企业技术开发,2009(11).
[8] 李方.对立与融合:传统教学方法与现代教学方法[J].华南师范大学学报(社会科学版),2003(6).

刍议应用型本科高校经贸类专业实践教学体系构建

傅 炜

内容摘要：随着我国职业教育改革进程加快，以及经济社会的飞速发展，传统本科教育中的实践教学体系已经不能满足现代职业教育发展的需要。本文对应用型本科高校经贸类专业实践教学体系存在的问题进行了探析，结合当前应用型本科高校实践教学体系的研究现状，提出构建经贸类专业实践教学体系四大系统，并对实践教学体系内容与路径系统重点进行了阐述，阐述了构建实践教学体系的基本思路与设想。

关键词：应用型本科；经贸；实践教学体系构建

教育部《关于进一步深化本科教学改革全面提高教学质量的若干意见》（教高〔2007〕2号）指出：高等院校要致力于提高教育教学质量，培养企业一线应用型人才，需要大力加强实验实习、实践和毕业设计（论文）等实践教学环节，特别是要加强专业实习和毕业实习等重要环节，推进实验内容及实验模式的改革和创新，培养大学生实践动手能力、分析和解决问题能力。近年来，关于应用型本科高校实践教学体系的研究数量与质量都达到了新的高度，但从实际操作层面来看，解决问题的难度依然很大，特别是经贸类专业如国际经济与贸易、经济学等，由于先天原因，实践教学如何突出应用性，构建较为成熟的实践教学体系值得进一步思考和探索。

一、当前经贸类专业实践教学体系存在的主要问题

经贸类专业实践教学既有共性问题，也有自身的特殊性。共性问题如：实验室、实习基地建设滞后于专业发展需要；受惯性思维影响，实践教学依附于理论教学；实践教学经费投入不足；教师普遍缺少专业实践经验等。此外，还有一些经贸类专业自身的问题。

（一）实践教学体系陈旧

相对于应用型本科高校理工类专业比较成熟的实践教学体系，经贸类专业的实践教学体系建设仍处在初级阶段。在各相关专业人才培养方案中，虽然都相应增加了实践教学比例，甚至有的专业实践教学学时超过了30%，但其实质并没有得到根本转变，除毕业论文（设计）外，大多数实践教学形式，仍以计算机软件操作为主。形式单一，不接地气。且由于经费、师资、人员问题，应用型本科高校的实验课程开发能力弱。中南大学课题组的研究表明：

[作者简介] 傅炜（1977—），男，汉族，安徽明光人，讲师，安徽三联学院经济管理学院执行院长，研究方向：公共管理。

[基金项目] 本文系安徽省教育厅质量工程项目"应用型本科高校经贸类专业实践教学体系构建研究"（编号 2013jyxm272）阶段性成果。

"有87%的受访对象指出,地方本科高校课程存在着严重同质化现象,课程体系也存在严重同构化现象,这使地方本科高校不能适应地方社会经济发展需求。"

(二)实践教学内容未能满足学生求职需求

地方经济规模大幅扩大、产业不断升级带来就业市场的职业与岗位细分趋势加剧,实践教学地位变得尤其重要。由于教材、教学内容存有一定的滞后性,经贸类专业的实践教学内容不仅不符合行业企业发展实际,也未能充分满足学生的求职需求。

以国际经济与贸易专业为例,咨询机构麦可思研究院发布的《2014年大学生年度就业报告》中,该专业被列为黄牌(就业预警)本科专业。[①] 经过对"51job"、中华英才网、新安人才网等知名招聘、求职网站的信息梳理,对于国际贸易人才,用人单位更为看重的是语言能力是否强,学生是否获得相关职业资格证书,而对学生本身是否为国际经济与贸易专业并无严格要求;通过对企业进行调研,也发现类似的问题,专业技能和专业素养并不被用人单位所重视。

(三)实践教学条件不能满足行业技能培养要求

一方面,经贸类专业实验室普遍缺少仿真条件与环境,即便个别课程实践操作环节仿真度高,在专业层面来看,实践课程之间的联系不够紧密,课程群或模块化的特征较弱;另一方面,与理工科的实践教学相比,经贸类专业缺少综合性、创新性、设计性实验,加上企业的合作意愿不足,难以做到"工学交替"、"岗位见习"。实践教学条件的匮乏,不仅导致实验与行业技能培养要求有差距,进而使得毕业论文(设计)选题往往大而不当,缺少数据支持与实证,内容空泛无物。

二、经贸类专业实践教学体系的构建

以应用型人才培养和学生职业发展为导向,笔者认为,经贸类专业实践教学体系可着手构建如下四个系统:

(一)实践教学目标系统

实践教学目标系统决定了实践教学内容与路径系统、管理与保障系统、评价与反馈系统的有效运行与整体效应,在系统构建中起到了决策作用,也是整个实践教学体系的引导与驱动。目标系统的制定,必须紧紧围绕服务区域、行业经济地方经济发展,服务应用型人才培养,结合学校办学定位,以人才培养方案设计为抓手,以课程体系改革为突破,促进实践教学实现明显改善。实践教学目标是否合理,一方面,将通过用人单位对毕业生的评价来检验,另一方面,学校可通过毕业率、就业率、就业与专业吻合度、学生就业区域面向等指标进行自检自评。

(二)实践教学内容与路径系统

实践教学内容与路径系统是实践教学目标系统的具体化,也是整个体系的核心所在。其内涵主要是,通过实践教学环节设置,培养学生的专业技能和实际应用能力,进一步体现应用型、地方性的办学定位。试以国际经济与贸易专业为例,做如下分析:

1. 课内实验

一是通识教育平台的实践教学,主要是思想政治理论、军事理论与训练、计算机文化基

---

① 中国教育在线:"2014年度就业'红黄绿牌专业'"。

础和入学教育,二是学科和专业教育平台,专业基础课和主干课均安排校内实验、实训环节,思考以课程群、模块化的方式集中开展课内实验教学,避免重复和盲点。

2. 实习

包括专业认知、小学期社会实践和毕业实习。专业认知为校内集中进行,拟以讲座的形式分学年不间断开展,不仅要让学生了解专业、热爱专业,还要促进良好学风形成。小学期社会实践和毕业实习则重点在校外,相对分散进行。结合经贸类专业特点,小学期中,要充分发挥学生的主动性,有计划、分层次地开展社会调查(含网络调查)、职业资格考证训练、创业模拟训练和综合素质拓展。既要让学生有事可做,又不能一哄而上,让实践教学成为学生的负担。

3. 毕业论文(设计)

对经贸类专业学生的毕业论文,必须从源头进行把关,从选题开始,以实践为支撑,突出地方性、应用型,强调产学研用相结合,一般要求结合毕业实习、学科竞赛向"真题真做"的方向去努力,或是参与教师科研项目,开展实证研究。

4. 第二课堂

以项目驱动、科研引领开展全员参与的第二课堂活动。根据行业企业发展实际,自主设计、举办校内专业学科竞赛或第二课堂活动,鼓励学生积极参与行业、主管部门的各类学术科技竞赛,弥补校内实训的条件不足。

5. 其他可探索的实践教学内容

一是可以借鉴兄弟高校,把企业搬进校园,让学生介入实际业务流程,体验全真业务操作;二是与企业深度融合,适度前置毕业实习环节,让学生在校期间,在实验室和校内实训基地即可参与企业工作,鼓励大学生借助网上贸易平台(如阿里巴巴、速卖通等)自主创业,学校扶持、企业参与、教师指导,以学生为主体,共同孵化大学生创业企业。

值得注意的是,在实践教学体系内容丰富化、路径多样化的基础上,考核方式也必须相应得做出调整,建立科学合理的实践教学考核评价体系,客观公正的反映实践教学效果,让实践教学内容与路径系统运转更具活力。

(三) 实践教学管理与保障系统

实践教学管理与保障系统可从"学校、教师、学生"三个维度来构建(图2)。一是学校如何为实践教学体系提供保障并加强管理;二是教师如何从自身工作实际出发,改革实践教学模式,提升实践教学效果;三是学生如何在实践教学体系中受益,并身体力行,成为管理与保障系统的一分子。从以上三个维度出发,构建管理与保障系统的三个子系统,使其相互联系、相互制约、相互促进、相互影响,最终实现学生实践能力得到强化,学习效果得到提升,用人单位和社会满意度得到提高。

(四) 实践教学评价与反馈系统

评价反馈系统是对实践教学体系的结果评价,应当包含评价指标体系、评价实施、评价数据收集与处理、评价结果反馈等几方面的内容,其中评价指标体系的建立最为重要。以安徽三联学院为例,2013年,教务处牵头撰写、汇编下发了《关于加强本科教育教学 努力提高应用型人才培养质量的若干意见》等系列文件,其中对本科教学各个环节都制订了质量评价标准指标体系,为进一步开展实践教学质量评价工作打下了较为坚实的基础。

简言之,实践教学评价系统应当从学生评价、督导组评价和校内外同行专家评价三个方面五个层级建立(图3),其中学生评价是基础,也是最难执行的环节;校院二级督导评价相对客观,校内外领导、专家评价则是对一个专业或一个教学单位的整体质量评价。

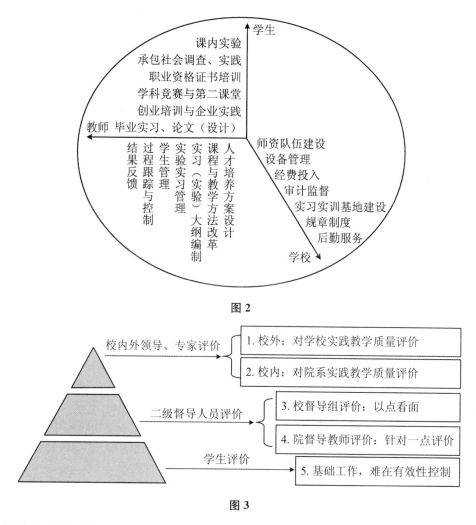

图2

图3

构建实践教学体系的最后一个子系统是反馈系统,根据反馈结果,学校在制度、组织、人员、设备、经费、时间和内容等方面保证实践教学工作的顺利开展;教学单位结合学生评价、督导评价,校内外领导、专家评价,根据用人单位与合作企业满意度调查,再次修订实践教学计划,完善和丰富实践教学体系,使实践教学目标系统——内容和路径系统——管理与保障系统——评价反馈系统实现闭环运行,初步形成结构相对完整的实践教学体系。

参 考 文 献

[1] 程艺,储常连,方明.大力发展应用性高等教育 服务引领安徽奋力崛起[J].中国高等教育,2009(22).
[2] 张欣韵.地方本科院校实践教学体系构建刍议[J].扬州大学学报,2013(1).
[3] 鲁彦彬,李海波,金巨波.提高应用型本科院校实践教学质量的思考[J].教育探索,2013(11).
[4] 陈跃泉.应用型本科院校服务地方经济转型升级的路径探索:以浙江科技学院为例[J].高等教育研究,2013(6).
[5] 常秀娟,丁钢,许庆豫.现代职教体系中应用本科的定位与构建[J].中国职业技术教育,2013(18).
[6] 王玉亮,刘克忠,温卫敏.应用型本科高校实践教学质量监控体系相关问题探究[J].新乡学院学报,2014(2).

本科教学审核性评估的探讨与思考

万 青

内容摘要：为保证人才培养质量,教育主管部门对高等学校的办学水平、教学质量进行评估,从1994年开始先后经历了合格评估、优秀评估和水平评估。根据教高[2011]9号文件《教育部关于普通高校本科教学评估工作的意见》,凡参加普通高等学校本科教学工作水平评估获得"合格"及以上结论的高校均应参加审核评估。为此2012年安徽省高校积极参与"试点"工作,本文在简要回顾安徽省审核性评估历程的基础上,剖析了审核性评估的"五个度",重点介绍了二级学院如何围绕"五个度"开展各项工作,以期对即将接受审核性评估的学校(院)提供参考价值。

关键词：本科教学；审核性评估

一、审核性评估

(一) 我国高校本科教学工作的评估原因

从1998年到2006年,是我国高等教育急剧发展的8年。这8年招生数从116万人增加到586万;在校学生数从780万增加到2500万;高校数从1022所增加到1867所;高校教师数从40.7万增加到107.6万人;生师比从11增加到18。规模的扩展导致许多深层次的矛盾:① 社会公众接受高等教育的心理预期值迅速变化,要求接受高质量高等教育的迫切需求与优质高等教育资源严重短缺这一基本矛盾并未缓解,并且在某种程度上更加突出;② 人才培养质量问题引起社会广泛关注,成为高等院校生存和发展的生命线;③ 经费投入严重不足和教学条件急需改善,在不少地区或高校已成为制约高等教育可持续发展的瓶颈问题之一。

为此,《中华人民共和国高等教育法》政府教育主管部门要对高等学校的办学水平、教育质量,接受教育行政部门的监督和由其组织的评估。

(二) 安徽省的审核性评估

安徽省是全国很多事项改革试点省份之一。从2012年4月开始,省教育厅高教处组织相关专家编写审核性评估指标体系、操作指南等,2012年7月中旬下发给皖西学院和安徽科技学院。我们按照此项要求紧急开展各项工作,包括教学状态基本数据库的填报(2011版)、教学基本档案的整理(教务处和科技处等下发相关文件目录);2012年10月17日,省教育厅召开专题会议研究部署本科教学审核评估推进工作,我省参加评估两所学校的校长、分管教学的副校长、教务处长或评估中心主任;2013年1月14～15日教育厅组织相关高校参

[作者简介] 万青(1970—),男,安徽省霍山县人,管理学博士、皖西学院经济与管理学院院长、教授。主要研究方向:区域经济学等。

加全国教育部本科教学审核评估试点工作会议;2013年2月17日教育部出台评估方案(征求意见稿)和149个引导性问题。在此基础上,安徽省按照省版参加审核性评估试点工作。

(三)安徽省审核性评估的"五个度"

1.高校办学定位与社会需求的符合度

考察各高校是否坚持以社会需求为导向,紧紧围绕服务地方经济建设和社会发展需要,围绕安徽重大发展战略、未来产业升级和承接产业转移等对创新型、复合型、应用型人才的需要,对学校的学科专业、服务面向、办学层次与类型进行科学定位。其重点审核内容包括:① 学校的办学定位是否明确,完整,有办学特色;② 学校规划与地方政府经济社会发展规划的关系;③ 学校的学科专业尤其是优势特色学科专业与地方产业、行业的关系等。

2.高校人才培养、科学研究、社会服务、文化传承创新对办学定位的支撑度

考察各高校是否坚持教学工作中心地位不动摇,牢固树立本科教育是高等教育之本、是高等学校之本、是创新人才培养之本的理念,人才培养、科学研究、社会服务、文化传承创新与其办学定位是否一致,各项工作的开展是否对培育和固化办学特色具有较大贡献。其重点审核内容包括:① 学校对人才培养、科学研究、社会服务、文化传承创新四者关系的处理;② 教学工作中心地位、教学改革核心地位、教学建设优先发展地位的落实;③ 人才培养、科学研究、社会服务、文化传承创新对办学定位的支撑度;④ 激励机制与制度建设对办学定位的支撑度等。

3.高校人才培养目标、方案、教学运行、质量及质量监控之间的吻合度

考察各高校是否坚持以全面提高教育教学质量为目标,加强教学质量保障体系的建设与完善,教学过程各环节是否进行系统有效的质量管理,人才培养目标的实现与学校办学定位是否相吻合。其重点审核内容包括:① 专业培养目标与学校人才培养目标的关系;② 人才培养方案等与专业培养目标、学校人才培养目标的关系;③ 课程开发、建设、使用等与学校人才培养目标的关系;④ 质量工程建设与学校人才培养目标的关系等。

4.高校师资队伍、教学仪器设备、实践教学基地、图书资料等教学资源对教学水平的保障度

考察各高校是否坚持以校内外教学资源的合理配置和有效使用为保障,加强教师队伍建设和教学资源的持续投入,改善教学条件,保障教学水平稳步提高。其重点审核内容包括:① 教学队伍情况;② 教学设备情况;③ 教学投入情况;④ 教学基地情况等。

5.学生、社会、用人单位、政府对教学质量的满意度

考察各高校社会声誉及其社会影响,在校学生及毕业生对学校教学工作认可度是否较高,社会、用人单位、政府对毕业生是否满意。其重点审核内容包括:① 近三年学生评教情况;② 社会对学校的评价;③ 用人单位对学校的评价;④ 政府对学校的评价等。

这五个度是有机联系的整体,它们环环相扣、相互支撑。符合度是高校的顶层设计乃至办学的出发点,支撑度是学校四大职能能否支撑学校的办学定位,吻合度是考察学校是否以质量当第一位(以全面提高教育教学质量为目标,加强教学质量保障体系的建设与完善,教学过程各环节是否进行系统有效的质量管理,人才培养目标的实现与学校办学定位是否相吻合),保障度主要考察学校资源的投入是否优先教学,满意度是高校办学追求的目标。届时专家一行8人,共分为三组,第一组(组长带队)考察符合度和满意度;第二组(副组长带队)考察支撑度和保障度;第三组考察吻合度。

二、皖西学院的审核性评估

1. 时间节点的回顾

(1) 2012年4月1日,召开全省应用本科高校分管教学副校长、教务处长会议。

(2) 2012年4月12日,学校教学工作委员会会议通报4月1日会议精神。

(3) 2012年5月24日,学校教学工作委员会会议提出主动参加评估的试点工作。

(4) 2012年6月6日,学校召开审核性评估全校动员大会。

(5) 2013年6月13~14日,召开皖西学院审核性评估首轮专项会议,各二级学院和职能部门的负责人结合本单位的工作实际,就对审核性评估工作重要性的认识、评估工作指标体系的理解、思考以及目前存在的困难、差距和解决问题的思路等做了发言。

(6) 2012年6月29日,学校召开教学质量保障体系建设工作专题会议,并将教学质量保障体系建设作为2012年暑期教学工作会议的重要议题。

(7) 2012年7月6日,学校召开第二次教学质量保障体系建设工作专题会议(出台教学质量保障体系的实施意见)。

(8) 2012年7月12日,学校召开暑期本科教学审核评估工作专题会议(出台评估实施方案、评估主要观测点与关键要素任务分解表、教学状态基本数据库填报任务分解表),在布置工作中,将准备审核性评估与廉政风险防控和"保持党的纯洁性"主题教育实践活动有机结合。

(9) 2012年8月1~2日,学校召开本科教学审核评估工作暑期进展情况推进调度会(各二级学院和职能部门的负责人围绕教学基本状态数据库进展情况、教学基本材料建设归档情况与评建工作推进情况三大主题逐一进行汇报交流)。

(10) 2012年8月6~8日,学校召开"2012年教学工作会议"。省教育厅高教处储处长、常熟理工学院副校长朱林生教授做报告;张文兵校长做《完善教学质量保障体系 提高应用性人才培养质量》的主题报告;分组讨论、大会交流汇报,王新华书记做《质量 管理 特色——基于教学质量保障体系建设的思考》。

(11) 2012年8月22~23日,学校开展本科教学审核评估第一次校内自评。根据"皖西学院教学基本状态数据库采集填报任务指标责任分解表"对二级学院教学档案建设情况、迎评工作进展情况进行了校内第一自评,在规定的时间向检查组书面汇报本单位的前期工作。

(12) 2012年9月7日,学校召开审核评估第一次校内自评工作反馈推进会。通过自评梳理从动员大会到目前为止取得的阶段性成效,同时对教学基本材料的规范性、教学基本状态数据库采集填写的准确性、有关特色的凝练等发现的共性问题进行整改要求。在此会议上提出迎评工作的十个重点。

(13) 2012年9月25日晚,学校召开秋学期审核评估工作第一次推进会(教学状态基本数据库的第二次试填和主要观测点与关键要素任务书支撑材料建设工作的布置)。

(14) 2012年10月1~5日,二级学院为人事处、教务处及科技处提供评估相关素材。

(15) 2012年10月15日,学校召开专业剖析工作布置专题会议。

(16) 2012年10月16日,学校召开审核评估主要观测点与关键评估要素任务完成情况检查汇报会。

(17) 2012年11月1日,学校召开秋学期审核评估工作第二次协调推进会(教学状态基本数据库的第三次填报、主要观测点与关键评估要素任务支撑材料建设工作第二批任务书)。

(18) 2012年11月4日,学校召开第一次专业剖析工作汇报交流会(我校5个国家级、省级特色专业)。

(19) 2012 年 11 月 20 日至 22 日,学校组织开展二级学院(中心、部)审核评估专项督查工作(校纪委牵头,与廉政风险防控有机结合)。

(20) 2012 年 11 月 22 日,安徽农业大学方明教授来我校做专业剖析工作专题辅导报告。

(21) 2012 年 11 月~12 月中旬,学校组织第二次专业剖析分专业(场)汇报会(分文理两场进行)。

(22) 2013 年 1 月 4 日,学校召开秋季学期末本科教学审核评估督查工作反馈汇报会。

(23) 2013 年 2 月 20 日,学校召开了新学期本科教学审核评估工作国家级试点工作布置会议(国家教育部出台了评估方案征求意见稿和引导性问题)。

(24) 2013 年 4 月 9~13 日,本科教学审核评估专家组莅临我校开展工作。

2. 评估专家现场考察

(1) 听:校长汇报、不同类型不同教师的课程。

(2) 看:校容校貌、教学及生活设施、社团活动等。

(3) 查:教学档案、试卷、毕业论文(一年)、实习材料等。

(4) 访:职能部门、院系、师生、实习基地、用人单位。

(5) 谈:不同专题不同对象座谈会。

(6) 感:感受学校的文化氛围、师生的精神风貌。

(7) 评:学校综合实力。

3. 参加评估的目的

(1) 参加审核评估试点是促进我校提高人才培养质量的重要举措,是推动我校实现内涵发展的良好机遇,是实施和完成我校"十二五"发展规划的重要抓手。

(2) 评估将对我们的教学工作进行全面、集中、高水平的检查、诊断、咨询和指导,可以帮助我们进一步找出差距,明确目标,拓宽思路,促进学校提高人才培养质量。

4. 参加评估的基础或信心

回顾"十一五"以来我校在抓内涵建设上所取得的成就,我们正是围绕着上述"五个度"开展各项工作,总体上符合审核评估的要求与方向。这是我们通过审核评估的基础,是信心之源。

5. 迎评的工作思路

"平常心、正常态;寻找差距、积极作为;以评促建、重在建设",关键是要通过迎评促进建设,通过建设为评估加分。

6. 迎评期间的五个工作重点

第一,全面推进与完善质量保障体系建设;第二,进一步加大省级示范应用型本科高校建设力度;第三,进一步凝练强化在产学研合作、文化传承与创新、服务地方等方面工作的特色;第四,进一步梳理基础设施、设备、师资、管理等四个方面的差距,并着力加以建设;第五,认真扎实推进"五项(专业建设工程、新一轮实践教学体系建设工程、"双能型"师资队伍建设工程、高层次人才建设工程和科技创新平台建设工程)"建设工程。

7. 评估工作的四个阶段

"学习动员与迎评部署、对照检查、整改建设、学校自评、专家进校考察和整改与总结提高"四个阶段的工作任务。

三、评估中二级学院所做的事情

（一）重构四个本科专业人才培养目标，以提高人才培养对社会需求的符合度

根据学校的办学定位，结合安徽省和六安市"十二五"发展规划，重新定位经管类本科专业人才培养目标，我们应培养综合素质好、实践能力强、富有创新、创业精神与社会责任意识的经管类人才，为地方性应用本科高校毕业生的新型就业方式做出探索。

（二）强化科学研究和社会服务，以提高对办学定位的支撑度

1. 科学研究

激励教师申报高级别的教研项目与科研项目，提升教学水平。近三年来，我院教师取得了一批丰硕的科研成果。先后主持或参与国家级及省部级科研课题 11 项，其中，国家社会科学基金 2 项，国家软科学项目 1 项，安徽省软科学项目 4 项，安徽省哲学社科规划项目 7 项，省领导圈定课题 2 项，安徽省教育厅人文重点项目 1 项，安徽省教育厅人文社科重点项目 2 项；主编出版了《国际贸易学》等教材（含专著）8 部；在《管理世界》《经济学动态》《企业管理》《中国农村经济》等国内权威及重要刊物上发表二类以上论文 40 余篇。

2. 积极服务地方经济建设

（1）主持省领导圈定课题等。近年来教师共承担省领导圈定课题 2 项、主持省软科学项目 4 项、主持省哲学社科规划项目 7 项，目前省领导圈定课题已结项，软科学项目已有 3 项结题，其他项目在研中。这些课题研究范围和领域都是安徽省经济和社会发展。

（2）为企事业单位培训。以产学研相结合的横向课题不断涌现，为地方经济建设做出了一定的贡献。近三年，我院分别为江汽集团六安市齿轮厂、六安市供电局、六安市国税系统、安徽金安矿业公司、六安数字电视台、六安市漂史航总局、六安西都时代广场等单位承担了各类应用性课题，如江汽集团六安市齿轮厂、六安市供电局、六安数字电视台等企业与我院已是多次合作，取得了良好的效果。

（3）参与六安经济其他方面的参政议政。该学科团队中，余茂辉教授是六安市政协委员、万青教授是裕安区和六安市政协委员，他们在两会期间，结合专业优势，在充分调研的基础上，能够积极建言献策，每年都能提出不少提案和社情民意，尤其是在大会发言中，每年均有大会口头发言，有的发言还得到了领导的批示。

表1　六安市等两会上的大会发言

年　份	发言人	参会类型	发言题目
2007.3	万　青	市政协二届三次会议	整合文化资源，实现资源大市向经济强市转变
2008.2	万　青	市政协二届11次常委会议	打造文化精品，加快六安市文化产业发展
2008.2	余茂辉	市政协资政会	发展现代农业必须树立十大观念
2010.2	万　青	市政协二届四次会议	及早谋划，科学实施省会经济圈规划
2011.1	万　青	裕安区政协三届四次会议	关于加快裕安县域经济跨越发展的思考
2012.2	万　青	六安市政协三届三次会议	大力扶持龙头企业，促进全市农业产业化发展

该团队中，万青教授还拥有六安市税务协会常务理事、六安市统计协会常务理事、六安市汽车协会顾问、六安市政协文史资料委员会副主任、六安市纪委监察局监督员等职务；隆

定海老师是六安市行政执法局行风监督员等。他们以不同形式的工作服务地方经济建设。

(三)完善一套高质量的教学质量监控体系,提高人才培养的满意度

(1)以专业教研室为基础管理单位,鼓励和支持高学历、高职称人员参与教学管理工作,加强管理能力培训。

(2)坚持1名教师教授3门课,1门课有3名教师教授的"33"原则,安排本专业所有课程的授课教师。完善课程负责人制度,争取建立省级教学团队。

(3)提升课程建设质量。① 选用优质教材。进一步严格现有教材选用、编写、审核制度,鼓励选用国家面向21世纪教材和"十一五""十二五"规划教材、省部级以上获奖教材,积极组织编写或更新自选课程教材。② 提升教学技能。充分利用网络和多媒体教学资源,强化主干课教学方法的改革和现代教育技术的运用,稳步推进双语教学。③ 建设精品课程。完善课程负责人制度,支持现有的校级精品课程申报安徽省精品课程,努力使现有的校级合格课程建设成为校级优质、精品课程。

(4)更新教学管理理念,加强教学过程管理,形成有利于支撑综合改革试点专业建设,有利于教学团队静心教书、潜心育人,有利于学生全面发展和个性发展相辅相成的管理制度和评价办法。建立健全严格的教学管理制度,鼓励在专业建设的重要领域进行探索实验。

(四)探索课程体系设置、授课方法改革和教师队伍建设,以及校内外实验、实训等教学体系创新等,以提高教学资源对人才培养的保障度

1. 完善课程设置体系

进一步优化课程设置,完善"通识课程、人文类课程、专业课程、实践课程"四大模块九类课程构成的课程体系。该课程体系具有以下特征:① 确保通识教育课程比重(30%)。拓宽学生知识结构,培养复合型的高素质人才。② 开设人文类课程(24%)。夯实专业基础,培养学生利用经济理论与方法分析问题的能力。③ 设置专业课程(30%)。专业核心课程确保学生能够掌握相关专业的基本知识与技能,满足企业等用人机构对毕业生的基本需求;专业方向课程让学生自主选择,结合学生自身优势,做到因材施教,进而满足企业的特殊需求。④ 重视实践课程(26%左右)。利用基础实践、专业实践和综合实践课程,培养学生的实际操作能力,解决理论与实践脱节的矛盾。

2. 加大课程与教学资源建设力度

要瞄准专业发展前沿,面向经济社会发展需求,借鉴国内外课程改革成果,充分利用现代信息技术,更新完善教学内容,优化课程设置,形成具有鲜明特色的专业核心课程群。要加强协同开发,促进开放共享,形成与人才培养目标、人才培养方案和创新人才培养模式相适应的优质教学资源。尤其是开发一套符合地方性高校教学案例库,目前有校级精品课程1门、校级优质课程1门、校级合格课程32门。

3. 教学方式方法改革

深化教学研究、更新教学观念,注重因材施教、改进教学方式,依托信息技术、完善教学手段,产生一批具有鲜明专业特色的教学改革成果。积极探索启发式、探究式、讨论式、参与式教学,充分调动学生学习积极性,激励学生自主学习。促进科研与教学互动,及时把科研成果转化为教学内容。支持本科生参与科研活动,早进课题、早进团队。

4. 加大师资队伍建设的力度

(1)"引进来",充分利用学校现有人才引进政策,加大学科带头人和学术骨干的引进力

度,整合学术梯队力量,促进科研创新团队的建设;定期邀请著名专家学者来本专业作科研和教研方面的学术报告;聘请在经济管理工作一线企业家、事业单位的高管等为校外兼职教师,参与我们培养方案的制订或修订,指导学生综合实训或毕业论文。

(2)"送出去",一方面选派中青年教师攻读博士学位,提升教师的知识素养;选派教师积极参加国内外的各种学术交流会和教学研讨会,拓宽教师视野,了解本专业发展的最新动向。另一方面选派青年教师到企业挂职锻炼,提高实践能力。

(3)"帮扶带",充分发挥我院在职及离退休教授的作用,严格执行青年教师导师制;充分发挥我院教学督导组的作用,严格执行教学督导制。加强师德师风建设和教师教育技能培训。定期开展青年教师教学评优赛,促进整体教育教学水平的提高。

5. 推动实践教学改革

(1)课程实践与理论教学相统一。在本专业的课程设置中,有许多课程既有理论学时,又有实践学时。这就要求在教学过程中做到实践教学与理论教学内容保持一致,通过实践教学来巩固所学知识。

(2)综合实践与企业需求相适应。

6. 加大实验室、实习就业基地建设的力度

学院加大了教学及科研设施建设的力度,各项设施和条件不断完善。现拥有经济管理综合实验室、ERP沙盘模拟实验室和会计模拟实验室各一间;有专业藏书2000余册、专业期刊30多种;近年来我们采取立足六安、面向安徽、积极开拓长三角的思路,与安徽国力物流集团、六安星星集团、六安索伊电器等联合建有实习基地30个,基本能够满足四个目前四个本科专业的实训、实习等。

(五)学生、社会对教学质量的满意度得到提升

(1)学生的知识、能力和素质得到提升。表现在各类学科竞赛上、相关职业资格证书上。

(2)毕业生的一次就业率(考研、考公务员、考金融机构等)高、就业层次高、用人单位满意度高,年年都被评为校级就业标兵单位。

实践教学篇

基于中介效应的大学生实践能力培养方式选择

何 刚 吴传真 杨 黎

内容摘要：实践能力培养是高等教育的重要内容，不同的培养方式对实践能力水平的具体作用不同。本文通过对安徽某高校进行调查，选取适当个案进行研究，运用中介效应法，分析不同因素对大学生实践能力水平的不同影响，依据其主要作用机制，选择合适的培养方式，为大学生实践能力的培养提供了思路，有利于大学生的全面发展。

关键词：实践能力；中介效应；培养方式

随着我国高等教育的不断普及，人们的受教育水平不断提高。《国家中长期教育改革和发展规划纲要（2010—2020年）》中明确提出，到2015年，我国高等教育入学率要达到36%，到2020年，达到40%[1]。但是，高等教育人才培养中的一些弊端也正逐步凸显。同时，因为学校教育往往偏重成绩分数，使得大学生实践能力培养中的问题更加突出。

一、引言

大学生实践能力培养是高等教育的重要内容，对大学生成长具有重大意义。实践能力的提升不仅有助于大学生基本实践水平的提高，还将进一步促进大学生的全面发展。当前，国家和政府已经充分认识到了大学生实践能力培养的重要意义，并积极转变大学生培养思路与观念，加快完善大学生培养体系，为提升大学生实践能力水平创造了条件。

在提升大学生实践能力水平的进程中，需要完善的地方很多。其中，大学生实践能力培养方式便是重要内容之一。同时，大学生实践能力水平的影响因素众多，不同因素对大学生实践能力水平的作用程度和方式不同，有的影响程度较大，有的影响程度较小，有的以直接作用为主，有的则以间接作用为主。不同的作用方式，说明各影响因素对大学生实践能力水平的作用机理不同，这就需要认真分析，找出不同因素的主要作用机制，选择合理的实践能力培养方式。

众多学者已经对相关问题进行了比较深入的研究，提出了许多可行的建议。何波等

[作者简介] 何刚（1966—），安徽合肥人，博士，研究员，安徽理工大学经济与管理学院院长。研究方向：人力资源管理与区域可持续发展。

[基金项目] 安徽省重大教学改革研究项目（2013zdjy079）；安徽省哲学社科规划项目（AHSK11-12D108）。

(2012)提出"需求驱动"的方法,即"应用型网络人才需求—具备的专业知识和技能—实践能力培养体系"[2]。商应美(2011)通过对不同国家文化背景、社会体制、办学模式等方面差异的思考,分析了国外在大学生创新性实践能力培养上的优势,结合中国国情和高校现状,提出了一些我国大学生创新性实践能力培养的有效举措[3]。郑春龙等(2007)分析了高校实践教学的现状与创新人才培养间的差距,根据大学生创新实践能力的内涵要求,构建了以创新实践能力培养为目标的高校一体化实践教学体系[4]。但是,从培养方式适用性角度进行的分析较少。不同培养方式的内容和形式有较大差异,并且其侧重点也不尽相同。因此,应该深入分析不同因素对实践能力水平的作用方式,选择合适的培养方式,促进大学生实践能力水平的提高,加快大学生的全面成长与进步。

二、中介效应方法简介

中介效应是指 X 对 Y 的影响可以通过 M 实现,即 M 是 X 的函数,Y 是 M 的函数($Y-M-X$)[5]。

考虑自变量 X 对因变量 Y 的影响,如果 X 通过 M 影响变量 Y,则称 M 为中介变量[5]。中介变量是参与整个因果过程中的重要一环,不可或缺[6]。

假设变量已经中心化或标准化,可用图 1 所示的路径图和相应的方程来说明变量之间的关系。

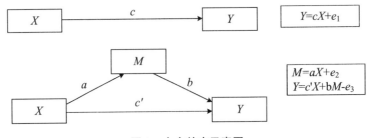

图 1 中介效应示意图

其中,c 是 X 对 Y 的总效应,ab 是经过中介变量 M 的中介效应,c' 是直接效应。当只有一个中介变量时,效应之间有如下关系:

$$c = c' + ab$$

中介效应的大小用 $c - c' = ab$ 来衡量。

三、大学生实践能力培养方式选择

由于大学生实践能力水平的影响因素众多,本文选取若干因素进行重点研究。同时,为了数据处理时的方便,对模型进行简化,选取一个中介变量进行研究。

考虑到当前高校管理与教学改革的背景,因此重点分析高校实践课程设置对学生实践能力的影响情况。同时,采用学生参与意愿作为中介变量,以学生课堂表现衡量实践教学的效果,探寻学校实践教学学时是否会通过改变学生参与意愿,最终影响学生课堂表现,并计算这种作用程度的大小。以下是相关指标的具体量化标准:

实践教学学时:学校开设相关实践能力培养课程的学时数;

学生参与意愿:基于问卷调查,非常愿意计分 90,很愿意计分 82,愿意计分 75,不太愿意计分65,不喜欢计分55,自主打分(学生参考以上自己计分)。

学生课堂表现:由参与学生实践教学评估的专家综合打分。

本文从安徽某高校各个学院和专业抽取具体研究个案,得到表1。

表1 综合调查表

个案	1	2	3	4	5	6	7	8	9	10	11	12	13	14	15	16	17	18
实践教学学时	96	32	32	64	64	64	96	42	42	75	75	64	96	96	75	75	45	96
学生参与意愿	54	54	36	55	55	98	98	35	75	75	55	40	55	55	90	90	27	45
学生课堂表现	71	57	42	57	57	92	97	57	28	71	96	57	92	85	96	96	42	94

依据中介效应分析法,借助SPSS 20.0,对$Y=cX+e_1$、$M=aX+e_2$ 和$Y=c'X+bM+e_3$ 进行统计分析。

首先,对数据进行标准化,然后,对$Y=cX+e_1$进行分析,得到表2、表3。

表2 模型汇总

模型	R	R^2	调整 R^2	标准估计的误差	更改统计量				
					R^2 更改	F 更改	df_1	df_2	Sig. F 更改
1	0.782[a]	0.611	0.589	14.062	0.611	28.249	1	18	0.000

a. 预测变量:(常量),实践教学学时。

表3 系数[a]

模型		非标准化系数		标准系数	t	Sig.
		B	标准 误差	试用版		
1	(常量)	19.146	10.546	—	1.815	0.086
	实践教学学时	0.770	0.145	0.782	5.315	0.000

a. 因变量:学生课堂表现。

可知,方程$Y=cX+e_1$的回归相应显著,其中c值等于0.782,$P=0.000$。采用同样的方法,可对$M=aX+e_2$、$Y=c'X+bM+e_3$进行分析,可知

$$a = 0.371, c' = 0.667, b = 0.310$$

那么,中介效应对总效应:$ab=0.371×0.0.310=0.115$。

中介效应对总效应的贡献率为:$E=ab/c=0.371×0.0.310/0.782=14.7\%$。

可以认为,学校实践教学学时不仅会直接作用于学生课堂表现,还可以通过改变学生参与意愿,最终影响学生课堂表现。

因此,高校在设置实践课程时,应该充分考虑到各个中介变量所产生中介效应,根据效应大小,选择合理的培养方式。尤其是实践教学的方式,受到很多因素和中介变量的影响。仅以学生参与意愿为中介变量,中介效应影响程度就都达到14.7%,如果引入更多中介变量,影响程度会更大。因此,学校不能够简单地进行学时的加减或更改,这样虽然能够促进大学生实践能力的提高,但却忽略了中介效应产生的影响(至少为14.7%)。

四、小结

通过对高校学生的个案研究,运用中介效应法,对不同变量的中介效应进行分析,得到以下结论:

一是,学校实践教学学时不仅会直接作用于学生课堂表现,还可以通过改变学生参与意愿,最终影响学生课堂表现;实践教学的方式,受到很多因素和中介变量的影响,高校在设置实践课程时,应该充分考虑到各个中介变量所产生中介效应,根据效应大小,选择合理的培养方式。

二是,大学生实践能力水平的影响因素众多,不同因素对大学生实践能力水平的作用程度和方式不同,应该深入分析不同因素对实践能力水平的作用方式,对不同因素对大学生实践能力水平的影响机制及大小进行细致分析,选择合适的培养方式,促进大学生实践能力水平的提高,加快大学生的全面成长与进步。

参 考 文 献

[1] 国家中长期教育改革和发展规划纲要(2010—2020年)[M].北京:人民出版社,2010.
[2] 何波,刘峰,黄贤英.高校应用型网络人才实践能力培养体系的研究[J].实验室研究与探索,2012(7).
[3] 商应美.国外大学生创新性实践能力培养对我国的启示[J].中国青年政治学院学报,2011(3).
[4] 郑春龙,邵红艳.以创新实践能力培养为目标的高校实践教学体系的构建与实施[J].中国高教研究,2007(4).
[5] http://baike.baidu.com/view/1477862.htm?fr=aladdin.
[6] http://blog.sina.com.cn/s/blog_7fb03f7d010145dz.html.
[7] 李庆丰,薛素铎,蒋毅坚.高校人才培养定位与产学研合作教育的模式选择[J].中国高教研究,2007(2).
[8] 盛婉玉,甄红军.地方高校人才培养特色的探索与实践[J].中国高教研究,2009(6).
[9] 刘德宇.大学生实践能力建设与高校人才培养[J].黑龙江高教研究,2010(4).
[10] 王淑芬.我国高师院校人才培养中的问题与对策[J].江苏高教,2011(4).

基于应用型创新人才培养目标的本科国际经济与贸易专业实践教学体系的构建

马 荣　查道中

内容摘要：国际经济与贸易专业是实践性较强的专业，社会对国际经济与贸易专业毕业生的需求决定了高校必须加强国际经济与贸易专业实践教学。高校应该建立完善的实践教学体系，确定实践教学的目标，明确实践教学内容，建立实践教学的实现途径，规范实践教学的管理，提供实践教学的保障。社会和政府也应该为国际经济与贸易专业实践教学提供良好的外部保障。

关键词：国际经济与贸易专业；实践教学；实践教学体系

实践教学是高等学校学生素质与创新能力培养体系的重要组成部分，是培养大学生实践能力和创新精神的重要手段，是提高大学生综合素质的关键环节。《国家中长期教育改革和发展规划纲要(2010—2020)》强调，要加强实验室、校内外实习基地、课程教材等教学基本建设，支持学生参与科学研究，强化实践教学环节，推进创业教育。但在我国高校国际经济与贸易专业的教学中，普遍存在着学校教育与实际工作需要之间的脱节，虽然高等院校都将实践教学纳入到国际经贸专业的教学体系中，但大多数院校的实践教学体系依然不够完善，缺乏整体规划。因此，需要结合各院校的实际情况对实践教学体系进行整体设计与整合，以培养出适应社会需要的国际经贸专业人才。

一、国际经贸专业实践教学体系存在的问题

（一）学校在实践教学中的问题

1. 对实践教学重视不够

在我国的高教体系中，一直存在"重理论、轻实践"和"重专业、轻能力"的消极思想，实践教学很少受到重视。学校往往过于强调理论对实践的指导作用，但忽视了实践的重要性，造成了学校实践教学目标单一、缺乏系统性和科学性，这种实践教学和我国目前对国际经贸人才的社会需要脱节，使实践教学成为了理论教学的附属，限制了实践教学的发展。

2. 实践教学课时设计不合理

目前多数学者认为国际经贸专业实践教学占总学时的比例应该在30%～50%，但是多数高校在教学体系的设计中，实践教学的课时比例显然达不到这一要求。即使勉强满足这一比例，也存在比如实践场地规模小、利用率低、效益差、管理不力等问题，限制了实践教学

[作者简介]　马荣(1978—)，女，安徽淮北人，淮北师范大学经济学院副教授，商务系副主任，国际贸易师。查道中(1965—)，男，安徽怀宁人，淮北师范大学经济学院教授，硕士生导师，商务系系主任，国际贸易师。

水平,不利于国际经贸人才的培养。

3. 教师素质参差不齐

目前许多教师都是毕业后直接进入高校任教,没有从事国际贸易的实践经验,缺乏国际贸易专业技能训练。有的教师教学形式单一,教学方法缺乏灵活性,无法将实践性较强的课程生动的讲授给学生,对不同的教学手段使用能力不足,无法调动学生学习的积极性和主动性。

4. 对实践教学缺乏激励机制

大多数高校还没有形成一个完善的实践教学体系,因此难以对国际经贸实践教学成果进行检验,对实践教学质量无法进行考核,更无法对实践教学进行有效的激励。现行体制对高校教师的激励主要体现在科研方面,而对实践教学没有进行考核和奖励,不利于调动教师进行实践教学的积极性。

5. 学校实践教学经费和实习条件不足

高校经费不足是限制实践教学的重要因素。由于高校普遍扩招,而教育经费紧张,使很多大学的硬件建设跟不上,教学设施陈旧,实验室条件不足,只能简化实验内容,减少实验时间。而社会实践活动在很多高校都流于形式,学生很难找到与专业相关的实习单位,也很难接触到与国贸专业相关的实习内容,这些都不利于学生完成应有的实践教学。

(二)社会在实践教学中的问题

1. 社会对实践教学支持不力

社会对于高校毕业生提出了实践要求,但社会对高校的实践教学却缺乏支持,许多单位拒绝接受实习生,有的单位即使接受实习生,让他们从事的也只是整理文件、打扫卫生等一些简单工作,实习生无法接触到核心工作。一些高校与校外企业建立的实习基地,由于双方都缺乏投入和建设的积极性,在实际的运行中,也很难发挥作用。

2. 社会与高校之间联系较弱

实践教学应该是联系高校与社会之间的纽带,学生在校期间通过进行实践教学可以提前在一定程度上接触了解社会。但是在中国,高校和社会企业与其他单位之间的联系性较差,企业缺乏与学校合作的积极性,而学校也缺乏与企业之间联系的动力。目前企业与高校之间的合作基本上集中于我国少数名牌大学,而普通本科学校很难与企业之间建立长效的合作机制,学生无法获得长期稳定的校外实习基地。

(三)学生方面的问题

1. 实践教学流于形式

目前多数高校采取的校内实践活动以实验室、实训室为主,但由于校内实践条件有限,监督考核标准不力,远远达不到实践教学活动的要求。而校外实践活动由于经费不足,也容易成为流于形式的实习和实践。

2. 实践教学无法满足学生兴趣

大多数学生对实践教学具有较高的积极性,希望有更多机会参与实践教学活动,但是由于实践课程课时安排较少,实践教学手段单一,教学内容空洞,在一定程度上打击了学生参与实践教学的积极性。

二、国际经贸专业实践教学体系的构建

实践教学体系应包含实践教学目标、实践教学内容、实践教学的实现途径、实践教学的

管理和实践教学的保障。实践教学目标体系是根据国际经济与贸易专业的社会要求制定，对实践教学体系起到引导作用。实践教学内容是各实践教学环节的具体内容。实践教学的实现途径是实现实践教学的途径以及具体的实践内容。实践教学管理体系是对参与实践教学的学校、教师以及学生进行管理。实践教学的保障是学校的资源设备、学习环境等。

（一）目标系统

高校要根据自身情况，找准学校定位，制定出适合学生培养的教学计划，对国际经贸专业教学体系进行改革，以发挥学生积极性和创造性。学校作为培养人才的基地，应该根据社会的需要来调整人才培养目标。学校在人才培养过程应与社会需求进行对比，如果与社会需求存在偏差，应该及时进行调整。

1. 社会对国际经济与贸易专业的需求

（1）具有扎实的外贸专业知识与技能。对于外贸从业人员来说，需要掌握外贸专业的基础知识，了解国内外的相关法规和国际惯例，熟悉国际贸易流程，具备在实践中独立处理国际贸易业务的能力，具备一定的国际贸易外文文献的听、说、读、写能力。

（2）流利的外语交流能力。由于外贸人员需要频繁的同国外客户交流沟通，因此需要具备流利的外语口语及书面表达能力，熟悉国际贸易理论、政策、环境、实务等方面的语言知识，集外语语言知识和国际贸易知识为一体。

（3）具有"高含金量"的资格证书。对于外贸企业来说，急需的不是高学历人才，而是在毕业后能够很快进行国际贸易业务操作的专业性人才。而持有相关的资格证书能够使学生直接进入企业进行工作，这些人才是企业目前需求较大的。如跟单员、外销员、单证员、报关员、国际货代业务员和报检员相关资格证书都受到多数单位的青睐。而目前多数高校培养的人才还缺乏这方面的业务技能。

（4）外贸实务操作经验。外贸工作是实践性较强的职业，企业往往需要外贸人才具有一定年限的外贸实务操作经验，从而减少自身培养和训练的时间和费用。但是高校毕业生在这方面的缺陷是很明显的，所以只能用在校期间的实践训练进行弥补。

（5）灵活创新能力。实际的外贸工作面对的是不同的国外客户和不同的外贸流程，这需要外贸人员根据不同的情况灵活合理地进行处理。在交易磋商、合同洽谈等方面也需要外贸人员发挥主动性和创造性，有针对性地采取不同方式积极应对。企业需要的不是只具备记忆知识的人才，而是具有灵活性和创新性，在工作中能够发挥创造性的人才。

社会对于外贸人员提出了越来越高的要求，学校必须根据社会需求，在教学中建立实践教学体系，充分满足社会对高校毕业生的要求。

2. 学校的发展定位

我国大学从办学层次划分，可以分为重点大学、普通大学、高职专科。从办学定位考察，可以分为研究型大学、应用型大学和技能型大学。而应用型大学以培养应用型人才为主，根据社会需求设置专业，以就业为导向，实现学术、技术和职业相结合的人才培养。高校在制定实践教学目标时，应考虑到学校的办学定位，制定相应的实践教学目标，结合学校自身特点，打造出有特色的国际经贸专业人才。

（二）实践教学内容系统

实践教学体系的核心内容是通过建立实践教学内容，系统培养学生的理论水平和实践能力。

1. 实践教学环节

实践教学应该落实在四年的教学环节上。学校应该围绕社会需求,设计每年实践教学的内容,分别制定实践教学计划。实践教学计划应该贯穿学生四年的培养方案中,而且应该根据每个年级学生的不同特点,承前启后,注重实践教学整体效果,将各实践教学环节通过合理配置,循序渐进地将实践内容安排到学生的学习过程中。具体来说,可以在不同学期安排不同的实践教学内容。如第一学期安排计算机基本技能训练及基础课程学习;第二学期安排到外贸企业进行认知学习,让学生对自己将来的工作方向和所需的基本技能有了清晰的认识;第三学期安排市场调研与营销策划,让学生熟悉市场情况;第四学期安排单项训练和实践,如电子商务和商务英语谈判等。第五学期安排专业训练实习,如外贸实务、物流实务、商检与报关等;第六学期安排综合实训,将单项训练和专业训练相结合,使学生熟悉整体外贸流程;第七学期安排外贸从业人员相关资格考证;第八学期安排校外实习和毕业论文等。此外,还可以鼓励学生积极参加相关外语考试。

2. 实践教学的考核

相比较理论课程的考核,实践教学的考核应该更具有自主性和灵活性,打破单一的闭卷考试的方式,将实践教学的成果体现在考核成绩上。具体可以采用国际贸易系统软件的使用和造作,将结果提交分析,考核学生对模拟交易的完成程度;也可以设计贸易磋商过程,让学生自主谈判,由老师观察学生的分析能力,解决问题的能力,语言使用表达能力等,从而给出评分;还可以由学生对具体案例进行分析,评判学生运用理论知识解决实际问题的能力。毕业论文也应作为实践教学的考核内容,可以通过毕业论文提高专业教学质量,提高学生的学术修养。

3. 实践教学的比例

随着高校人才培养方案改革,多数学校都增加了实践教学的比例。社会需要的是有知识有技能的毕业生,也推进了学校进行实践教学,提高学生的综合素质。因此,高校实践教学的比例应进一步提高,实践教学学时可以占总学时的 30%～40%。

4. 实践教学方法

国际经贸专业实践教学方法应紧密结合专业课程特点,采取多种方式的实践教学方法。

(1) 案例教学法。通过建立真实的国际经贸案例库,采用案例教学方法。针对国贸专业课程特点,通过教师讲授、组织学生讨论,课后撰写案例分析报告,教师归纳总结等教学活动,让学生把课堂所学到的国贸专业知识运用于案例实际分析中,提高学生分析问题解决问题的能力。为了提高学生参与案例教学的兴趣,教师选择的案例应尽量真实具体。

(2) 情境教学法。教师在实践教学中可以使用情境教学法,围绕国际贸易创造出必要的内外部环境,仿真模拟企业的国际贸易的工作环境、岗位设置、业务流程,使学生获得真实的感性认识。通过情境教学,学生可以清晰地了解到企业贸易流程的岗位设置和岗位职责,学习不同岗位的专业技能,熟悉国际贸易流程,提高学生的实践动手能力,充分感受和体会企业实际的贸易工作。

(3) 项目教学法。项目教学法是针对国贸教学内容设计的,由学生独立完成的教学模式。教师可以根据学生的实际需求和教学目的,以企业典型的项目作为驱动,给每个学生或每个学生团队安排一个与教学内容相关的实际项目,学生在完成项目的过程中可以主动掌握系统的知识理论。通过实施项目教学法,使学生必须参与到实践活动中,培养学生解决问题的能力和团队合作精神。

(三) 实践教学途径系统

实践教学途径体系包括校内体系和校外体系。校内体系可以通过实践教学、日常课堂教学、参加相关竞赛、实习和勤工俭学活动进行。而校外实践活动包括在实习基地实习、学生分散实习和参与教师组织的各种实践活动。校内实践和校外实践活动相结合,互为补充,为学生进行实践活动提供了保障。

1. 校内实践教学的途径

(1) 实验室模拟活动。国际经贸专业的一些课程可以通过在实验室进行模拟仿真实验活动来增强学生的实战能力。主要包括:① 会计综合模拟。通过让学生参与填制和审核原始凭证与记账凭证、登记账簿、银行对账单的填列、财务会计报告的编制及财务情况的分析等,提高学生的动手能力和对企业中实际会计问题的分析与解决能力,培养专业素质及参与企业管理决策的创新能力。② 市场调研模拟。通过设计调查问卷、访问、座谈会、收集调查产品信息以及行业现状、行业规模、行业发展趋势、行业竞争状况、行业领导者品牌的特点、行业发展问题等原始资料的调查、资料整理与资料分析,运用电脑辅助电话访问、在线调研、消费者小组座谈会等先进的技术与方法进行实验。③ 国际贸易实验室模拟。将国际贸易流程用仿真的教具展现出来,通过模拟外贸企业的整体运营过程,帮助学生掌握整个业务,通过不同角色(出口商、进口商、供应商等等)扮演,让学生充分熟悉各种国际贸易业务流程,体会客户、供应商、银行和政府机构的互动关系,了解国际贸易的物流、资金流和业务流的运作方式。

(2) 课堂教学。国际经贸专业的实践教学应该体现在日常教学活动中,比如在课堂教学过程中采用案例教学、课堂讨论、辩论与演讲、自己制作 PPT 参与教学、撰写小论文以及开放式教学活动。这些活动调动了学生的学习积极性,培养了学生的语言表达能力、逻辑思维能力、分析问题和解决问题的能力。

(3) 参加比赛竞赛。学校可以根据国际经贸专业特色,鼓励学生积极参与各类竞赛和比赛活动,如各级英语比赛、创业竞赛等。在参与竞赛的过程中既能够锻炼学生的分析问题和解决问题的能力,提高学生的团队意识,也增加了学校之间的交流和联系,提高学校的知名度。

2. 校外实践教学的途径

(1) 实习基地实习活动。许多高校都和相关单位签订有实习基地协议,学生可以在实习基地中进行实践活动,同一地区的高校也可以共用一个实习基地,实现资源共享。在实习基地中可以实现产学研相结合,提高学生的综合素质。

(2) 学习业余分散实习。学生在假期或课余时间进行的兼职打工,往往专业性不强,时间消耗较多,因此学校应对这部分活动加以规范。教师应对这类实践活动注意加以引导和控制,并在实习过程中给以必要的帮助和指导。

(3) 教师组织实践活动。这类活动主要是教师结合课程或科研工作开展有针对性的实践教学活动。由于这类活动受限于教师的课程特点与研究方向、科研经费以及学生的个人能力等,所以这些活动学生参与面有限,不能够使所有学生都得到实践锻炼。

(四) 实践教学管理系统

1. 学校对实践教学的管理

(1) 国际经贸专业定位。国际经济与贸易专业培养的是基础知识扎实、具备较高综合素质和实践能力,具有开拓和创新精神的应用型专门人才。各高校应该结合自身学校定位设定国际经贸专业培养的人才定位。对于应用型本科学校而言,一般都定位为掌握国际经济基本理论,具备一定的理论分析能力,掌握国际贸易实务的专业知识,胜任外贸实际工作。

(2) 内部监督和控制机制。实践教学的管理应该充分发挥内部监督和控制机制,实现内部管理的科学化、制度化和民主化。内部管理部门包括工会、教代会、职代会、财务审计等组织和部门。在进行内部监督管理时,应以教学工作为重点,围绕师生需要,建立服务与管理并重机制。制定实践教学活动各环节的教学目标、操作规范、评价方案和管理制度等,实现实践教学效率最大化,提高实践教学效果。

(3) 教学计划制定。教学计划的制定应该与时俱进,充分体现出国际经贸专业的办学定位和实践教学目标。教学计划应该实现理论教学与实践教学的结合。健全实践教学体系,应让学生把课堂上所学知识和实践相结合,考虑本校学生综合素质、学生的学习能力和师资情况以及实验室、实习基地情况,充分论证课程开设的必要性,加强实践教学环节的安排。

(4) 课程体系设计。国际经贸专业课程体系的设计应该体现以学生为本,注重学生能力的培养,发展学生的创造性。学校可以结合社会对国际经贸学生的要求,在课程设计、实验项目和毕业论文等方面具有针对性和现实性,实践教学的内容应参照现实社会需要解决的实际问题。

(5) 经费投入。实践教学需要有经费保障,国际经贸专业实践教学应该设法开拓资金来源的渠道。一方面要积极争取国家资金支持,另一方面要充分利用校内的办学资源,争取与校外企业合作,建立起稳定的产、学、研合作关系,保障实验的场所和实验经费。

(6) 实验室设备与管理。实验室设备应该保持完好率和高使用率,健全完备的实验室使用和管理的规章制度,定期更新和维护实验室设备和软件。整合实验室资源,保证校内实验的顺利进行,建立新型的实践教学模式,及时更新实践教学内容,加强实践教学的过程管理和考核管理,提高实践教学资源的利用效率。

(7) 实习基地建设。学校可以与校外单位联合,建成一批校级和院级的实习实训基地,为学生的社会实践提供稳定的场所。学校和单位应该重视实习基地的建设,让学生在实习基地接触到所学知识,鼓励学院和单位建设维护实习基地,发挥实习基地的作用。

(8) 实践教学成果考核。对实践教学成果的考核,可以在学期前、学期中和学期末分别建立相应的考核机制。在学期前,对实践教学的准备情况进行考察,教学单位应提交该学期课程的教学方案和相关文件,由相关部门审阅教学方案等资料对实践教学计划安排进行考核。在学期中,主要对实践教学的实施内容与计划的吻合程度,实践教学的组织与管理水平,实践训练中的操作规范执行水平,教师专业技能水平以及教师的教学指导水平来进行考核。而在期末对实践教学结束后进行评价,根据学生学习成果和教师对学生学习质量的评价结果进行考核。

2. 对学生的管理

(1) 实践教学成绩考核。应该把学生参与实践教学的成果反应在学生个人成绩上。对学生实践教学成绩考核可以分为校内实践教学成绩考核和校外实践教学成绩考核。校内实践教学成绩可以采取英语模拟商务谈判、外贸单证现场操作等,教师可以根据学生的现场表现情况给予评分。校外实践教学成绩考核主要是对学生在实习基地或企业实习情况进行考核,校内指导老师可以与校外实习指导老师共同给定学生实习成绩。

(2) 毕业论文(设计)考核。毕业论文也是考核学生的一个重要环节,学生必须保质保量地完成毕业论文。目前国外一些高校的毕业设计都与企业需要紧密结合,论文的题目也是企业需要解决的实际问题。学生必须了解企业生产经营的各个环节才能够写出具有实用价值的论文。我国的国际经贸专业也应该借鉴这种做法,加强与企业、科研部门的联系,提高学生的科研和实践能力。

3. 对教师的管理

(1) 教学手段和教学方法。教师在从事实践教学活动中要采用现代化的教学手段,运用计算机技术、网络实验技术等现代技术手段,创新教学方法,将案例教学、学生自己讲授、师生互动等活动引入课堂教学中,灵活运用,提高学生参与实践教学的积极性。

(2) 实践教学活动效果考核。学校应当进一步完善实践教学的考核机制,建立起有导向性和公正性的考核机制,调动教师进行实践教学的积极性。在教师考核方面,应对参与社会实践的教师减免理论教学的工作量,在职称晋升上既要考查教师的科研能力,也要考虑到教师参与实践教学活动的情况,为职称晋升创造与科研工作并重的指标和指数。

(3) 个人兼职和引领学生。教师在假期也应该选择做一些兼职社会工作,参与企业的活动,发挥专业优势,也可以提高自身的实践经验和实战水平。在指导学生进行实践活动时,可以有针对性有导向性地引导学生参与社会实践。

(4) 实践教学模式创新。教师应深入研究实践教学方法,提高学生对实践教学的兴趣。教师应该以学生为中心创新实践教学模式,深化实践教学内容,改革教学方法。教师要紧密结合科研与社会应用实践,引入现代科学技术和教学改革新成果,及时更新实验项目和实验内容。促进实物教学与计算机辅助实验实践教学相结合,广泛采用虚拟现实技术、仿真技术、网络实验技术等现代技术手段实施实践教学,建立以学生为中心适应能力培养和鼓励探索的多元实践教学模式和考核方法。

(5) 教师队伍的合理构建。学生的实践教学依赖于教师的引导,因此学校应该重视教师队伍的建设,做好师资队伍的建设规划,鼓励教师承担实践教学工作,制定出相应的奖励机制。从企业聘请相关专业技术人员到学校兼职或举办讲座,进行实战模拟,让学生接触第一手资料。有条件的学校可以配备专业导师和就业导师,专业导师培养学生的专业意识,就业导师对学生的学习生活和就业进行指导,为学生就业提供服务。学校也应该对教师进行教育培训,更新知识,重视对教师的物质和精神激励,提高教师的实践能力。

(五) 实践教学保障系统

1. 实验室、语音室

为了保证实践教学的顺利进行,必须保证学校的实验室、语音室的及时维护与便利使用,要具备充足的设备数量、合理的开放时间,满足教学和科研的需要。购置国际经贸专业需要的相关配套软件,提高学生实践教学效果。

2. 网络环境和硬件条件

学生进行实践教学离不开网络和硬件,学校应该保证网络资源环境和硬件条件达到实践教学的要求,保证网络运行速度快、软件及时更新、硬件定期维护。

3. 图书资料和网络资源

图书馆应提供给学生充足的图书资料,做到让学生方便地查询各种资料,制定合理的开放时间,强化服务意识。购进适合学生专业特点、符合师生阅读要求的高品质书籍和杂志,及时维护和更新网络资源。

三、国际经贸专业实践教学的外部环境保障

除了建立健全实践教学体系以外,国际经贸专业实践教学的顺利实施还需要社会和政府各界的支持。

(一)社会支持

社会应该对高校实践教学活动予以充分的支持。从目前我国高校实践活动的情况来看,社会提供的实践机会比较少,社会对大学的实践教学支持力度还不够。社会相关单位应该主动接收学生的实习和实践活动,与高校联合开展科研活动来支持高校实践教学,或与高校合作建立实践教学基地,给高校学生提供机会参与实践活动。

(二)政府协调

1. 政府应该对高校实践教学以政策支持

政府可以制定相应的政策,使企业把接受高校学生的实习作为一项义不容辞的责任。让企业提供给高校毕业生一些带薪实习机会,鼓励企业、事业单位接纳大学生实习。对于接受高校学生实习的企业,政府应该给予特别的奖励。

2. 提供信息服务

政府应该在接纳实习单位和高校之间架起沟通的桥梁,提供供求双方信息。政府可以每年印制相关手册,设立网站,介绍需要实习学生的企业和单位,对需要的实习人数、实习时间、实习地点、实习工作要求、实习报酬等信息进行详细说明,高校可以根据需求信息安排学生进行实习。

3. 提供经费保障

政府应加大教育投入,建设设备先进、管理完善的实验室和实训基地,积极创造条件支持学生专业实习和实践。与发达国家相比,我国在教育经费上投入依然较少,而高校招生规模逐年扩大,社会对高校培养人才的要求也越来越高,这就需要政府在高等教育上投入更高的经费。

参 考 文 献

[1] 武艳艳."一二三四"实践教学体系的改革与实践[J].河北农业大学学报:农林教育版,2009(6).
[2] 王萍.高校经贸类专业开设"模拟国际贸易"实践教学环节的研究[J].中国高教研究,2004(1).
[3] 沈晓丹.国际经济与贸易专业(朝韩贸易方向)实践教学内容体系的研究与实践[J].经济研究导刊,2011(10).
[4] 王涛生.国际经济与贸易专业人才培养方案的研究与改革[J].大学教育科学,2009(1).
[5] 张小汝.国际经济与贸易专业实践教学体系构建与实施[J].北方经贸,2013(1).
[6] 项义军.国际经贸专业实践教学体系改革与创新研究[J].实验室科学,2009(10).
[7] 倪师军.基于三大平台培养三种能力的本科实践教学体系[J].中国大学教学,2008(1).
[8] 陈支武.基于应用型创新人才培养目标的经管类专业实践教学体系完善思考:以湖南工业大学经管类专业为例[J].当代教育理论与实践,2011(11).

应用型本科高校国际贸易专业实践教学改革研究

李光辉

内容摘要：对于地方应用型本科高校而言，实践教学是培养应用型人才的关键环节。针对国际贸易专业实践教学的发展现状，本文建议构建基于创新应用能力的实践教学体系，更加注重专业的可拓展性，实现校内外实践一体化，更加注重实践教学的育人功能，以提升实践教学服务于地方应用型本科高校办学定位的能力和水平。

关键词：应用型本科高校；国际贸易专业；实践教学改革

一、深化国际贸易专业实践教学改革的时代背景

（一）新建本科高校转型发展已成定局

2014年2月26日，国务院召开常务会议，部署加快发展现代职业教育，其中特别提到"引导一批地方新建本科高校向应用技术型高校转型"。2015年初，安徽省《关于地方高水平大学立项建设分类发展的意见》出台，将分三类（即地方特色高水平大学、地方应用型高水平大学、地方技能型高水平大学）推进地方高水平大学建设，更加注重对大学应用型人才、技能型人才的培养。在新一轮教育改革的背景下，新建本科院校如何顺应国家产业结构升级和新兴产业发展对高层次技术技能型人才的需求，不仅事关高校自身科学发展，更是国家对地方高校的发展要求[1]。

（二）前期改革定位不准确

近年来，国内诸多地方高校在教育教学改革方面进行了积极探索，更加注重实践教学环节，以培养学生的实践能力和就业能力。但在实际操作中，往往也只是增加一些实践教学环节学分（不同专业要求也不尽相同，一般经管文史类专业实践学分要占总学分的20%左右，而理工科类专业要占到30%以上）。由于各高校学分计算方式差异较大，高校的应用性水平高低难以通过实践学分占比指标来体现。这就导致在很长一段时间内，人们对地方高校的印象是介于高职与一本高校（主要是"学术型"高校）之间的高校。就专业基础而言，地方高校学生不如一本高校学生"厚实"；就实践动手能力而言，地方高校学生又不如高职院校动手能力强，处于"两头都不行"的尴尬境地，地方高校亟待更加准确的办学定位。

（三）国内外经济形势发展新要求

随着中外高校间合作交流日益频繁，安徽省地方高校也开展了不少中外合作办学项目，

［作者简介］ 李光辉，铜陵学院经济学院副教授。
［基金项目］ 应用型本科高校教育教学研究子课题"应用型本科高校国际贸易专业实践教学改革研究"研究成果（编号：2013zdjy148—22）。

办学视野和举措进一步国际化。作为商科国际化急先锋的国际贸易专业（国外一般称为"国际商务"）也迎来了新的发展时期，如何在实施国际化课程（或项目）的同时积极提升实践教学水平，对提升整体教学质量具有十分重要的意义。近年来，党中央、国务院和安徽省都高度重视高校创新创业教育工作。如何在国际贸易人才培养过程中增设突出创新创业能力培养的实践环节，使其与专业实践教学有机融合，培养创新应用型人才，是一项艰难却十分有意义的工作。

二、国际贸易专业实践教学中存在的主要问题

在国际贸易专业实践教学环节设置过程中，一个避不开的问题便是"国际贸易专业到底要培养什么样的人？"。对于这个问题的不同回答，会导致两种截然不同的实践教学模式：一种是点缀式实践；一种是全程式实践。前者依然秉持传统人才培养目标，主要是知识灌输为主，辅以特定业务环节实践，以便让学生对未来岗位工作有一定程度的认识；后者注重专业领域各环节实训，在模块化基础上，较为系统地培养学生对岗位工作的认知，提升学生的工作胜任力。相比较于前者，后者更加注重学生实践能力培养。但在实践中，由于各模块功能性较强，系统性不足[2]，不利于创新应用型人才培养。"项目导向型"[3]实践教学模式不失为地方应用型本科高校的理想选择，它在夯实学生专业能力的同时，也拓展了毕业生的适应能力。

在专业实践教学内容设置方面，地方应用型本科高校往往把实践内容聚焦在国际贸易实务、国际结算、报关实务、外贸函电、商务礼仪与谈判、商务英语等货物贸易实务方面，对近年来快速发展起来的服务贸易和跨国投资涉及较少。国际贸易专业的全称为"国际经济与贸易"，理应包括国际经济活动的诸多方面，也就包括了服务贸易和跨国投资等方面。对于这些方面的知识，学生了解的较少，实践训练更少，这不利于学生适应快速变化的经济大环境。

在专业实践教学的具体实施形式上，地方应用型本科高校通常有两种做法：一种是以校内实践为主（主要是实验或实训）；一种是以校外实践为主（主要是见习和实习为主）。更多的情形是：由于资源有限，在校外实践不便安排时，便通过校内实践去弥补。这使得原本应该根据实践项目的具体实施要求来选择实践场所，也只能选择替代环境，不仅影响实践教学效果，久而久之，实践教学环节也失去了其原有的严肃性。这种根据实践环节需要选择实践场所的做法，对地方应用型本科高校的实践教学管理和保障部门提出了更高的要求。

在实践教学标准的制定和执行方面，地方应用型本科高校存在实践教学标准缺失或标准执行不严格等问题。以毕业论文为例，大多数地方应用型本科高校都规定，学生毕业论文选题中来自于生产一线的选题应不低于一定的百分比，但在审核过程中往往把关不严，导致选题过大、内容过空、对策操作性不强，严重影响了学生实践能力和创新能力的培养[4]。实践教学标准方面出现的问题实际上是教育观念问题。地方应用型高校教务管理部门没有将实践教学提升到与理论教学同等重要（应该是更加重要）的地位来看待。改变倚重课堂教学的教育教学观念是摆在广大教育管理者面前的一项重大任务。

三、推进国际贸易专业实践教学改革若干建议

国际贸易专业是我校国家级特色专业，是学校近年来重点发展的专业之一，也是对学生

实践能力要求非常高的专业之一,专业实践教学举足轻重。近年来,国际贸易专业实践教学内容和形式不断创新,也积累了一些好的做法和经验,但与企业的需求和学生的期望还有较大差距[5]。现就有关问题建议如下:

(一)构建基于创新应用能力的实践教学体系

在实践教学改革过程中,专业人才培养的规格设定是统领,人才培养规格直接决定了专业实践教学的内容和形式。地方应用型本科高校的任务旨在培养实际生产部门需要的高级技术型、应用型职业人才,其与高职高专院校的差别主要体现为人才培养规格的差异,其培养的人才最大特点是能够综合运用所学知识和经验创新性解决实际问题,而这正是我国实践领域最为缺乏的人才类型。培养学生的创新应用能力,实践教学就不能再拘泥于传统的"三分法"(公共实践、专业实践、综合实践)模式,就需要学生在掌握了最为基本的专业知识后就接触现实问题,根据项目(或任务)要求自主地寻求问题解决方案,从而达到对学生进行系统性和创新性运用知识能力培养的目的。项目(或实践任务)的设置要力求科学,尽可能体现专业岗位对学生的能力要求。就国际贸易专业而言,为了充分利用校内外实验实训资源,实践项目的开展可分为模拟和实操两个阶段,逐步提高学生的实践训练强度。

(二)更加注重专业的可拓展性

"博"和"专"是传统高校培养人才的两种基本思路。为了更好地适应当前产业升级和新兴产业对人才的需求,地方应用型高校应着力于培养具有广泛适应性的复合型应用人才,避免出现"专而不用""专而无用"的现象,造成教育资源的浪费。就国际贸易专业而言,目前大多数高校侧重于培养国际货物贸易人才,对国际服务贸易和国际经济合作的最新发展关注不够;在实践教学环节的设计上,主要侧重于国际货物贸易流程的训练,缺乏必要的国际服务贸易和国际经济合作模拟实训。随着我国对外开放和"一带一路"战略的深入推进,国际贸易的形式会朝着多样化、多元化和综合化方向发展,国际贸易人才的培养规格也应加速调整,在不断更新理论教学内容的同时,应不断强化新贸易形式的实践训练,逐步形成我校国际贸易专业的鲜明特色和核心竞争力。

(三)实现校内外实践一体化

实践教学到底是以校内为主,还是以校外为主?在实践中,各高校(专业)的做法略有不同。校外实践资源和场所较为丰富的专业一般会安排更多的校外实践教学环节,而对一些校外实践资源不足或安排校外实践较为困难的专业则主要利用校内场地(所)进行实践训练。就国际贸易专业而言,由于商贸信息的敏感性等因素的影响,外经贸企业一般对接收学生实习(实训)热情不高,很多高校均采取了校内实训的方式予以弥补,即便是有校外见习的安排,也常常与校内实训环节相脱节,影响实践教学效果(这在模块化实践教学中甚为常见)。在推进"项目导向型"实践教学的过程中,实践场地的选择应主要依据实训的内容和实训的开设条件来确定,该选择校外实施的就放在校外,该选择校内实施的就放在校内。这种根据项目实训的需要选择场地的做法对高校专业教学管理水平提出了更高的要求[6],它要求高校在专业教学管理中要善于协调和管理校内外实训资源,要善于调动校内师资和企业专家参与实训的积极性,要善于根据人才培养规格科学制定实践教学考核标准。只有在实践项目的基础上做到校内外实训一体化[7],才能最大限度地提升实践教学效果,提高人才培养质量。

（四）更加注重实践教学的育人功能

随着地方应用型高校越来越重视实践教学，实践教学也日益成为育人的重要形式。相比较于"教书"（主要指理论教学）育人形式，"实践"育人在很多方面可以取得意想不到的效果。在实践教学中，通过接触外向型企业或直接参与外贸企业的经营管理活动，学生可以直接了解外贸发展形势，理解外贸工作的基本要求和工作规范，养成良好的职业道德和责任心。通过项目（或任务）导向的实践训练，学生可以系统地学习在不同情境下外贸工作的基本操作，在扩大学生知识领域的同时，拓展学生的视野，提升学生对环境的适应力和综合运用专业知识解决实际问题的能力。通过行业比赛、创新项目、毕业设计等高层次实践训练，可以培养学生追踪专业领域前沿的能力，增强学生团队协作能力，提高学生社会服务能力和创新能力。实践教学的这些潜移默化的育人功能都是纯粹的理论教学没法完成的。

参 考 文 献

[1] 刘克宽.应用型本科教育必须重视构建实践教学体系[J].中国高等教育,2011(17).
[2] 赵建红,汤颖.应用型人才培养模式下实践教学体系的构建[J].黑龙江高教研究,2011(5).
[3] 林志东,王忠,谢春晖.以"项目化"实践教学培养应用型人才创新能力[J].中国大学教学,2009(3).
[4] 郭金刚,师国敏.国际贸易本科专业实践教学改革探索[J].教育探索,2010(5).
[5] 赵良庆,蔡敬民,魏朱宝.应用型本科院校实践教学的思考和探索[J].中国大学教学,2007(11).
[6] 陈裕先.德国应用科技大学实践教学模式及其对我国应用型本科教育的启示[J].国家教育行政学院学报,2015(5).
[7] 余国江.应用型本科实践教学一体化改革初探[J].江苏高教,2014(5).

基于能力培养目标的经管类统计学课程
实践教学体系整合研究

邰红艳　　朱剑峰

内容摘要：统计学是经管类各专业的核心课程,重在培养学生正确运用各种统计方法解决实际问题的能力,而实践教学是实现统计知识向能力协调转化的必要手段。本文基于对阜阳师范学院经济管理专业学生的调查数据,运用多元有序 logit 回归模型,分析了统计学实践教学与能力提升之间的关系,在此基础上依据统计学课程能力培养三级目标体系,构建由统计知识模块与实践教学方式整合向嵌入能力目标的实践教学体系整合的实现路径。

关键词：经管类；统计学；实践教学；能力目标

20世纪90年代以来,关于统计学科性质的认识逐渐由百家争鸣统一到"大统计"的主张上[1],我国统计学界普遍认为,统计学是有关数据的科学,可以为人们认识世界提供一整套数据处理方法、从数据中提取有用信息,广泛地应用于解决社会科学、自然科学、工程技术科学等各个领域的实际问题。基于这种观点,统计学课程改革的目标是让学生具备正确地使用各种统计方法解决实际问题的能力,这也意味着统计学课程教学由职业教育转变成为技能教育[2]。

一、经管类专业统计学课程实践教学改革的现状背景

21世纪步入知识经济时代,社会对高素质的应用型、技能型劳动者产生迫切的需求。1999年起我国高等学校大规模实行扩招,加剧了人才供给和就业形势的严峻态势,这就要求学校和教师必须注重培养学生各方面的素质能力。教育部将"统计学"课程列入高等院校经济类、管理类各专业的基础核心课程,非统计学专业学生学习此课程的主要目的是提升统计思维能力和统计基本技能,能够运用统计学的理论和方法,分析研究本专业的理论和实际问题。因此对于经管类各专业,应注重培养和提升学生的实践能力,将培养学生具备获取信息、处理信息、分析信息和利用信息的能力贯穿于教学过程始终。

（一）统计知识向能力的协调转化必须借助实践教学实现

面对日益严峻的就业压力,如何在现有条件下对传统教学模式进行改革,提高学生的实践与创新能力便成为一个亟须解决的问题。实践教学为培养和加强大学生实践能力和创新意识,强调知识、能力、素质协调发展这一目标的实现提供了重要途径。

经管类专业学生理科背景差异较大,而传统的统计学教学理念以教师为主体和中心,教

[作者简介]　邰红艳(1978—),女,江苏连云港人,副教授,主要从事统计学教学与研究工作。
[基金项目]　安徽省质量工程教学研究项目"基于能力培养的经管类统计学课程实践教学体系整合与效能评价"(2012jyxm338),安徽省质量工程项目(2014msgzs153)。

师讲学生听、教师问学生答,过分强调理论层面的严谨性,离不开大量的抽象公式和复杂原理的讨论,造成学生学习负担较重。真正应对实际问题时,学生并不了解如何去发现问题、解决问题,也很难养成探究与创新的学习习惯。只有让学生参与实践,动手操作,才能培养其综合素质和创新能力,因此,对传统的统计教学模式革新,转变教学理念,大力推广实践教学,是提高教学质量与教学效果、培养学生综合应用能力的必由之路。

(二)统计学的学科课程性质要求强化实践教学

统计学的学科性质是为研究社会经济现象数量方面提供方法论,它架起了基础理论与实践应用的连通桥梁。统计学本身有很强的应用性,广泛地应用于各个领域,正如著名学者马寅初先生所说,"学者不能离开统计而研学,政治家不能离开统计而施政,事业家不能离开统计而执业",可以说在生产、生活、学习中,统计无时不有,无处不在。

经管类统计学课程主要面向非统计学专业学生开设,与其他专业课程相比有其独特之处,它以经济为背景,以数学为方法,必须联系实际,注重"用什么"和"怎么用"的问题。对于非统计专业的教学,统计完全是作为方法论的身份出现,更应该强调培养引导学生运用所学知识的意识和运用所学知识去解决实践问题的能力,把统计知识运用到社会经济活动中去。通过实践教学让学生掌握统计方法在经济管理领域中的应用,培养将定性分析和定量分析有机结合的统计思维方式,提高解决实际经济问题的综合能力。因此,对于经管类专业的学生来说,在统计学教学中应该紧密结合专业知识,设计教学内容,侧重应用统计方法解决各个具体领域的实际问题。

(三)实践能力提升仍是目前统计教学中需突破重点环节

统计教学的改革已开展多年,实践教学的重要性已成为学界的一种共识,在突出实践性、应用性上也取得了一定的成效。各高校都在制定统计学教学计划时增加了实践教学的课时比例,使用案例教学、项目教学等方式,培养学生统计软件操作能力。然而从实际教学效果来看,仍然存在一些不可忽视的问题,如教师在课题教学中主要还是以传授理论知识为主,"重理论识记,轻实践操作",在实践教学观念上还有待突破[3];实践教学方式单一、死板,学生操作统计软件不熟练,动手能力差;实践教学内容缺乏系统性,层次低;学习内容、学习方式完全由任课教师自行安排,学生总是处于被动接受的状态,缺乏积极主动学习意识,很难激发学习兴趣,更谈不上学习的使命感和成就感,极大地抑制了学生的学习积极性和创造性。因此如何实施和加强统计实践教学,在实践教学各环节增强学生应用能力,激发学生学习热情,成为目前统计教学改革的关键。

二、经管类统计学实践教学与大学生能力提升关系的调查分析

(一)调查的基本情况

为了了解经管类统计学实践教学与大学生能力提升之间的关系,我们对阜阳师范学院经济管理专业2011级学生开展了调查活动。调查内容主要包括学生对统计学教学方式的认知,实践教学的参与情况,对能力提升的自我评价和统计学与相关课程内容的衔接等。调查方式由教师于课程学习结束后,在课堂上发放问卷组织学生填写并当场回收。本次调查共发放问卷300份,收到有效问卷295份,有效问卷率为98.3%。

从被调查学生的基本情况来看,男生占38.2%,女生占61.8%,女生人数多于男生,这是经管类学生的普遍状况;其中文科生约占43.9%,理科生约占56.1%。

（二）描述性统计

从调查情况来看，学生认为在统计学课程教学中比较有效的教学方法（如图1所示）排名前三位的分别是案例教学(75.6%)、实验教学(61.8%)和理论讲解(42.3%)，可见学生普遍认识到了统计学课程的应用性特征，乐于接受通过实际案例的形式讲解理论知识的具体运用，并且通过实验的形式动手实践从而掌握所学内容。在调查中学生也反应案例的选择最好能够结合专业领域，这样更能激发学习兴趣。在学生中认可程度较低的教学方法是注重公式推导的方式，说明学生能够了解课程性质，认清统计学与数学的区别，希望在学习中能够理论联系实际。

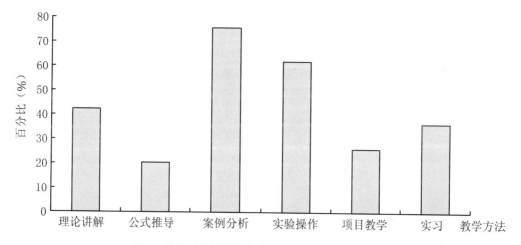

图1　学生对统计学课程有效教学方法的选择结果

调查中对教学内容的新颖性、课程学习的难易程度、学生课后上机操作的多少和能力提升的自我评价都采用了五级评分，对这些变量的描述性统计分析结果如表1所示。

表1　主要变量的描述性统计

变量	评分方向	频数分析					均值	标准差
		很不好	不太好	一般	有些好	非常好		
教学内容	陈旧/新颖	6.5%	8.1%	60.2%	17.1%	8.1%	3.12%	0.91
难易程度	简单/困难	0.0%	8.1%	13.8%	53.7%	24.2%	3.94%	0.84
上机操作	少/多	76.4%	13.0%	9.8%	0.8%	0	1.35%	0.69
自我评价	不好/好	8.9%	10.6%	51.2%	26.8%	2.4%	3.03%	0.91

从表1结果可以看出，对于课程内容的新颖性，绝大部分学生认为课程内容的新颖性一般，有25.2%的学生认为是比较新颖和非常新颖，部分同学认为课程的内容应该和专业知识结合更紧密一些，更好地去解决专业问题。对于课程内容的难易程度，有77.9%的学生认为比较困难和非常困难，大部分学生认为统计学课程学习是存在一定难度的，几乎没有学生认为学习统计学是件非常容易的事情。关于课后上机操作的情况，绝大部分学生(76.4%)在课后是极少会自己主动上机操作的，认为自己上机操作较多的学生仅占0.8%。学生在计算机操作方面的能力掌握和主动学习的积极性并不相同，整体来看还需要在教师的指导下学习，调查中仅有13%的学生认为可以自学相关统计软件操作。从学生对能力提升的评价来

看,主要集中在一般(51.2%)和能力提升较多(26.8%)两个等级。总体看来,自我评价统计学课程学习对能力提升在一般水平以上的占80.4%,可见通过该课程的学习对学生能力的提升具有积极的促进作用。

此外,学生对参与学科竞赛和资格考证都有比较积极的态度。被调查的学生中,有66.7%的学生认为统计学课程教学应该和相关学科竞赛结合,培养自身的实践能力;有51.2%的学生愿意参加考取相关职业资格证书,提升自己的就业竞争力。

(三) 回归分析

1. 变量选择与模型设定

为了进一步了解经管类专业统计学实践教学对学生能力提升的影响,借助回归模型方法做定量分析。被解释变量为学生能力提升的自我评价,采用五级评分,取值范围1~5。考虑到参与实践教学和学生个人基本信息可能影响到能力提升,选择解释变量为课程内容的新颖性,课程的难易程度,课后上机操作情况,是否愿意参与科技竞赛(愿意参与=1,不愿意参与=0),是否愿意考取相关职业资格证书(愿意=1,不愿意=0),性别(女生=1,男生=0)和文理分科情况(理科=1,文科=0)。

由于被解释变量为多分类有序变量,因此采用有序回归模型,以Logistic函数形式作为联结函数。

$$P(y=j\mid x_i) = \frac{1}{1+\exp(-(\alpha+\beta x_i))}$$

其中,y 表示学生对能力提升的自我评价,给各等级 y 赋值 j(j=1,2,3,4,5);x_i 为影响学生能力提升的第 i 个因素。做Logit变换:

$$\text{Logit}(P_j) = \text{Logit}[P(y \geq j \mid x)] = \ln \frac{P(y \geq j \mid x)}{1-P(y \geq j \mid x)} \quad (j=1,2,3,4)$$

有序分类结果的logistic回归定义为:

$$\text{Logit}(P_j) = \text{Logit}[P(y \geq j \mid x)] = \alpha_j + \beta x \quad (j=1,2,3,4)$$

其中,$(x_1, x_2, \cdots, x_n)^T$ 表示一组自变量;α_j 是模型的截距;β 是一组与 x 对应的回归系数。

2. 结果分析

利用SPSS 18.0软件,运用多元有序Logit模型,分析统计学实践教学对学生能力提升的影响作用,结果如表2所示。由模型1的结果可以看出,课程内容新颖性、经常课后上机操作、愿意参与科技竞赛和考取职业资格证书以及理科生背景,更有利于提升学生能力,而课程难度较大不利于提升学生能力,女生相对于男生的能力提升也略微弱一些。不过我们也发现,仅有内容新颖性和上机操作两个变量检验结果是显著的。可见,如文理分科和性别差异等个人基本特征对学生能力提升的影响并不具有统计显著性,因此删去这两个变量再做回归分析,得到模型2的结果。在模型2中各项实践教学方式对学生能力提升的影响仍有不显著因素,采用逐步回归法分析,最终得到模型3的结果。由模型3,课程内容新颖性是影响学生能力提升的关键因素,每提高1个等级,有助于学生能力平均提升1.36个等级;上机操作的频次每增加1个等级,有助于学生能力平均提升0.597个等级;此外,愿意积极参与各项科技竞赛也有助于学生能力的提升。

表2　多元有序 Logit 回归分析结果

变量	模型1 估计值	模型1 显著性	模型2 估计值	模型2 显著性	模型3 估计值	模型3 显著性
内容新颖性	1.338***	0.000	1.347***	0.000	1.360***	0.000
难易程度	-0.116	0.593	-0.114	0.599	—	—
上机操作	0.603**	0.037	0.615**	0.027	0.597**	0.030
科技竞赛	0.569	0.185	0.558	0.189	0.680*	0.081
资格考证	0.330	0.407	0.334	0.400	—	—
性别	-0.027	0.945	—	—	—	—
文理科	0.082	0.825	—	—	—	—
PseudoR^2	0.365		0.365		0.358	

注：***代表显著性水平<1%，**代表显著性水平<5%，*代表显著性水平<10%。

由多元有序 Logit 回归分析结果，我们可以得到三点结论：① 学生的文理分科和性别差异等个人基本信息因素并不是影响能力提升的重要因素，统计学课程教学本身的方式方法才是需要关注的重点，因此教师在教学过程中可以打消有关学生背景差异的顾虑。② 统计学课程内容的新颖性是影响学生能力提升的重要因素，因此在教学过程中要注重选择学生感兴趣的案例，比较热点的社会问题，与学生生活比较贴近或与专业联系密切的问题，激发学生学习的积极性，所讲知识能够为学生理解和接受，才能起到较好的效果。③ 通过上机操作和参与科技竞赛等方式，能够培养学生的实践动手能力，解决实际问题的能力，提升学生的综合素质，因此在统计学课程教学中适当与大学生挑战杯创业大赛、营销大赛等竞赛活动相结合，能够得到较好的效果。

三、基于能力培养目标的经管类统计学课程实践教学体系的整合路径

实践教学是大学本科教学的重要组成部分，是巩固与深化对理论知识认识与理解的有效途径，是培养与提升学生科学素养与动手能力的关键环节，具有塑造高素质创新人才培养的重要平台作用。统计学课程的实践教学，是帮助学生实现由统计知识掌握向实践能力转化的纽带和桥梁，因此需依据学生能力培养的层级结构和课程知识模块的要求进行有效整合。

（一）统计学课程能力培养三级目标体系

人的能力有不同的种类，层次有高有低，认清能力培养的层级结构，能够有针对性的安排实践教学活动。借鉴张翠凤(2010)的研究成果，我们将经管类专业学生能力培养分为三个层次，即实践操作能力、专业素养能力和社会发展能力，形成了统计学课程培养的三级目标体系[4]。其中，实践操作能力包括搜集资料能力、整理分析数据能力、撰写统计报告能力和操作统计软件能力等；专业素养能力包括解决问题能力、竞争意识、创新能力、团结协作能力和组织协调能力等；社会发展能力包括自主学习能力、市场拓展能力、人际交往能力和适应社会发展能力等。

依据对阜阳师范学院经济管理专业学生的调查显示,在统计学课程学习中,希望培养的能力(如图 2)排名前五位分别是:整理分析数据能力(85.37%),解决实际问题能力(66.67%),统计软件操作能力(64.23%),撰写统计报告能力(59.35%)和搜集资料能力(58.54%)。可见学生关注的能力培养的确是存在层级结构的,以课程培养的专业实践操作能力为基础,认识到统计学是有关数据的科学,培养和提升整理分析数据的能力是学生的普遍要求,在此基础上也存在对培养专业素养能力和社会发展能力的诉求。

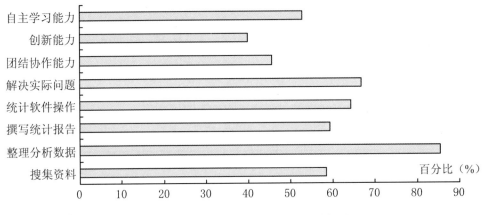

图 2　学生对统计学课程能力培养的选择结果

(二)统计学课程知识模块与实践教学方式整合

统计学课程实践教学体系的建构与整合需要从统计学的教学内容与经济管理领域的实际联系出发,系统梳理适用的实践教学方法,根据各种教学方法的特点及与教学各环节的关系,从整合优化的角度对实践教学体系的架构进行研究。统计学是应用性很强的学科课程,从教学实际来看,实践教学的开展具有多元化特征。实践教学环节既可以一种教学手段和方法贯穿于教学全过程,比如演示教学、案例教学等,也可以独立教学环节和内容存在,比如社会调查、毕业论文、学术论文报告等。

首先,对统计学课程结构和内容体系进行认真分析,可以将其分为四项知识模块,即基本概念、数据收集与描述统计、推断统计与相关回归分析和指数与时间序列分析;其次,根据每个知识模块的特点,研究各项教学模块适宜的教学方法和教学形式,尽量做到形式多样、内容新颖,能够激发学生学习兴趣,提高积极参与实践教学的热情。图 3 显示了统计学知识模块与实践教学方式的整合尝试。

在对统计学课程知识模块和实践教学方式整合的基础上,根据人才培养计划要求,可以将这些教学环节划分为计划内与计划外两大类,嵌入能力培养目标,对实践教学体系再次整合。

(三)嵌入能力培养目标的统计学实践教学体系整合

将能力培养目标嵌入统计实践教学内容方法,对实践教学体系进一步整合。探索基于能力培养目标,"以学生为中心,课内与课外相结合,教学和研究相结合"的统计学实践教学体系整合,具体如图 4 所示。明确实践教学与能力培养层级的相互关系,在对阜阳师范学院学生调研的基础上,依据影响大学生能力提升的实际教学环节及因素调查分析结果,对创新能力培养的实践教学影响因素做深入分析,找到主要影响因素,提升学生的创新能力。

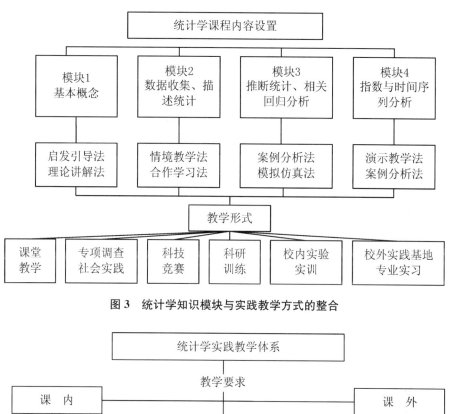

图3 统计学知识模块与实践教学方式的整合

图4 统计学课程实践教学体系

根据能力提升与统计学实践教学关系调查分析结果,教学内容的新颖性和上机操作的经常性有助于提升学生能力,这就要求计划内教学环节的教学方式方法革新,尽量选择生动鲜活的案例,与专业联系紧密,贴近现实能够吸引学生学习的兴趣,还要加强实验室模拟教学,认真编制实验教学大纲和详细的上机指导手册,便于学生动手操作,通过课内实践教学夯实基础。此外,对学生在课外进行的专项调查与社会实践活动,科技竞赛和社团活动等也要给予必要的指导,提升学生的专业素养和社会发展能力。

在创新统计学实践教学的运行机制和教学模式方面,应该充分利用网络和信息技术[5]。首先,要构建在线式网络实验平台,充分发挥互联网的强大作用,通过校际联合、学科共建等方式,解决数据建设、资源共享等问题,让学生能够随时随地通过网络浏览器进行统计学实验;其次,要打造用户交互性的移动实验平台,利用蓬勃发展的移动互联网、智能终端等新兴技术以及微博和博客等社交方法,建设一个用户永远在线,信息实时互动与反馈,老师和学生无障碍交流的过程性学习平台。

参 考 文 献

[1] 吴启富.中国统计学课程建设发展沿革及存在问题[J].统计与决策,2012(3).
[2] 赵晓芬.关于改进财经类专业统计学实践教学的思考[J].教育与职业,2010(32).
[3] 孙慧钧.对非统计专业统计课程改革的思路[J].统计研究,2002(10).
[4] 张翠凤.基于能力培养目标的统计学课程建设模式探索[J].现代教育科学,2010(9).
[5] 金涛,陈媛.经管类专业实践教学的特征与发展趋势初探[J].中国高等教育,2012(Z1).

统计学专业应用型人才培养教学改革

——基于实践能力提升的研究

华欢欢　　吴　杨

内容摘要：随着应用型人才的需求增大，对学生的实践能力的培养显得尤其重要。本文初步探讨了统计学专业人才应具备的实践能力主要包括：宏观设计能力、信息收集和整理的能力、信息挖掘的能力以及统计分析报告的撰写能力等4方面的能力，针对当前统计学专业人才培养模式存在的问题，提出统计学专业人才培养改革的目标和内容。

关键词：实践能力；统计学专业；教学改革

2010年7月29日，中共中央国务院印发《国家中长期教育改革和发展规划纲要（2010—2020年）》中指出，"优化学科专业、类型、层次结构，促进多学科交叉和融合。重点扩大应用型、复合型、技能型人才培养规模。"该纲要充分说明我国的高等教育逐渐从精英教育转向了大众教育，注重对人才实践能力的培养。统计学专业是一门应用型极强的学科，其人才培养的目标更应该体现在人才的应用型和实践能力上。因此，探讨面向实践能力提升的统计学专业人才培养教学改革具有重要的现实意义。

一、统计学专业人才应具备的实践能力

统计学专业自1890年在英国牛津大学设立，其课程体系也在不断的优化过程中。但总的来说，统计学专业的课程体系都是由一系列的认识客观事物的方法论学科组成。认识客观事物就需要统计工作，而这些方法论学科则是统计工作的理论概括，因此，统计理论源于统计实践，要培养合格的统计专业人才，就需要注重对学生的实践能力的培养。实践能力通常由一般实践能力、专业实践能力和综合实践能力构成，其中一般实践能力主要包括表达能力、适应环境能力、自学能力、人际交往能力、外语能力和计算机应用能力、组织管理能力等；专业实践能力主要包括实际操作能力、数据分析能力、记忆分析能力、观察想象能力、逻辑思维能力、信息处理能力、专业写作能力、实验能力、科研能力、设计能力、发明创造能力等；综合能力则包含了在一般实践能力和专业实践能力基础之上的解决综合问题的其他能力。

统计学专业课程体系的设置特点主要是：首先把客观事物指标化，然后通过利用概率论方法建立统计模型，收集所观察客观事物的数据，进行指标量化分析、总结，最后对客观事物做出推断和预测，为相关决策提供依据和参考。统计思维的整个过程总结起来应包含：总体

［作者简介］　华欢欢（1987—），男，江西乐平市人，讲师，硕士，研究方向：经济统计分析。吴杨（1962—），男，安徽铜陵人，铜陵学院经济学院院长，教授，研究方向：经济统计。

［基金项目］　安徽省级质量工程项目：应用型本科高校统计学专业人才培养模式的改革与创新（2013jyxm222）。

方案的设计、客观事物的调查、指标数据的收集、分析、总体的推断和预测等部分。根据以上对统计学这门学科的人才培养目标和课程体系设置特点的分析,统计学专业应培养学生具备以下几方面的实践能力:

(一)宏观设计能力

统计专业的学生应该具备针对实际问题统计思想分析的能力,这就需要学生培养自身的统计思维。面对一个客观实际问题,首先需要把实际问题转化成统计的问题,用统计的语言来描述。设计完整的研究方案,对研究的目的、对象、内容、思路、方法等都有明确的设计,从而对所研究的客观事物开展深入的调查,这就需要学生有很好的宏观设计能力。

(二)信息收集和整理的能力

在进行统计学思维研究问题的时候,需要面对大量的信息源,如何获取信息,管理信息,把信息变成统计数据,这是统计学专业学生必备的能力。面对大量的数据,采用何种途径何种手段获得数据,以及获得相关数据后,如何录入、审核、汇总,进行数据管理。

(三)信息挖掘的能力

面对大量的数据,统计学专业的学生应该具备应用统计学理论,通过各种定性和定量统计分析方法,对数据进行分析,发现客观事物的统计数量规律,挖掘内在的信息,为解决问题提供客观数据的支持。

(四)统计分析报告的撰写能力

统计分析报告,是统计整个实践过程的一个总结性报告。撰写统计分析报告是统计学专业学生必备的一个实践能力。如何更好地描述整个实践过程,对实践的结果进行展示,赋予合理、清晰的解释,是最终性成果。

二、当前统计学专业人才培养模式存在的问题

统计学作为一门重要的方法论学科,在日常的工作和生活中有着广泛的应用空间,不仅存在着学术性的理论探讨,面对实际工作生活中大量的数据信息,统计学可以充分地发挥其强大的数据分析功能。然而,目前许多的地方性高校并没有在对统计学专业人才培养的过程中注重对学生实践能力的培养,这主要体现在统计学专业理论教学设计、实践教学的设计以及师资队伍的建设等方面。

(一)理论教学设计不够完善

1998年教育部颁发《普通高等学校本科专业目录和专业介绍》,将概率统计与经济学科的经济统计合而为一,形成统计学专业,列为一级学科。该专业毕业生可授予经济学学位或理学学位。正是在这样的大背景下,许多学校对统计学专业人才培养的目标定位不清、课程设置混乱。在实际的课程安排上有些太偏数学,有些又偏弱数学,甚至不涉及数学,太偏数学,使得统计学专业学生得不到很多的应用培训,偏弱数学使得学生没有很好地数学基础,对统计的方法不能很好地掌握。同时,在实际的教学内容上拘泥于一本教材,甚至是一本非常老的教材。实验教学上也是局限于对统计理论的一种验证,不能够很好地结合现实的案例,导致学生对统计学专业没有一个很好的认识,不清楚统计学专业和实际的工作与生活有什么关联。

（二）实践教学设计的不合理

首先，实践教学得不到充分的重视，实践教学学时安排占总学时比重较小，导致该专业的实践教学计划环节无法全面顺利开展，考核手段也是以实践报告简单、单一的形式为主，造成了高分低能的情况。其次，实践教学资源缺乏，仍是以实习为主，进行走马观花似的实习基地的参观，参与一些毫无技术含量的简单工作，背离了实践教学的初衷。最后，实践教学缺乏有效的评价监督机制，实践教学内容缺乏系统性、规范性的一体化教材，过程也不规范，随意性较大，没有明确的管理机构和科学的管理制度。

（三）师资力量不能满足应用型统计人才的培养

在这信息爆炸时代，现在信息技术发展飞快，传统的"一支粉笔一本书"的教学模式已逐渐不能满足现实的教学需要。现代统计教育对教师的素质要求是全方位的：除了要掌握统计的基本原理与方法，还必须有娴熟的统计软件包应用能力以及实践经验。目前，统计学教师队伍存在两个突出问题：一是缺乏专职的指导实践的老师，大多都是由专业老师兼任，而大部分专业教师从学校到学校，缺乏在企事业单位、调查公司等从业的经验，不能很好地指导学生进行社会实践；二是随着信息技术的发展，各种统计软件层出不穷，相对而言，教师的知识水平更新换代的速度跟不上时代的步伐，部分教师的知识结构过于陈旧，满足不了教学的需要。

三、统计学专业人才培养教学改革

（一）教学改革的目标

1. 构建课堂、实验室和社会实践相结合多元化的立体教学模式

建立一套合理的、有利于实践能力培养的、适应社会需求的统计学专业应用型人才培养模式，实现教学内容的与时俱进，要进一步提升实验教学和实践教学的层次，同时加强学生对统计思维的锻炼，进一步提高教学质量。

2. 完善产学研互利共赢合作机制，服务地方经济发展

当前，高校与地方产学研合作已具备了一定的有利条件，但仍存在相应问题，如产学研合作创新的意识不强、动力不足、机制不完善、实质性的深层次战略合作匮乏等。在探索实践、实习基地建设，以及应用型人才队伍建设的过程中，要进一步规范合作方式，打破瓶颈，力求建立完善有利于产学研三方发展的利益共享机制，通过公平、合理的科研成果评估体系，建立健全产学研合作中三方的利益分配机制，保障各方的利益。

3. 培育"双师""双能"型实践教学团队

"双师""双能"型实践教学团队建设是培养学生实践能力和创新能力、开展教学改革以及提高教学质量的基础。统计学专业的教师不仅应具有扎实的专业基础知识，较高的专业教学水平，还应具备规范的专业技术指导能力，掌握理论知识和操作技能的联系与规律，从而更好地引导教学，培养理论与实践结合的应用型人才。

4. 培养具有较强社会实践能力的应用型统计专业人才

科学在发展、社会在进步，对人才的需求也在改变，对统计学专业人才的培养要与时俱进，以提高毕业生的就业竞争力为目标，不断更新、调整专业课程，完善培养方案，采用产学研相结合的全新培养模式，重视应用性、前瞻性和开放性，形成一种灵活、立体的培养模式（如图1所示），培育适应社会实践需要的应用型统计学专业人才。

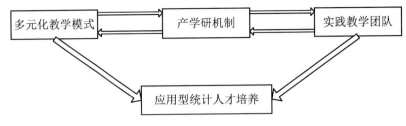

图 1 应用型统计人才培养模式

(二) 教学改革的内容

在教学模式上构建以课堂、实验室和社会实践多元化的立体化培养体系,通过实验设计、社会实践引导学生从现实中发现问题,用统计工具解决问题。加强学生实践能力锻炼,提高学生解决实际问题的动手能力和创新能力。具体研究内容如下:

1. 完善课题体系建设

在教学内容上,首先加强政府部门、企业和学校的互动,科学设置统计专业人才培养的课程体系,注重实际的应用能力培养。在实际的教学过程中,教学内容不能拘泥于特定教材,要同国内外相关的著名教材进行对比分析,将新的成熟的内容融入教学中。同时丰富的统计分析软件可作为教学内容改革的参考依据,统计分析软件版本的升级,意味着新的方法的纳入,我们提倡把这些应运而生的新的方法融入到课堂教学中。与之同时教师也可将自己的科研成果、心得融入教学内容中。

在实验教学上主要围绕提高实验层次和水平展开,由验证性实验到综合性实验,再到设计性实验,培养学生对实验数据的收集、整理和分析的实践能力。在统计学、时间序列、计量经济学、多元统计分析等课程中有大量的单项实验或课程综合实验,这些实验主要是让学生学会利用统计软件,分析数据从而验证统计相关理论与方法。在这些实验基础上还需要大量的专业综合实验、跨专业综合实验、跨学科综合实验,可在经济预测与决策、宏观经济分析、市场调查与预测等课程中体现,主要结合经济或管理中出现的现实问题,培养学生理论联系实际的实践综合能力。更高层次的需要去培养学生自主设计的能力,在市场调查实务这门课中,综合实验涉及经济学、社会学、心理学、管理学、营销学、行为科学和数据库等多门学科的知识。教学内容上围绕信息转化、调查方案、资料整理、数据分析、推测预测等信息加工过程展开。整个过程都需要全程的把握,从而可以去培养学生综合设计的能力,进一步提升学生的实践能力。

在实践教学上,从专业实习做起,确定实习目标是综合运用统计专业知识。将各专业课程和 Excel、SAS、Eviews、SPSS 等统计软件相结合,综合运用各种统计分析方法解决实际问题,让学生将实际问题和统计分析技术有机联系起来,锻炼学生科研与实践相结合的能力。另外,结合社会实践中推广的实用性证书,比如统计师、市场调查分析师的考试等,开展相关专业技能的培训。同时,还可以根据项目团队的人员力量,组织实施生活中的统计专业课题讲座,并做相关的课程趣味性调查。

2. 探索多样化实践教学的实现途径

实践能力的提升,主要在于培养学生解决实际问题的能力,可以从以下几个方面去展开:

(1)通过产学研,开发实训实践基地。与当地政府、银行、企业等联系,与时俱进,探索统计实际应用领域和统计当前课题。发挥学校的人才优势,摆脱以往以企事业单位为主的合作机制,建立资源相互利用的长期合作机制,并为学生提供实训实践的机会和未来就业的渠道。

(2)以项目为依托,培养学生为主体的统计数据收集分析团队。以铜陵学院为例,铜陵学院与铜陵市统计局等单位合作建立了皖江经济协同创业中心,该中心就有很多的经济数据和需要研究的经济类项目,可以作为学生参与发展的实践项目。铜陵市政府组织的民意调查、铜陵市的经济普查、人才普查等亦可作为学生参与的数据收集项目,从而培养学生实际收集数据和处理问题的能力。

(3)资助、鼓励学生自主项目建设。通过资助学生申报统计专业相关项目,培养学生学习统计的积极性以及在项目中运用统计知识解决实际问题的能力。比如鼓励学生利用统计工具做大学生自身生活学习满意度的调查,以及相关的社会生活调查等。将项目的申报和科研成果作为相关课程或者毕业论文成绩的参考,从而探索应用型统计考试模式改革,在考试模式和内容上,结合统计专业特点以考察学生数据分析能力为主,改变过去只考查知识记忆和单纯的计算能力的倾向。重点是突出考察统计学生分析数据隐含的信息、分析计算结果体现的统计意义的能力。

3.培养应用型教学团队

(1)校内教师"走出去"。对高校教师出去挂职情况进行统计,并对挂职锻炼效果进行调查研究,提出可行的应用型教师团队建设途径。还可对教师参加考取社会实践性证书的情况以及证书服务教学情况进行调查分析。培养学生实践能力和创新能力、开展教学改革以及提高教学质量的关键是应用型师资队伍建设。

(2)校外导师"迎进来"。加强与政府、企业银行等单位的合作,积极开展实训实践基地,探索作产学研项目。通过订单培养,实习导师等方式,引进政府、企业人才到高校来做应用实践教育指导。在此过程中研究完善产学研三方发展的利益共享机制,建立规范的科研成果评估体系,保证各方的合理利益,形成长期有效的产学研合作机制。

四、结束语

本文以提升统计学专业人才的实践能力为要求,针对当前高校对统计学专业人才培养存在的问题,提出了统计学专业人才培养教学改革的目标和建议,让我们在有限的资源下,师生共同努力尽所能地为学校和社会输送符合社会需求的、具有较强实践能力的统计学人才。

参 考 文 献

[1] 孙亚静.创新型人才培养模式下实践教学改革研究[J].统计教育,2007(10).
[2] 向书坚,平卫英.30年来我国财经类院校统计学专业本科课程设置的历史回顾与展望[J].统计研究,2010,27(1).
[3] 伍长春,宁自军,杜欢政.应用型统计专业人才培养模式的优化与实践[J].高教论坛,2010(11).
[4] 徐秋艳,万秋成.统计专业实践教学一体化模式研究[J].实验室研究与探索,2006(4).
[5] 曾五一,肖红叶,庞皓,等.经济管理类统计学专业教学体系的改革与创新[J].统计研究,2010(2).

经管专业统计学课程实践教学探讨

兰冲锋

内容摘要：统计学课程是经管类专业一门非常重要的专业核心课程,同时也是一门应用性很强的课程。本文联系自身的教学实际,分析了经管专业统计学课程实践教学现状及存在问题,并结合经管专业学生的特点,对经管专业统计学课程的实践教学问题进行了探讨。

关键词：实践教学　统计学　经管专业

统计学是一门搜集、处理、分析、解释数据并从数据中得出结论的科学[1]。1998年,国家教育部把统计学课程列为高等学校经济管理类各专业的核心课程。作为一门认识方法论科学,统计学不但是各专业、各行业整理分析数据所必需使用的一种重要工具,而且是一门应用性很强的学科[2]。迄今为止,统计学课程的教学改革已经开展了很多年,在许多方面取得了较为显著的成效,但在实践教学方面还比较薄弱[3]。目前我国高等院校经管类各专业统计学课程教学活动中,通常偏重于理论教学,在教学模式上往往因为偏重于理论体系的完整和基础知识的教学而忽视对学生应用能力构建的问题,对统计实践教学的环节重视程度不够。事实上,统计实践教学不仅能够满足深化统计教学的要求,而且可以解决经管类各专业统计应用的客观需要。如何加强统计学课程的实践教学环节建设,提高经管专业学生学习统计学课程的兴趣,是一个值得探讨的问题。本文将针对统计学课程自身的特点和经管专业人才培养目标,结合经管专业统计学课程的实践教学现状及存在的问题,提出了经管专业统计学课程"提高教师实践能力、构建实践教学体系、增加实践教学考核"三位一体的实践教学模式。

一、实践教学现状及存在问题

笔者多年来一直承担经管专业统计学课程的教学任务,经常针对该课程教学内容及教学模式对学生进行访谈和调查,再结合与其他兄弟院校经管专业的统计学教师进行交流沟通结果,我们认为目前经管专业统计学课程的实践教学中主要存在以下几个方面的问题：

（一）重理论讲授,轻实践环节

现如今,大多数高等学校经管类专业的统计课程教学中存在重理论讲授、轻实践教学环节这一现象[4]。由于对统计学实践环节重视不够,一些高校总课时数偏少,未设置足够的实践课时或安排实践课时仍按理论课来上,使实践教学流于形式。虽然理论教学可以全面介绍统计学的基本概念、基本模型以及基本方法,对学生系统学习统计学的专业知识体系大有

[作者简介]　兰冲锋(1981—),男,北京邮电大学经济与管理学院博士研究生,阜阳师范学院经济学院讲师。研究方向为概率统计与供应链管理。

[基金项目]　安徽省教育厅自然科学研究重点项目(KJ2015A182);阜阳师范学院教学研究项目(2014JYXM45、2014JYXM60)资助。

裨益,然而该教学模式不利于学生统计技能的训练,忽视了对学生自主学习能力的训练,也忽略了对学生运用统计思想方法来分析和解决实际问题能力的培养。

(二)缺乏相关教学设备

一些高等院校的统计学课程根本没有安排上机课,教师在讲述统计学的实践操作内容时只能用计算机软件进行演示,这样学生的动手操作能力就没有得到锻炼,所以在演示结束时他们就忘得差不多了。另外也有部分高等院校没有安装足够的统计学教学软件,可能只安装了最简单的统计软件 Excel,而更专业的统计软件,比如 SPSS、SAS、Matlab、Eviews 等则没有安装。"工欲善其事,必先利其器。"如果连这些最基本的教学设备都没有准备齐全的话,实践教学是不可能开展好的。

(三)教师自身的实践能力不足

教师自身缺乏实践能力的原因是多方面的:首先,很多统计学教师受传统的学科教育的烙印较深,他们往往是刚从大学毕业后就直接走上讲台,本身就缺乏实践能力的锻炼;其次,由于最近十几年来高校的持续扩招,特别是经管专业又属于比较热门的专业,使得经管类的学生急剧增加,导致师资力量短缺,迫不得已,许多高等院校只能用非统计学专业毕业的老师兼代统计学课程,其自身的实践能力可想而知;再次,提高教师专业实践技能并不是一件容易的事,它需要连续不断地对统计学教师进行专业知识的实践培训。很多学校为了节省办学经费,就减少了对教师进行实践能力培养的机会。

(四)期末实践考核弱化

期末考试是教学过程中的一个必不可少环节,是检验学生学习情况和评估教师教学质量的一种重要手段。对于统计学课程的考试,绝大多数高等院校多年以来一直沿用闭卷笔试的方式[5]。诚然,这种考试方式对于保证统计学课程教学质量起到了一定的作用,但也存在着相应的缺陷,它与素质教育特别是与培养学生的动手能力和创造能力的目标相差较远,这与经管类专业培养新世纪高素质的人才是格格不入的。

二、实践教学探讨

针对经管类专业的学生,统计学课程的教学目标应突出培养学生统计动手能力,让学生能够熟练掌握应用统计理论、统计方法和统计软件分析和解决实际问题。围绕这一教学目标,结合经管专业统计学课程的实践教学存在的问题,本文从实用角度出发,提出了经管专业统计学课程"提高教师实践能力、构建实践教学体系、增加实践教学考核"三位一体的实践教学模式。

(一)提高教师自身实践能力

经管专业以培养应用型人才为目标,因此经管专业的统计学教师应该具备较强的实践能力。但现实情况是,部分统计学教师不熟悉统计软件操作、组织能力或教学科研能力较差,不能对学生进行科学有效地指导。然而教师自身实践能力的提高不是通过简单的理论学习就可以实现的,而应该是通过实践活动慢慢训练出来的。它是一项系统复杂的工程,应该通过自我提升、内部培养和外部培养三种途径联合实现。自我提升是指教师应强化自我实践能力的自我培养意识,改变传统的教学方法,对自身实践能力提升的紧迫性具有清醒的认识并付诸实施。内部培养是指高等院校内部在思想上高度重视统计学教师实践能力培养,通过加强对教师的实践技能培训来提升教师实践能力。外部培养是指政府或者用人单位在培养教师实践能力方面所发挥的积极作用。国家才是高等教育的主体,政府应通过政策引导和资金投入,鼓励高校或用人单位积极开展教师实践能力的培训活动,充分发挥自身的导向作用。在上述三种途径中,自我提升和内部培养是提高教师实践能力的内在矛盾,倘若没有政府或单位的外部培养提供制度和条件保障,自我提升和内部培养也是无稽之谈。

(二)构建统计学课程实践教学体系

统计学课程的教学目标是培养学生理解和掌握统计学的基本原理和统计方法等知识,学会运用正确的立场、观点和方法对社会经济现象进行调查研究,并能灵活运用统计知识去解决市场调研、企业发展战略、产品质量管理、经济预测和财务分析等企业生产经营管理中所遇到的问题。根据统计学课程的教学目标,结合我校统计学课程实践教学改革和经管专业学生的特点,笔者认为可以构建如下几个方面的统计学课程实践教学体系。

1. 高度重视案例教学法

案例教学法是以学生为中心,教师为主导的交互式探索教学过程,统计学课程的案例教学法是学生掌握统计知识一个非常重要而有效的途径[6]。统计学的案例教学中,并不是从僵化死板的定义和定理公式出发来讲授统计原理和方法,而应该紧贴社会和生产实际,根据日常经济生活中的实际问题来阐述统计学的基本原理和方法产生的背景及应用条件,使学生真正掌握统计分析的基本技能。

2. 重点加强课程实验

安排课程实验的目的就是让学生掌握运用计算机软件(如 Excel、SPSS、SAS 等)进行统计分析的方法。学生需要实验的项目包括:统计数据的整理与图表显示、统计数据概括性的度量、参数估计、假设检验、列联分析、方差分析、相关与回归分析、时间序列分析、统计指数的计算和分析等。通过课程实验的加强,可以让学生熟练掌握各类统计分析软件,快速而简单地对大量统计数据进行处理,进而将学习的重点转移到对统计输出结果的分析和解释上,使学生真正体会到统计学的应用价值。

3. 合理安排统计调查

对于统计调查的安排,首先要根据研究目的确定出调查对象,并设计好调查方案、调查问卷(或调查表)来调查统计个体的现状或存在的问题,然后对调查数据进行分类整理,最后再写出调查总结报告[7]。在实际的操作中,可以结合学生的实际情况合理安排统计调查:(1)组织学生做一些和自身相关的调研,例如以体育锻炼、学习成绩、学习时间、课外活动和消费状况等作为调查内容;(2)利用课余时间或假期组织学生参加社会调查和信息咨询等实践活动;(3)组织学生积极参与到教师的研究项目中来,通过真实的案例,锻炼他们针对实际问题建立模型、分析模型、解决问题的能力,并提高他们解释结果的能力;(4)鼓励学生参加各种大学生创业大赛和建模比赛等。统计调查是学生全面了解社会的一个重要手段,在寒暑假、课程设计、课程实训、毕业实习以及毕业论文设计等教学环节中都可以进行。

(三)增加统计学课程的实践教学考核

要想实践教学的改革落到实处,就必须增加统计学课程的实践教学考核。实践教学评价标准不能局限于试卷考试或者考查的方式,还应该有更多的考核方式。

1. 案例分析

统计学课程的案例分析主要体现在统计方法的应用上,案例分析题考察的是更高层次的教学目标,属于综合性较强的题目类型。它不仅能考察学生对统计学基础知识的掌握程度,而且能检验学生独立运用统计学知识的能力,更为重要的是,它还能考察学生分析问题和解决问题的能力。

2. 调查报告

合理地安排学生结合其专业知识开展一定形式的统计调查研究并且以调查报告的形式进行考核,既能让其亲身体会调查工作实际感受,增强社会实践能力,又能体现他们的专业水平,反映学生的写作能力。

3. 计算机操作

除了要求学生掌握基本的统计理论知识外,统计学课程的教学目标还要求学生掌握利用计算机软件进行统计整理和统计分析的能力,如统计图表的整理与展示、统计软件的使用、统计指标的计算等实践能力等只有通过学生的计算机操作才能体现。

总之,只有在考核中增加这些实践教学考核环节,并将其作为检验学生统计应用能力的重要方面纳入到综合考核中,才能真正锻炼学生的综合能力,实现素质教育,才能真正使统计学课程的实践教学改革落到实处。

三、结语

作为经管类专业的主干基础课程之一,统计学课程不仅对经管专业课程的后续学习起着重要的作用,而且对学生开展科研训练项目具有重要的实用价值。统计学是一门数据分析学科,也是一门实践与理论并重,应用性很强的方法论学科。本文通过统计学的实践教学的探讨,希望能够在理论联系实际的基础上,使学生系统地掌握统计学的基本原理、基本思想和基本方法,培养他们具有良好的统计学思维能力,掌握并应用统计工具为自己所学专业服务,以提高其分析问题和解决实际问题的能力,为他们将来踏上工作岗位奠定坚实的基础。

参 考 文 献

[1] 贾俊平,何晓群,金勇进.统计学[M].6版.北京:中国人民大学出版社,2015.
[2] 韩桂兰.统计学课程实践教学改革的探讨[J].吉林省经济管理干部学院学报,2008,22(4).
[3] 张晓庆,赵鹏,黄剑桥.统计学课程的实践教学探讨[J].大连民族学院学报,2006,8(4).
[4] 何丽红.管理专业统计学课程教学改革的思考与实践[J].高等理科教育,2014(2).
[5] 马赞军.大学统计学教学模式探讨[J].统计教育,2006(3).
[6] 袁诚.统计学案例教学的理论与实践探索[J].统计教育,2006(4).
[7] 罗金华,单勤琴,王周火.经管类专业统计学课程实践教学改革研究[J].文教资料,2015(2).

财会专业税务类课程实践教学的思考

吴国强 朱扬宝

内容摘要：实践教学在财会专业教学中具有重要地位,也是应用型财会专业办学特色的体现。财会专业会计课程的实践教学已经比较成熟,但税务课程的实践教学仍存在许多问题,与应用型人才培养的要求还有一定的差距。本文以财会专业税务类课程实践教学中存在的问题作为切入点,提出了财会专业实践教学改革的构想,并有针对性地提出保障实践教学高效开展的相关措施。

关键词：财会专业；税务课程实践；实践教学改革

财会专业是实践性很强的专业,用人单位对毕业生的专业动手能力要求较高。以往我们在教学中比较注重会计课程方面的实践教学,但我们对毕业生和用人单位的调查反馈表明,财会专业学生的税务实践能力与用人单位的实际要求有明显差距。其原因主要是近些年税务部门征管改革力度加大,随着"金税工程"建设,税务管理业务流程再造,税务工作基本上纳入信息化管理渠道,但财会专业税务类课程的教学未能适应这种变化,仍然采用比较单一的理论教学模式。因此,我们亟须加强对财会专业税务类课程实践教学的研究,构建适用的税务类课程的实践教学平台,不断提升税务类课程的实践教学水平。

一、财会专业税务类课程实践教学存在的问题

近年来,各应用型高校对财会专业税务类课程实践教学进行了许多探索,取得了一定的研究和实践成果。但总体上看,税务类课程实践教学尚存在许多困难与问题,不能满足用人单位对人才培养的要求。具体表现为：

(一) 未形成完整有效的实践教学体系

首先,在观念上未给予足够的重视。财务专业的税务类课程主要以理论讲授为主,实践教学课时不足,实践教学组织管理不严,走过场的现象较为普遍。

其次,目前税务类课程的模拟实践教学仍处于探索阶段,大多是根据市场上发行的极少的实践教材或税务部门的操作手册及教学软件,对部分税收业务流程进行简单的模仿,尚没有开发出来与真正的税务业务流程相近,仿真度较高,能够进行全程模拟,较为系统、完整、权威有效的模拟实践教学教材、模拟软件及管理制度。

再次,在教学目的与教学方法上仍然是传统套路,在教学内容设置与教学目标上侧重于学生单项技能和对知识的验证,学生多为被动学习,缺乏将有关的税务课程的相关知识点串联起来的实践培训,没有将调动学生主动学习,培养实践创新动手能力作为实践教学的中

[作者简介] 吴国强(1971—),男,淮南师范学院经济与管理学院会计系主任,讲师,硕士,主要研究方向为财务会计理论与实务。朱扬宝(1969—),男,淮南师范学院经济与管理学院副教授,硕士,主要研究方向为应用经济学研究、应用型高校人才培养研究。

心,没有将实践教学与信息技术的优势发挥出来。

（二）师资的实践能力不能满足需要

开展税务类课程的实践教学,最核心的资源就是有较好的税收理论与专业背景、计算机技术以及直接的税务管理实践、对近年税收征管改革后的税务管理业务流程较为熟悉,教学经验丰富,热心为税务模拟实践教学探索合适模式的"双师"型人才。但各高校属于"双师"型的师资严重匮乏,直接制约了税务类课程实践教学的有效开展。

（三）教学资源投入相对不足

为了开展税务类课程的实践教学,各高校在税务实验室建设方面都进行了一定的投入,但与开展有效的税务类课程实践教学的需求相比,则无论是实验室面积、计算机等硬件还是相关软件的投入都还不能完全满足教学需要。尤其是软件方面,如果教学中能够使用税务机关以CTAIS为代表的管理软件则能够确保高仿真度,但税务机关因其自身管理需要一般不肯将其外传,即使能够得到该软件,高昂的费用也不是一般学校能够承受的,而且若使其能够在教学中使用,还需要作出改造,工作量很大。否则,使用市场上的教学软件,虽然价格便宜,但仿真度不高,往往不能满足教学需要。因此,没有合适的教学软件,成为制约税务类课程模拟实践课程教学效果提升的瓶颈。最后,学校的其他教学资源投入不够,包括信息网络资源,整个学校范围乃至校外师资的调配与使用,课时核定与科研奖励,教材编写等方面都没有考虑相关实践课程的特点与效益给予特别的政策倾斜。

（四）实践教学基地未能充分发挥作用

为了开展实践教学工作,各高校财务专业大都建立了数量不等的实践教学基地,税务类课程的实践基地主要设立在基层税务机关、会计师事务所、税务师事务所以及部分企业。但是绝大多数实践教学基地都是签好协议,挂上牌子后就悄无声息,实质性的实践教学活动安排得很少。一方面原因在于近些年大学扩招后需要安排实习的学生多,相关实习单位难以招架,增加了其各种负担,却不能为其带来帮助,长期坚持下去确实很困难;另一方面原因在于学校内相关院系安排实习也要牵扯教师很多精力,如果是异地实习还要顾虑学生的安全,因此认真将实践教学基地做实的动力也不很足。

二、财会专业税务类课程实践教学改革的构想

我们应该按照社会对财会人员税务知识的需求设置相关税务类课程,包括以侧重税款计算的"税法"、以侧重涉税会计核算的"税务会计"、含手工纳税模拟和电子纳税模拟的"纳税实务综合模拟"以及"税务管理"和"税务筹划"等课程。根据税务业务要求和课程设置,构建三个渐进式税务类课程实践教学平台:以一般税款计算为基础的认知实践平台;以综合运用会计与税务知识,提高动手能力的模拟实践平台;以综合运用所学专业知识,发现、分析并解决税务实践问题的运用实践平台。

（一）认知实践平台构建

要求学生利用课余时间进行社会实践,教师布置一些涉税的相关题目,由学生自主到税务机关、税务师事务所和企业走访、实习,结合已学过课程中的相关税收知识,在教师指导下写出走访、实习总结,并组织学生交流,使学生对企业涉税业务有一个基本的了解。

以"税法"为涉税的基本课程,教师理论讲授为主,学生拓展阅读为辅。在讲授完相关内

容后,安排随堂实验,由教师指导学生计算税额,填写主要税种纳税申报表的基本项目,巩固所学税务知识,为学生学习后续涉税课程打好基础。

聘请税务机关人员、企业财务主管和注册税务师到校开展讲座与交流,了解税收业务的前沿信息和税务工作的实际要求。

(二) 模拟实践平台构建

学生学习了"税法""税务会计"等相关课程之后,开设"纳税实务综合模拟"课程,选择典型业务,采用案例教学,由学生进行手工纳税模拟,并进行计算机模拟纳税申报。学生在学校的相关实验室模拟税务机关(国税、地税)、银行和纳税人进行涉税业务的模拟实践,用真实的凭证、账簿、申报表进行相应处理,用"税务会计教学平台""电子报税"等教学软件进行税务电子化实践教学。

教学软件应具备模拟企业税务登记、税务变更、税务注销、税务申报和税款缴纳五大流程的内容,提供给学生多方面的角色(企业会计、企业财务总监、税务系统管理人员、税务登记中心管理人员、税务纳税中心管理人员及税务其他管理人员),让学生从企业角度和税务角度分别模拟,全面了解纳税流程和知识。在案例和实验室软件相结合的基础上,使学生掌握纳税申报和节税等方面的方法和技巧,为今后工作打好基础。

"税法""税务会计"和"纳税实务综合模拟"等课程内容都属于企业业务。而企业涉税业务则与社会各方面有关联,应该通过开设"税务管理"课程,进行税务专题论文写作和实践等方式进行教学,进一步提高学生的实际应用能力。可根据课程内容,聘请相关行业、企业、单位的工作人员,如税务机关人员、企业负责纳税的财务人员和注册税务师等,指导学生进行模拟税款征收、行政处罚、行政复议、行政诉讼等项目,让学生对实际业务有较为真实的体验,进而提高教学效果。

通过该平台的实践,可增强学生的涉税业务实际操作能力,使学生走上社会后,缩短相关工作的适应期。

(三) 综合应用实践平台构建

开设《税务筹划》课程,首先使学生进一步树立税收法制观念,培养依法纳税意识;其次使学生掌握税务筹划的基本理论、基本方法、基本规律和技能。为了培养应用型财会人才,本课程尽可能地体现理论与实务的紧密结合,突出其实用性,选定区域经济中的重要行业,实践教学以案例教学为主,使学生在了解税务筹划原理的同时,提高分析问题、解决问题的综合能力。

三、保障税务类课程实践教学质量的措施

(一) 提高认识,重视实践教学

实践教学是应用型财会专业办学特色的重要体现,也是培养社会所需财会人才的根本保障,要充分认识到深化实践教学是应用型办学思路改革的需要,是提高财会人才培养质量根本要求。因此,首先要高度重视和支持实践教学工作;其次在各项政策应对实践教学有所倾斜;最后要加强制度建设,以制度引导和规范实践教学。

(二) 强化实践教学师资队伍的建设

实践教学时空跨度大,实践教学与理论教学存在一定差异,这在客观上决定了从事实践

教学的教师必须集普通教师素质和实践教师素质于一体。这样的教师就是既能从事专业理论教学,又能指导实践教学的"双师"型教师。培养"双师"型教师的具体措施如下:一是走出去。制定鼓励性的措施,选择教师到财税等实践部门顶岗实践,提高自身的实践动手能力。二是请进来。从实践部门中聘请具有丰富实践经验、相关职业能力极强的工作人员作兼职实验教师,使理论型与实践型教师相互转化,从而推动实践教师队伍的建设。

(三)加大投入,改善实验教学条件

开展税务类课程的实践教学,需要具备基本的软硬件条件。为了保障实践教学的质量,我们一定要多方筹措资金,尽可能提高实验建设经费投入,不断提升实践教学水平。

(四)加强实践教学基地的建设

校内的仿真实训始终无法完全替代真正的实践环节,因此,要充分利用各种资源,加快实践教学基地的建设。同时,要努力把工作做到实处,真正发挥实践教学基地的作用。

参 考 文 献

[1] 中国注册会计师协会.税法[M].北京:经济科学出版社,2014.
[2] 安仲文.税务管理[M].北京:经济科学出版社,2010.
[3] 白文华.大学会计类专业税务实践教学改革探析[J].广西经济管理干部学院学报,2010(3).
[4] 刘静宜.税法与税务会计教学改革浅探[J].湖北经济学院学报,2013(8).

基于校企深度合作的实践教学模式创新

——以合肥师范学院人力资源管理专业为例

李诗然

内容摘要: 伴随着应用型办学理念和人才培养模式的转变,校企合作有力推动着人力资源管理专业实践教学模式的创新。在当前校企深度合作的强力驱动下,合肥师范学院以校企合作的"深度拓展"为依托,努力探索人力资源管理专业实践教学模式的创新,具体创新措施包括:实现实践教学的全程化;深化校企产学研合作教育平台建设;创新校企合作实践教学课程体系;共建实践教学资源;强化实践教学创新的保障措施等。

关键词: 校企深度合作;人力资源管理;实践教学模式创新

长期以来,高校重理论轻实践的传统导致人才培养模式与社会经济发展的需要相脱节。近年来,随着应用型办学理念的转变,基于"校企合作"的实践教学模式为学校和企业搭起一座桥梁,既能让学校构建应用型人才培养的平台,又能提升企业的人才储备,是高校与企业双赢的模式。人力资源管理专业作为一门专业性、应用性和操作性较强的专业,在当前校企深度合作的强力驱动下,如何实现本专业基于校企深度合作的实践教学模式创新,是亟待解决的重要课题。

一、校企合作有力推动着人力资源管理专业实践教学模式创新

实践教学在人力资源管理专业人才培养过程中具有不可替代的作用。近年来,合肥师范学院人力资源管理专业以培养适应经济社会发展需要的应用人才为目标,强化校企合作在人才培养过程中的重要支撑作用,力求以校企合作推动人力资源管理专业实践教学模式创新。尤其在产学研合作育人方面,进行了办学模式的大胆尝试。

(一)以校企合作为依托,共建人力资源管理专业实践教学方案

校企合作包括合作办专业、合作育人、合作就业、合作发展、合作构建教学资源等方面,是企业介入高校培养应用型人才的全过程。其中,合肥师范学院人力资源管理专业实践教学培养方案就是在校企合作基础上完成的。

2011年下半年,经过"三段六步"的论证,我校充分吸收各个校企合作单位的意见,根据企业对人力资源管理人才的现实需要,按照培养基础实、素质高、技能强的应用型人才的要求,制定了人力资源管理专业实践教学方案。在此过程中,不仅考虑人力资源管理专业的人

[作者简介] 李诗然(1984—),女,安徽阜阳人,合肥师范学院经济与管理学院讲师,主要研究方向:人力资源管理。

[基金项目] 基金项目:安徽省重大教改项目(2014zdjy100)、合肥师范学院教学质量工程项目"工商管理类专业人才培养创新实验区"(2013syq02)、"管理类专业结构调整与优化"(2013zyyh03)。

才培养目标与规格,还充分考虑实践教学基地支撑、实践教学课程设置、实践教学管理、实践教学师资队伍建设等相关问题,在此基础上制定出更加切合实际、更具有可操作性的人力资源管理专业实践教学方案。

(二)以校企合作为依托,共建人力资源管理专业实践教学基地与平台

合肥师范学院人力资源管理专业高度重视并努力实施产学研合作教育,采取各种措施克服产学研合作教育这条短腿,努力提高应用型人才质量和服务社会的能力。其中,以校企合作为依托,构建了一批实践教学基地与平台,如合肥经济技术开发区人才劳务中心、合肥东方英才人才市场、安徽风之星控股有限责任公司、合肥职工科技职业培训学校等。这些实践教学基地与平台,有的供实习、见习使用,有的供合作共建"企业课程"使用,有的供学生社会实践及实践周活动使用,正在发挥着积极作用。

(三)以校企合作为依托,构建人力资源管理专业实践教学课程体系

在人力资源管理专业人才培养方案中,实践教学课程体系占有非常大的比例,如表1所示。其中,以校企合作为依托的实践教学课程在各专业总体实践教学课程中占有近70%的比例。主要形式包括:独立的企业课程、毕业实习、毕业论文(部分)、实践周课程、学生课外创新活动(部分)、行业专业讲座(课内)、技能课程(部分)、见习与社会实践活动等。目前已与安徽风之星控股有限责任公司等单位合作举办企业课程,如:招聘与培训技能训练、绩效与薪酬管理技能训练、行政能力拓展训练等。这种共建实践教学课程的合作模式将实践教学基地与就业基地结合起来,取得了良好的效果。

表1 人力资源管理专业实践教学课程体系(以校企合作为依托)

序号	企业课程	专业技能课程	实践周课程	实验课程	综合实践课程
1	招聘与培训技能训练	应聘技巧	人力资源管理专业认知实践	绩效与薪酬管理模拟实验	毕业论文(设计)
2	绩效与薪酬管理技能训练	培训游戏组织管理	人力资源管理小调查	人员测评模拟实验	毕业(顶岗)实习
3	行政能力拓展训练	新员工入职培训	论文真题搜集发现	招聘模拟实验	社会实践活动
4		员工心理辅导	暑期产学研合作活动	组织设计与工作分析模拟实验	创新创业课程
5		管理咨询师实务	人力资源经理	员工培训模拟实验	

(四)以校企合作为依托,共建人力资源管理专业实践教学资源

一方面,邀请行业专家全方位参与、全过程指导人力资源管理专业的教学,包括参与实践教学方案制定、技能课程讲座、指导学生毕业论文(双导师)、指导学生见习实习、行业专家参与实验室及实验课程建设、行业专家指导教师基层研修等;另一方面,校企双方合作共建网络教学资源,即企业有针对性地向学校开放真实的数据库资源,学生在完成开放实验课程、毕业实习、毕业论文、专业模拟实验过程中,通过网络掌握企业真实的数据库,实践教学效果更加真实有效。

二、校企深度合作是人力资源管理专业实践教学模式创新的必然要求

（一）校企合作的"深度"不够直接影响着实践教学模式的创新

虽然合肥师范学院人力资源管理专业实践教学模式创新取得了一定的成绩，但仍然存在着许多棘手问题需要加以改进，其中主要表现为校企合作"深度"不够带来的一系列问题。"研究校企深度合作，使高校人才培养从企业实际需求出发，在企业深度参与的前提下，有的放矢地培养适应新型市场的应用型人才，是摆在高校教育工作者面前亟待解决的问题"。

（1）人力资源管理专业的校企合作，普遍满足于毕业实习、专业见习等常规实践教学活动，实践课程体系开发的深度不够。

（2）校企合作的普遍形式是建立校外实习实训基地，合作途径与方式单一化，影响实践教学模式的运行效果。

（3）校企合作没有充分发挥校外行业专家的作用，主要形式只是专家讲座、专家座谈，较少直接参与课程开发、基地建设、教学资源开发等活动，参与专业建设的力度不够。

（4）校企合作平台的作用没有充分发挥，平常只是用来进行实习实训，较少用于毕业论文真题真做、课外创新创业与素质拓展活动、企业课程、社会实践活动、产学研合作教育活动等。

（二）校企合作的"深度拓展"是实践教学模式创新的急切需要

（1）校企合作领域的"深度拓展"。在人力资源管理专业校企合作中，校外专家参与实践教学的形式还较为单一，主要表现为专题讲座、专家座谈等。当前，校企合作已经从简单的对接向深度合作进行（如表2所示），可以邀请校外专家参与人力资源管理人才培养方案论证、校内实践基地建设、校企横向课题研究、实验室建设、校本教材编写、教师培养培训等项目，承担专业核心课程、嵌入式实践课程、实习实训、创新与素质拓展活动、教师基层研修等工作，共建人力资源管理专业实践教学资源，共同开发应用课程，进一步拓展深化校企合作的领域。

（2）校企合作程度的"深度拓展"。强化人力资源管理专业校企深度合作，加大应用型企业课程、技能课程的开发力度；充分发挥校外行业专家的作用，使其直接参与课程开发、基地建设、教学资源开发、双能型教师培育等活动；充分发挥校企合作平台的作用，开展全方位实践教学合作；突破现有思想的束缚，在校企战略合作、校企股份合作、校企产学研深度合作、订单式合作上有比较大的突破。

（3）校企合作方式的"深度拓展"。拓展人力资源管理专业校企深度合作，丰富双方合作形式（如表3所示）：采取订单式合作，或合作办专业；校企共建产学研基地，对学生开展进行企业适应式训练；采用顶岗实习或"3+1"模式，组织学生进入企业开展专业实习等。

表 2 人力资源管理专业校企深度合作的主要领域

序号	深度合作主要领域	序号	深度合作主要领域
1	专家讲座	11	共建产学研合作教育平台
2	专家参与人才培养方案论证	12	开设企业课程
3	专家参与校内实践基地建设	13	承担实习实训
4	专家承担核心课程	14	承担实践周活动
5	专家参与毕业论文指导(双导师)	15	承担社会实践活动
6	专家参与实习实训指导	16	承担创新与素质拓展活动
7	专家参与校企横向课题研究	17	承担嵌入式实践课程
8	专家参与实验室建设	18	共同开发应用课程
9	专家参与应用校本教材编写	19	承担教师基层研修
10	专家参与教师培养培训	20	共建实践教学资源

表 3 人力资源管理专业校企深度合作的主要方式

序号	深度合作主要方式
1	订单式合作(合作办专业)
2	企业适应式训练(校企共建产学研基地模式)
3	生产项目实训
4	嵌入式课程置换(企业课程)
5	企业专业实习(顶岗实习,"3+1"模式)
6	产教研结合模式(横向课题)
7	教学工厂(工厂式实训基地)
8	就业合作模式
9	校企战略合作模式
10	校企股份合作成果共享模式

三、基于校企深度合作的人力资源管理专业实践教学模式创新的基本思路

(一)指导思想

以服务地方经济社会发展需要为宗旨,以支撑我省支柱产业和战略性新兴产业发展为目标,以人力资源管理专业校企合作的"深度拓展"为依托,突出应用能力培养这条主线,围绕"会流程、会操作、会管理"的人才培养规格,对人力资源管理专业实践教学模式进行全面创新,努力探索人力资源管理专业实践教学的新模式。

在实践课程师资队伍建设上,强调应用型、实用型能力提升;在实践课程体系建设上突出企业课程、技能课程和实习见习;在实践基地与合作教育平台建设上,强调"够用、好用、有用";在实践教学资源建设上,强调借力发挥,多途径渗入。

(二)总体要求

合肥师范学院从自身实际情况出发,在充分调研的基础上,提出了基于校企深度合作的人力资源管理专业实践教学模式创新的基本思路,具体表现为"一二三四五六"总体要求。

(1)一个目标。以提高人力资源管理学生应用能力为目标,培养契合安徽经济社会发展需要的应用型人力资源管理人才。

(2)两个突出。突出应用型人力资源管理人才培养,突出为地方(行业)经济与社会发展服务。

(3)三个调整。调整人力资源管理专业校企合作的领域、程度和方式,调整实践课程体系与结构,调整评价方式。

(4)四个强化。强化人力资源管理专业双师型师资队伍建设,强化校企合作教育平台建设,强化实践教学管理与质量监控,强化实践教学改革。

(5)五个结合。理论与实践结合,课内与课外结合,校内与校外结合,教师与学生结合,实习与活动结合。

(6)六项建设。实践教学方案建设,实践教学师资队伍建设,实践课程建设,实践教学质量保障体系建设,实践教学评价体系建设,实践教学资源建设。

四、基于校企深度合作的人力资源管理专业实践教学模式创新的具体措施

(一)以能力为重,实现实践教学的全程化

(1)保障实践课程的全程化。人力资源管理专业从第一学期到第八学期,都开设有旨在提高学生能力的实践课程,主要包括实践周课程、专业见习、企业课程、毕业论文、毕业实习等,通过加强教师指导、加强实践基地建设、加强实践教学水平等有效措施,保证实践课程的教学质量。

(2)保障学生课外创新实践活动的全程化。人力资源管理专业在课外开设有素质拓展与创新创业教育选修课,尊重学生的自主选择,但需要学校提供实践活动基地与平台。

(3)保障实践课程参与式教学方法的全程化。人力资源管理专业无论是实践课程,还是社会实践活动教学,都设置有学生参与的课时与内容,通过学生的参与锻炼不断提高学生各方面能力。

(二)深化校企产学研合作教育平台建设,为实践教学模式改革奠定基础

"人力资源管理是一门操作性、应用性很强的新兴学科,不仅要培养学生的管理理念,而且要培养学生较强的实践能力",在人才培养过程中要高度重视产学研合作教育。具体来说,就是要以合作教育平台建设为切入点,通过共建与整合教学资源、搭建校企合作平台、合作就业与联合办班等多种方式,努力促使人力资源管理专业应用型人才培养目标的实现。

(1)积极开展校企深度合作,加强实习实训及就业基地建设。建成人力资源管理专业产学研合作育人的创新人才培养基地,与企业联合办技能班,为师生搭建起广阔的实践教学平台。师生可以定期到企业进行实地调研、见习或挂职,了解企业的所需,以便把专业建设、科学研究、人才培养与地方经济发展项目进行对接。学校和企业在时机成熟时,还将开展产学研项目的合作研究。人力资源管理专业要在目前已经建成的合作教育平台的基础上,进一步扩大合作的范围与深度,同时还要建立其他实践教学基地,以满足专业实习实训的

需要。

(2) 组织开展产学研合作育人的实践研究,从多方面探索人力资源管理专业产学研合作育人模式。在教学实践周聘请行业专家担任指导教师,与学校教师共同带领学生深入各类企业开展参观、调研、岗位体验等形式多样的实践活动;在毕业论文撰写过程中实行"双导师"制,让部分学生在生产、管理一线完成自己的毕业论文。

(3) 鼓励广大教师参与产学研合作教育人才培养模式的综合改革。引导人力资源管理专业教师在教学理念、教学内容、课程体系、实践环节、教学运行和管理机制、教学组织形式等多方面进行创新,努力形成有利于多样化创新人才成长的培养体系,同时在人力资源管理专业课程教学中邀请行业专家参与课堂教学,讲授相关的实践及实战内容,传授来自第一线的专业技能和经验,将理论教学与实践教学紧密结合,让学生在学校课堂就能接受来自社会实践的各种信息及技能。

(4) 完善企业课程教学模式。人力资源管理企业课程班学员选拔由校企双方共同组织,采取笔试、面试两种方式,由具有行业经验的专家承担主训任务。主训专家掌握大量的实际操作经验,更能激发学生学习兴趣,提高学生的实战水平,使学生的应用型能力得到明显提高。企业课程的主要内容紧紧围绕应用型能力的培养及上岗需要,企业课程结束后,进入企业进行3个月左右的顶岗实习,让学生全面参与企业经营与管理活动,在实际工作中提高自己的专业能力与技巧。

(三) 以能力要求为导向,创新人力资源管理专业校企合作实践教学课程体系

(1) 嵌入式实践课程。在课堂教学中嵌入行业专家讲座,或者聘请行业专家独立地讲授专业技能课程。

(2) 实验课程。在实验课程教学中,通过网络获取合作企业提供的真实数据库,使得实验效果更加真实有效。个别环节的实验课程,也可以聘请行业专家来指导。

(3) 毕业论文。要求毕业论文双导师率不得低于25%,主要是毕业设计或真题真做类的题目。

(4) 毕业实习。要求70%以上的学生进入合作教育基地实习,并积极创造条件实现基地就业。企业配备有专门的实习指导教师,配合学校带队教师的工作。

(5) 企业课程。由企业根据人才培养的需要设置课程内容,并由企业选派具有经验的行业专家授课,学生随后进入企业进行毕业实习,部分学生留下就业,这样就将实践课程、实习、就业有机结合起来,实际运行效果良好。

(6) 实践周课程。学生根据选题进入合作基地进行专题调查研究,完成实践周的任务。

(7) 社会实践活动。包括校外创新课程实践活动,也包括其他实践活动。

(8) 横向合作。学生在教师的指导下,承担企业的横向课题任务,提高学生的社会调查、科学研究能力。

(四) 拓展校企合作的深度,共建实践教学资源

(1) 合作共建资料室。与校企合作单位签订协议,捐赠图书资料。

(2) 合作共建实验室。与校企合作单位商议,共建"把企业请进校园"人力资源管理专业综合实训项目,推进校内实践基地建设。

(3) 合作编写教材。主要编写应用型企业课程、技能课程的校本教材,比如《招聘与培训技能训练》《绩效与薪酬管理技能训练》等。

（4）建立行业专家资源库。根据专业建设与调整的需要，扩大行业专家的聘请范围，建立行业专家资源库，根据实践教学的需要选聘相关专家。

（五）强化实践教学保障措施，支撑实践教学模式的创新

（1）师资队伍建设。用3~5年时间，尽快培养一批有实践经验的"双师型"人力资源管理专业教师队伍。根据人力资源管理专业的特点，采取长期聘任和短期讲学相结合的方式，邀请企业家、有丰富经验的管理人员、知名校友、经济研究部门专家来授课或讲座。同时，通过到企业挂职、见习、兼职等形式提高青年教师的实践教学能力，激励青年教师参加行业资格考试并获得行业资格证书；通过有计划地引进双师型教师，迅速提升双师型、双能型和双证型师资的规模。引导教师对本地区人力资源管理状况进行调查研究，增加学生对地方企业人力资源管理的感性认识与关注。

（2）教学质量保障体系建设。成立人力资源管理专业"实践教学质量领导小组"，针对实践教学工作各环节建立质量监控机制。加强备课、教案撰写、课堂教学、作业布置与批改、课外辅导、试卷命题、考试、阅卷、实验、实习实训、毕业论文等环节的督查与管理，针对督查中发现的问题，查明原因及时整改，真正做到环环有标准，环环有监控，保证实践教学秩序有条不紊。

参 考 文 献

[1] 刘铁明.人力资源管理专业实践教学研究述评[J].湖南第一师范学院学报,2011(3).
[2] 杨秀英.校企深度合作研究与探索[J].教育教学论坛,2013(35).
[3] 丁建石.基于构建利益共同体的校企深度合作研究[J].黑龙江高教研究,2013(1).
[4] 谷洪波.人力资源管理专业实践教学体系的建构[J].当代教育理论与实践,2011(3).

校企融合 培养经管类实践创新型人才

张英彦 吴 玲

内容摘要：实践创新型人才应是把抽象的理论符号转化为具体的操作构思并付诸实施的人才。必须采取校企融合方式，才能真正实现经管类实践创新型人才培养的目标。文章从对接企业需求，做好人才培养顶层设计；重视实践基地建设，培养学生实践能力和创新意识；与企业行业共建，建立多样化培养模式；坚持借帆出海，"请进"一线专家现场指导；建设开放课程，更新人才培养载体五个方面分析了实现校企融合的方式。

关键词：实践创新型人才；校企融合；创新

创新是一个民族进步的灵魂，是一个国家兴旺发达的不竭动力[1]。美、日、欧等发达国家重视创新型人才培养，并逐渐形成独具特色的创新人才培养模式，主要有双元制模式、三元制模式、CET 模式、CBET 模式及"模块＋双重目标型模式"等[2]，其基本特点是以探究式学习为主，注重学生探索能力、实践能力和创新能力培养。

我国提出创新人才的培养问题是从 20 世纪 80 年代中期开始的，而大规模研究和实践工作则始于 20 世纪 90 年代后期。《国家中长期教育改革和发展规划纲要（2010～2020 年）》明确提出："优化知识结构，丰富社会实践，强化能力培养。着力提高学生的学习能力，实践能力、创新能力……探索贯穿各级各类教育的创新人才培养途径；鼓励高等学校联合培养拔尖创新人才"[3]，把实践能力和创新能力的培养提高到前所未有的高度。

我国众多应用型本科高校纷纷关注应用型创新人才研究和培养。有专家认为，应用性高等教育有"两个追求"[4]：一是在基本理论知识学习的基础上，追求知识、理论、科学、技术的实际应用，侧重于对学生应用专业理论知识指导实践工作能力的培养；二是面向生产、生活、服务、管理一线，追求实用、实效，关注人才培养、科学研究、社会服务的实际价值和现实意义，侧重于适应能力、实践能力、创新能力和创业能力的培养。可以说，应用型创新人才是把抽象的理论符号转化为具体的操作构思并付诸实施的人才[5]，其职能在于"转化"，其价值在于"创新"。

要实现应用型创新人才的培养目标必须探索并建构实践动手能力强、基础知识厚、学习能力强、适应能力快、创新素质高、综合素质好的培养体系，要求校企融合，实行产学研合作教育。我们试图根据自身对应用型创新人才的理解，结合宿州学院经管学院多年来的办学实践，就经管类专业加强校企融合，构建"教学、实习、就业"一体化的人才培养模式，突出实践创新型人才培养进行探讨。

［作者简介］ 张英彦(1963—)，安徽宿松人，博士，宿州学院科技处处长，教授，主要研究方向：教育管理、教学心理。吴玲(1963—)，安徽萧县人，宿州学院管理工程学院院长，教授，主要研究方向：教育管理、应用经济学。

［基金项目］ 2014 年安徽省高等教育振兴计划项目：应用型创新人才培养模式改革研究——以经管类专业为例(2014zdjy132)；地方高校应用型管理类专业实践教学模式探讨(2014zdjy135)。

一、对接企业需求,做好经管类人才培养的顶层设计

宿州学院经管学院经过多方考察,结合自身实际,在经管类专业人才培养方面率先转变培养理念,紧扣应用型、创新性人才培养目标定位,调整培养方案,优化课程体系,突出实践教学,加大见习实习力度,坚持办学围绕市场需求,理念跟着市场改变,着力培养社会认可度高、市场需求大的实践创新型人才。

2013年7月,在政府有关部门以及企业界大力支持下,宿州学院经管学院整合多方资源,发起成立了由知名企业家、行业精英和相关政府职能部门负责人组成的"宿州学院经管类专业人才培养战略发展委员会"。战略委员会致力于推进学校与企业、社会组织在人才培养、专业建设、课程建设、实习就业、产品开发、技术咨询、项目申报等方面的全面合作。具体职能为:一是进行人才培养合作。委员会研讨经管类专业建设的发展规划和重大教学改革的措施,提出人才培养目标、人才培养模式、专业设置调整的建议和意见;组织开展与委员单位企业的订单培养、工学结合活动。二是进行队伍建设合作。成员单位为学校提供教师锻炼场所和方便条件,为学校选派兼职教师;学校为企业培训在职人员,组织兼职教师培训。三是进行产学研一体化合作。联合申报、攻关不同层次的科研课题和产学研项目。四是进行顶岗实习、实习就业、实训基地合作。学校通过协商向委员单位派送顶岗实习、实习就业的学生,并聘请委员单位的专业人员担任实习指导教师。

二、重视实践基地建设,培养学生实践能力和创新意识

实践教学是课程实施的重要环节,是理论知识与实践应用之间的"助力剂"和"转化器"[6],能丰富学生的默会知识,启发学生的创新思维,提升学生的实际动手能力,增强教学的"现场"意识,拉近学生与未来工作服务单位的距离感,促进学生各方面知识和素养的提高,以及价值观的形成。但相对理论教学而言,实践教学是教学过程中的薄弱环节。宿州学院经管学院充分认识到这一"薄弱事项"的事实,积极转变理念,高度重视、主动探索,在加强实践教学、增强培养学生实践能力和创新意识的方法和路径上进行了积极探索。

(一)积极开拓校外实习基地

实习基地是开展实践教学,培养学生实践能力和创新精神的重要场所,是学生了解社会和企业,接触生产时间的桥梁。宿州学院经管学院利用与宿州市政府及企业的良好关系,建立了一系列的校外实习实训基地。实习基地对实践创新型人才培养目标定位、毕业生与岗位之间的较好衔接、产学研合作多赢、"双师素质"教师队伍培养、提高毕业生就业率等方面发挥了重要作用。

实习实训基地的建设不仅体现在基地的规模和数量上,更重要的是如何开发利用好基地,提高实习实训的质量。宿州学院经管学院依托实习实训基地,经常举办"**企业命名创意大赛"和"**网络营销创意大赛"之类的比赛活动,将企业的需求、资源与学院的智力资源紧密结合,给学生更多理论应用实践的机会,在比赛中实现应用创新型人才的培养。

(二)加强校内实训室建设

根据专业发展的需要,在各专业负责人多次研讨的基础上,将现有的实验、实训项目与资源进行横向整合,成立"综合信息处理中心""企业风险控制与管理实训室""企业综合模拟实训室""现代物流与供应链管理综合实训室""移动商务实训室""虚拟企业模拟实训室"

"O2O店长实训多功能厅"等十多个综合性专业实训场所,同时在校园内成立实体的经管实训超市,一方面使碎片化的实训室整体功能化,更利于学生进行研发性试验实训;另一方面,也为学生搭建了一个经营性校内实训基地,旨在通过让学生在老师的指导下全面负责超市的运营与管理,掌握现代连锁经营及其店面管理的知识和相关技能。

三、与企业行业共建,建立多样化的培养模式

宿州学院经管学院紧扣社会市场需求,主动实地调研汲取用人信息,把准企业用人脉搏,开展专业与行业对口合作共建。这其中主要有两种形式:

(一)专业共建

结合学院教学质量与教学改革工程项目电子商务专业综合改革试点、卓越经管人才教育培养计划等,本着"资源共享,优势互补,互相合作,共同发展"的原则,综合学校和企业的优势,实行专业共建。学校与企业在专业培养目标、专业培养规格、师资队伍建设目标、实验实训条件建设目标、课程建设目标、专业群建设目标及社会服务目标等方面加强合作。

(二)为企业量身定制未来优秀员工

如根据京东公司的人才细化需求,为其定制特色学员班——京东就业先锋班;与洽洽食品有限公司合作开展"应用型人才培养实验班"。通过企业选派资深培训讲师为定制班学员进行系统培训,讲述企业文化、发展战略、实用技能等,并在培训结束后对学员进行考核。考核合格学员将可以直接进入企业实习和工作。

四、坚持借帆出海,"请进"一线专家现场指导

学生实践能力的提升和创新意识的培养离不开理论知识的学习积淀,但是理论知识的更新是滞后于实践发展的,实践经验经过总结提炼、研讨论证,然后进入大学教师的教案和课堂,其间的时差往往会导致社会和市场需求与大学理论教学的"错位"[7]。为了有效解决这一客观问题,宿州学院经管学院设立"企业家讲堂",聘请各行业企业的行家和能手为外聘教师,定期和不定期进校为师生"传经送宝",让社会市场需求及市场动态第一时间与师生"接轨",将企业家和中层管理者请进校园与同学们分享管理经验、畅谈人生成长,以在培养社会市场需要的实践创新型应用人才培养上占得先机。

五、建设开放课程,更新人才培养载体

开放办学是顺应社会发展,健全教育理念,提高教育质量的需要。我们着眼于学生的全面发展,与企业联合建设开放课程,突出实践能力和创新精神的培养。

(一)课程目标开放

在人才培养方案的制订过程中,邀请理论和实践一线专家指导,倾听学生意愿和需要,吸收广大教师特别是"双能型"教师和企业实践导师的意见和建议,努力提高培养目标和课程体系与社会市场的"契合度"。在关注知识和技能培养的同时,重视过程和方法,以及学生情感态度价值观的发展,努力实现学生的全面发展。

(二)课程内容开放

要求教师不能照搬教材,要扩大知识领域,注意知识的广度和深度,鼓励教师自编《※※

课程实践操作指南》等类的校本教材,培养和发现学生的兴趣爱好,激发学生学习的主动性和积极性。

(三) 课程过程开放

预设的课程是封闭的,创新的课程是开放的。课程是教师与学生共同创新的过程,鼓励教师开放自己的课程,强调通过师生、生生之间相互交流、相互分享、相互补充,以达成共识、共享、共进的教学相长局面。

(四) 课程"时空"开放

教学不是必须在教室里才能进行,也不是只能在上课时间完成。无论在任何时间、任何地点,只要对学生有意义的教育素材,都是教师教育学生的课堂。我们重视实训课堂建设,依托实习实训基地,将课堂延伸至校内"实训超市"和校外实习基地,打通理论和实践通道,架起理论知识与实践运用的桥梁,并定期与企业开展专业共建研讨会,共同研究探讨课程体系的构建和人才培养方案的完善。

六、结论

应用型创新人才培养既要重视学生应用技能培养,同时也需关注其创新能力的提升。校企融合是实现经管类应用型创新人才培养目标的有效路径。校企融合可以将企业资源融入学校的人才培养过程,为学生应用能力的培养和创新实践提供环境与保障。在经管类专业应用型创新人才培养中,学校应主动出击,与企业结成利益共同体,使校内资源与校外资源紧密结合,采取有效措施做好经管类人才培养的顶层设计、建立多样化的培养模式、更新人才培养载体以培养学生实践能力和创新意识,使应用型人才培养"落地",创新型人才培养见实效。

参 考 文 献

[1] 中共中央、国务院.关于加速科学技术进步的决定(中发[1995]8号)[EB/OL].[2015-1-21]. http://www.most.gov.cn/ztzl/jqzzcx/zzcxcxzzo/zzcxcxzz/zzcxgncxzz/t20051230_27321.htm.
[2] 张辉,吴松强.美、日、欧创新人才培养研究综述[J].亚太经济,2010(2).
[3] 中华人民共和国教育部.国家中长期教育改革和发展规划纲要(2010—2020年)[EB/OL].[2015-1-21]. http://www.moe.edu.cn/publicfiles/business/htmlfiles/moe/moe_838/201008/93704.html.
[4] 程艺,储常连,方明.大力发展应用性高等教育服务引领安徽奋力崛起[EB/OL].[2015-1-21]. http://www.ahgj.gov.cn/66/view/661,2011-11-23.
[5] 李俊.经管类本科应用型人才培养探究[J].中国大学教学,2011(8).
[6] 徐银香.高校应用型创新人才培养中企业的功能探究[J].教育理论与实践,2012(9).
[7] 薛二勇.协同创新与高校创新人才培养政策分析[J].中国高教研究,2012(12).

远程开放教育实践教学模式及其实施策略探讨

王七萍　徐谷波　王永智

内容摘要：实践教学是远程开放教育教学中的关键环节，对于学生应用能力培养与提升具有重要作用。文章分析了远程开放教育实践教学的特点，探讨了远程开放教育实践教学的实施模式，并提出丰富课程实践教学形式、打造专业实践教学框架、结合学生实际创新教学形式、利用网络实施实践教学等实践教学的策略，初步探讨了符合远程开放教育特点的学生实践能力评价策略。

关键词：实践教学；远程开放教育；教学模式

实践教学是高等教育教学体系中不可或缺的组成部分[1]。教育部等部门在 2012 年《关于进一步加强高校实践育人工作的若干意见》中指出：实践教学方法改革是推动实践教学改革和人才培养模式改革的关键，各高校要把加强实践教学方法改革作为专业建设的重要内容。[2]远程开放教育作为高等教育的有机组成部分，一直以培养"应用型高等专门人才"作为人才培养的目标，实践教学也是其教学过程中的关键环节，对于学生应用能力培养与提升具有重要作用。但远程开放教育实践教学与普通高校、高职院校的实践教学相比，有其鲜明特点和规律，其实践教学模式、策略及评价方式也相应有所不同。基于此，本文在分析了远程开放教育实践教学特点的基础上，探讨了远程开放教育实践教学模式、实施策略及教学效果评价策略。

一、远程开放教育实践教学的特点

教学过程的互动性、开放性和现代化，以及由教师为中心向以学生和学生的学习为中心转化等特点构成了现代远程开放教育的主流。现代远程开放教育的实践教学，既有别于普通高校的实践教学，又有别于全日制高职院校的实践教学，具有其鲜明的特点。具体表现为：

（一）实践教学对象的多样性

现代远程开放教育是面向基层职业人的教育，实践教学对象群体具有非常明显的同质性和异质性。同质性表现为群体的绝大多数成员是已经有了一定职业经验的"职业人"，他们具有较丰富的本岗位工作经验和社会阅历，欠缺的是学习能力、思维能力，也就是发现问题、分析问题、解决问题的能力。异质性表现为这些学生来自不同的职业和工作岗位，年龄、社会阅历、工作经验、学习动机、专业背景都有很大差异。[3]

[作者简介]　王七萍(1977—)，女，安徽东至人，安徽广播电视大学经管学院副教授，研究方向：企业管理。徐谷波(1971—)，女，合肥人，副教授，安徽广播电视大学经管学院院长，研究方向：产业经济学。王永智(1982—)，男，安徽六安人，安徽广播电视大学经管学院讲师，研究方向：制度经济学。

（二）实践教学目标的针对性

现代远程教育的实践教学不同于传统的实践教学，它是一个以提高人才岗位综合能力为直接目的的教学环节，强调要在人才培养的过程中，根据学生个人工作岗位的要求和职业发展的规律，有针对性地增强学生的实际工作技能与创新能力。因此，远程开放教育实践教学重在提高学生的职业能力，增强学生对工作岗位的适应性。同时，对于选择远程学习、进行人力资本自我投资的学生而言，实践教学还必须关注他们适应时代和社会发展以及自身全面发展所要求的综合素质的培养。

（三）实践教学内容的实用性

远程开放教育的学生大多具有实践经验，他们有的是生产一线的操作能手，有的是单位关键岗位的技术骨干，有的在领导岗位上承担综合管理工作，都具有丰富的、带有明显职业特征的实践经验。实践教学在主体自主性特点的影响下首先要突出内容多元化和实用性的特点，同时为了适应市场需求，强化办学的社会适应性，实践教学的内容应随着课程和专业设置、教学计划、教学内容的不断变化而调整。

（四）实践教学手段的虚拟性

远程开放教育以天网（卫星传播接收）、地网（因特网、有线网、校园网等）、人网（专家、学者和现代化的管理人员）组成的庞大的支持服务系统为基础，以文字教材、音像教材，计算机辅助教学软件及其他媒体教材为媒介，以教育对象、教育观念、教育资源和教学过程全方位开放为特色。因此，可以充分运用现代远程开放教育的手段，建设模拟实验、实训的多媒体课件，利用现代信息技术优势进行虚拟实验、实训，实现优质教学资源的共享。

（五）实践教学考核的灵活性

建立科学灵活的综合评价体系是体现远程实践教学特点的必然要求。改革考试方式，把过程评价与效果评价、目标评价与质量控制、单项评价与综合评价有机结合起来。一方面，通过适当提高实践教学考核在课程考核总成绩中的比例来强化实践教学；另一方面，通过开展内容多样、形式丰富的实验操作考试、无纸化考试、专项实践能力考核、网络学习能力考核、毕业论文等考核方式，增强学生的学习主动性以及自我获取知识能力。

二、远程开放教育实践教学实施原则与模式

远程开放教育作为一种全新的教育模式，在教育对象、教学形式、教学手段、教学过程管理等方面都具有不同于其他教育形式的许多特点。与此相适应，远程开放教育的实践教学在目标、形式、内容、环境与条件、组织实施管理等方面均应反映和体现这些特点和规律。

（一）远程开放教育实践教学的实施原则

远程开放教育实践教学环节有两个方面：一是课程实践教学，即与课程教学内容结合、与课程理论学习同步进行的实践活动，包括课程的大作业、课程实验、课程设计、平时作业等；二是集中性实践教学，即社会调查、各类实习、见习以及毕业论文或毕业设计等。

根据远程开放教育的特点，其实践环节实施原则可概括为"一个中心，两个基本点"，即以学生为中心，密切联系实际，将实践教学贯穿于教学的各个环节。以学生为中心，就是要以提高技能为目标设计教学进程，提供支持服务，并注重技术拓展能力和创新能力培养，以满足学生自主学习的需要，以适应不断出现的新技术变化。密切联系实际是"以学生为中

心"原则的拓展,主要是指在实践教学过程中,联系学生的实际、专业的实际、企业的实际和学校的实际。将实践教学贯穿于教学的各个环节,不仅要抓好集中性实践教学环节,还要强化课程实践性教学环节。

(二)远程开放教育实践教学的实施模式

远程开放教育的学生表面上看缺的是学历和理论知识,但是从深层次来说,欠缺的是学习能力、思维能力,也就是发现问题、分析问题、解决问题的能力,而这些能力是需要通过实践教学才能得以提升的。因此我们可以得出这样的结论,我们并不是不需要实践教学,而是传统的实践教学根本不能满足远程开放教育学生实践能力培养的需求。那么到底什么样的实践教学能够有效提升学生的实践能力?为此,我们构建了具有远程开放教育特色的实践教学实施模式(如图1所示)。

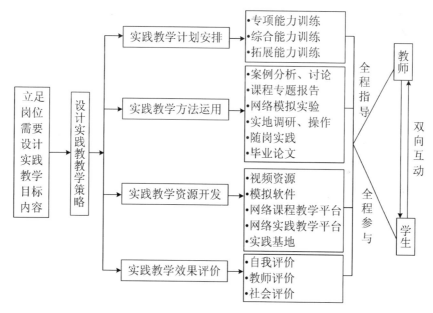

图1 远程开放教育实践教学实践模式

三、远程开放教育实践教学的实施策略

远程开放教育实践教学不但要注重传统教育所强调的专业能力培养,强调理论与实际结合的能力培养,更重要的是注重学生自主学习能力与综合素质的锻炼,注重培养学生在现代教育技术环境下提高自己适应时代和社会发展所要求的不断学习的能力,即终身学习能力。

(一)丰富课内外课程实践教学形式

课内教学中,一方面,应注重课堂教学与实践教学的一体化,改变以往就理论讲理论的方法,重视运用实际案例,通过讲授、练习、讨论等方法的结合,交互渗透地理解理论,循序渐进地提高专项业务能力。另一方面,自主开发实践教学模拟软件,推行情境教学,积极采用启发式、讨论式、现场教学和模块式教学等多种教学方式,鼓励学生独立思考,激发学习的主动性,培养学生的科学精神、创新意识和个性,提升学生综合能力。

课外教学中,将侧重点放在教学内容的丰富化和教学形式的多样化上。如利用远程开放教育学员丰富的实践经验,组织教师与学员编写课程"案例库";组织学科技能大赛,如教育管理、工商管理、法学等专业的案例分析大赛、股票投资模拟大赛、专业基础知识大赛、计算机网页设计大赛等等;鼓励学生撰写创业设计方案、社会调查活动建议等。这些活动的开展或情境的体验,在一定程度上可以促进学生对自身管理实践的思考,也有利于其实践能力与创新能力的提升。在一些实务操作较强的课程中,注重发挥学习小组的作用,开展课程兴趣小组活动,如"互补型实践小组"活动,即在组织课外实践活动时,将学生分成三类:一类是有两年以上工作经验的,一类是刚从事工作(半年以内)的,一类是目前尚未从事现所学专业工作的,将这三类学生混合编成小组,使第一类学生成为学习小组的核心和骨干,同时也可以为后两类学生提供实践、实习的场所,达到互帮互学、相互激励、共同提高的目的。

(二)打造结构完整的专业实践教学框架

教育方法的改进,旨在充分发展学生的个性,培养学生创造性思维的能力。因此,应大力改革传统的封闭型教学模式和授课方法,逐渐转向启发式、交互式教学。随着教学改革的不断深化,在专业实践教学方面进行积极的尝试,打造结构完整的专业实践教学框架,将专业实践教学分为基础性实践、拓展性实践及创新性实践,并开发专业实践教学系统,以促进学生综合运用能力提升(如图2所示)。

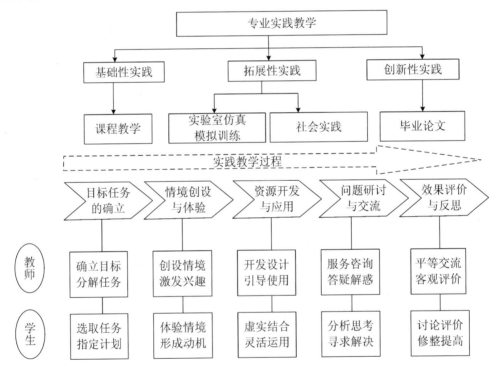

图 2　远程开放教育专业实践模式框架图

(三)从学生实际出发,创新实践教学新方式

教学改革是核心,思想观念是先导。除了思想上提高认识以外还要切实改变重理论、轻实践的传统观念;结合远程开放教育学生实际,转变并创新实践教学的管理机制。由于远程开放教育大部分的学生所学专业与自身所从事的行业和工作实际相关,这就为开展实践教学提供了极大的方便。因此,在组织开展社会实习、社会调查、毕业设计、毕业作业(论文)等

实践环节时,应注重与学生的工作实际紧密结合。让学生在自己的岗位上"随岗实践",联系实际地开展相应的实习、实训、调查和设计等,运用已有的知识、经验,通过调查研究、分析思考,并撰写相应的报告、作业(论文),在强化实践经验的同时深化理论认识,形成"学中做、做中学"的远程开放教育实践教学管理新方式,真正地把实践教学环节做真、做深、做实,从而达到实践教学的目的。

(四)发挥网络教育技术优势,实施实践教学新模式

远程开放教育实践教学模式,必须以培养学生专业动手能力和终身学习的综合能力为中心,突出实践形式与内容的多元化特点和实践主体的自主性特点,特别是要充分利用网络多媒体虚拟实践平台,改进实践教学手段,实行"网下"与"网上"相结合。[4]根据不同地区、不同条件、不同专业、不同实践形式的特点,发挥现代信息技术媒体手段的优势,开发适应不同需要的实践教学文字教材、音像教材、课件等多种媒体资源,积极开展"网上"模拟实验。如法学专业实践教学的网上模拟法庭,工商管理专业自主开发企业信息管理网上对抗系统,金融专业建立网上模拟金融实验室,会计学本科专业开发"会计实验室"多媒体操作系统等。在这样的实践教学中,学生不仅运用了所学的知识和技能,还学会了在教学过程中如何发现问题、分析问题和解决问题,促进了对教学理论、教学方法的学习,促进了自身实践水平的提高。

四、远程开放教育实践教学效果评价策略

课程和专业实践教学模式要实现其教学目的,必须使学习活动过程的各个方面达到一定的效果标准。远程开放教育学生知识背景、学习动机、学习目标等方面的差异,导致远程开放教育实践教学形式和内容丰富多样,用传统意义上同一度量标准的定量评价显然不合适,因此,在对远程开放教育实践教学效果进行评价时,要注意评价体系中评价主体、方式多元化以及评价标准能力化。

(一)结合实践教学内容,实施多元化主体评价

开放教育实践教学形式有计算机模拟实验、随岗实习、现场观摩、现场操作、实地调研等,因此实践教学效果的评价主体除了教师以外,还应该将学生、社会(主要指学生实习单位、工作单位等)等纳入评价主体之中。评价主体多元化不等于多主体全部、同时参与到所有实践教学内容中去,而是要结合不同的实践教学内容探索由哪些主体参加。如在基于小组协作的课程或专业实践活动中,考核主体不仅是实践指导老师,还包括小组其他同学,小组成员可以对自身和同伴的表现进行评价,也可以对本组的作品和他组的作品进行评价。在专业实习或专题调查中,要求学生对自己整个毕业实习活动进行全面总结和自我评价,包括做了哪些工作、成绩效果如何、实习的收获体会和经验教训等。学生的这种自我评价有利于他们进一步明确目标、形成成就感,他们之间的相互交流与评价,则会有助于提高实践教学效果。另外,学生实习或工作单位作为评价主体,评价学生实习或工作期间的实际能力和水平,并将信息反馈给教师。

(二)重视学习过程指导,采用多样化评价方式

远程开放教育实践教学评价改变了以往单一将纸笔考试作为唯一评价手段、强调终结性评价的偏向,将形成性过程评价与终结性评价两者合而为一。在实践教学的形成性过程评价中,将远程开放教育学生的学习活动当作动态、发展的过程,通过收集这一过程中学生

的相关信息(如学习状态、学习策略、学习动机、学习效果),加强对学习过程的指导与管理,以掌握学生的理论知识与实践能力的情况,对学生在实践教学过程中表现出的工作态度、创新能力、价值观念等综合职业素质进行评价。如学生的专业实习与毕业论文写作中,要在开始前独立拟订方案计划,实习或写作过程中要勤于分析并记录,指导老师需要及时进行评价与指导。在对实践学习终结性成果的评价中,也是根据不同的教学内容与教学形式,采用多种考核形式,定量与定性考核相结合,如让学生进行实际操作、让学生进行小组讨论、以小组为单位撰写调研报告、设计方案、撰写案例、专业论文等,还可以采用由实习单位、工作单位出具鉴定意见的方式进行评价。在基于网络的课程或专业实践教学中,由老师基于网络平台与学生进行沟通,并对其在远程网络实践学习中的表现及结果进行分析评估,学生也可以自行进行效果评价。

(三)以能力提升为核心,建立全面评价标准

实践教学的目的是培养学生的综合应用能力,因此无论具体教学内容是什么,也不管采用哪种教学形式和评价方式,其教学效果评价标准都应该以学生的实践能力是否得到提高为核心,并据此设计一系列的考核指标来进行评价。学生实践能力培养主要包括专业技术能力、实践动手能力、改革创新能力和综合素质培养等几个方面。由于远程开放教育师生、生生的准分离状态,同时学生的实践结果又存在着可复制性或可替代性的可能,因此,对学生实践能力不能以某一课程或专业实践的完成情况或者某门课程的考试结果来评价,评价内容应转移到关注对课程或专业实践的思考、设计、组织、配合、沟通、讨论、陈述、讲解、提问、综合应用等能力形成的学习过程,评价指标包括有学习能力、交流合作能力、收集信息、分析信息、阅读思辨、发现问题、解决问题以及知识与经验的应用等综合能力的表现。

总之,远程开放教育实践教学要在充分考虑远程开放教育学生学习特点及能力需求基础上,创新方式方法,利用校内与校外、网上与网下等多种条件,营造优质的实践教学环境,真正提高远程开放教育学生实践应用能力。

参 考 文 献

[1] 秦桂娟,徐铭东,于国俊.构建以学习者为中心的成人高等教育实践教学体系探索[J].中国成人教育,2011(15).
[2] 教育部等.关于进一步加强高校实践育人工作的若干意见[Z].2012
[3] 方志刚.远程实践教学:理念·环境·创新[J].中国远程教育,2013(1).
[4] 刘莉.远程开放教育实践教学:教学一线的探索与反思——第三次"中国远程教育教师论坛"综述[J].中国远程教育,2012(1).
[5] 余乐.远程开放教育课程实践教学模式的设计、实施与评价[J].广州广播电视大学学报,2009(5).
[6] 伍秀娟,叶翔鹰,项荣健.基于多元评价的远程开放教育学生实践能力评价的研究[J].中国远程教育,2009(8).
[7] 杨金来.基于网络的多元形成性评价的基本要求[J].中国远程教育,2011(3).

创新教学篇

翻转课堂的认识与应用

廖信林　吴友群

内容摘要：翻转课堂是一种完全颠倒传统教学的全新的教学模式，为高等院校教学改革拓展了一个崭新的思路。本文结合对翻转课堂内涵的理解，提出在《西方经济学》弹性原理教学中如何有效应用翻转课堂的设想。

关键词：翻转课堂；西方经济学；弹性原理

2014年暑假笔者有幸被学校推荐到澳大利亚新南威尔士大学（UNSW）参加为期40天的教学能力提升培训。这期间校方给我们安排了一堂翻转课堂的公开课，使我们深受震撼。现将自己的一些心得体会和设想汇报如下，以期各位同仁共同探讨。

一、翻转课堂是什么

翻转课堂（Flipped Classroom）又称颠倒课堂，也有人将其表述为反转课堂。翻转课堂的理念最早出现在19世纪早期，西点军校的General Sylvanus Thayer有一套他自己的教学方法，即在课前，学生通过教师发放的资料对教学内容进行提前学习，课上时间则用来进行批判性思考和开展小组间协作解决问题。这种教学形式已经具备翻转课堂的基本理念，也是翻转课堂思想的起源。

哈佛大学物理学教授埃里克·马祖尔（Eric Mazur）在1991年就提出，计算机在未来的教学中会起到巨大的作用，可以取代教师的部分工作。马祖尔教授还创立了一种他认为能使教学更有活力的教学方法——PI（Peer Instruction）教学法。他论述了学习分为两个步骤：首先是知识的传递，然后是知识的内化。这一观点成为翻转课堂的重要理论基础，翻转课堂的独特之处正是知识传递与知识内化的颠倒。

2000年，美国Maureen Lage、Glenn Platt和Michael Treglia在迈阿密大学讲授"经济学入门"课程时采用了一种新的教学形式：利用万维网和多媒体让学生在家或者在实验室观看讲解

［作者简介］　廖信林，男，江西赣州人，安徽财经大学经济学院副教授，博士，主讲课程：西方经济学、经济分析方法与手段。吴友群，女，重庆万州人，安徽财经大学经济学院副教授，在读博士，主讲课程：西方经济学、政治经济学。

［基金项目］　本文系安徽省质量工程项目（2015zsxm003、2014jyxm151）和安徽财经大学校级质量工程项目（acxqhz201401）的阶段性研究成果。

视频,在课堂上以小组形式完成家庭作业。这种教学模式已经具备了翻转课堂的基本形式,但是,他们没有提出"Flipped Classroom"或"Inverted Classroom"的相关名词或概念。

2001年,麻省理工学院(MIT)启动了"开放课件项目"(Open Course Ware Project,OCW),拉开了国际开放教育资源(Open Educational Resource,OER)运动的序幕。

2004年,孟加拉裔美国人萨尔曼·可汗将辅导资料制作成视频,放到YouTube网站上,结果他的教学视频受到了许多人的喜爱,萨尔曼·可汗收到来自世界各地的反馈信息,两年后,Salman Khan创建了Khan研究所。全球视频公开课、可汗学院的盛行,成为了翻转课堂得以迅速发展的关键性推动因素。

美国林地公园高中(Woodland Park High School)科学教师乔纳森·伯格曼(Jonathan Bergmann)和亚伦·萨姆斯(Aaron Sams)在2006年观察到,学生并不需要老师在房间里给他们讲授和传递信息,他们可以自己学习知识和内容。真正需要教师在身边帮助的时候,是他们在做功课遇到问题卡住的时候。可是,这个时候教师往往并不在现场。如果把课堂传授知识和课外内化知识的结构翻转过来,形成学习内化在课堂、传授知识在课外的新教学结构,学习的有效性将随之改变。

于是,他们创新了教学方式,预先为学生录制在线视频课程。在上课前一天晚上,学生可以通过网络、U盘或者DVD观看教学视频和PPT,可以多次暂停、倒带、做笔记或阅读。第二天在课堂上进行深入的科学实验和讨论。教师鼓励学生自带数字化设备到学校,根据自己的学习步调进行个性化学习。教师在教室巡回,回答问题、监控实验、探讨更深的内容,并为需要帮助的学生提供个性化指导。

跟传统的"老师白天在教室上课,学生晚上回家做作业"的方式正好相反,这就是我们现在所说的"翻转课堂"模式。两位教师实施这一模式后,教学效果超出了人们的预想,从而翻转课堂在美国各个学校得到大力推广。现在很多人称"林地公园"高中为翻转课堂的起源地。

翻转课堂的核心理念就是翻转了传统的教学模式,课前,学生在家利用教师提供的视频和相关材料进行学习;课堂时间则用来解决问题,概念深化,参与合作性学习。此模式将最宝贵的学习资源——时间最大化。许多人将翻转课堂与网络课程(微课、MOOCS)等同,显得比较狭隘。网络视频课程确实是翻转课堂实施过程中的一个重要部分,视频可以替代教师的部分工作,但是并不能完全替代教师,翻转课堂中有教师和学生真实的互动环节。换句话说,是翻转课堂的综合教学方法而非单独的视频在起作用。表1对传统课堂、翻转课堂和网络课程进行了比较分析。

表1 传统课堂、翻转课堂和网络课程的比较

	传统课堂	翻转课堂	网络课程
教师	知识传授者	学习引导者、伴随者	知识呈现者、传授者
学生	被动接受者	主动探究者	被动接受者
教学媒体	黑板、教材	多媒体资料、因特网、教材、黑板	因特网、教材
教学方法	讲授法	多方法结合	讲授法
教学形式	(预习)课堂讲解,课后作业	课前学习基本内容,课堂解决问题	在线视频,在线交流
课堂内容	知识讲解传授	解决问题、概念延伸、应用	知识讲解传授
评价方式	纸质测试	多环节、多方式	在线测试

二、"翻转课堂"翻转了什么

"翻转课堂"不仅仅是课堂程序的颠覆,还有许多教学理念和教学行为的变革。且先看原创者乔纳森·贝格曼和亚伦·萨姆斯所说的"翻转课堂"是什么和不是什么,如表2所示。由此可见,"翻转课堂"除了翻转教学程序,还翻转了如下内容:

(一)翻转了教师角色

"翻转课堂"首先要翻转的是教师的观念和角色,教师不能太把自己当老师,教师不是传经布道的"圣人"。教师只是学习活动的组织者和主持人,是学生学习的促进者和帮助者。正确的学生观、学生是学习主体的意识、平等民主的师生关系等是必须要强化并努力营造的。如何有效地组织和主持活动,鼓励学生参与,帮助和促进学生学习也必须要不断学习并熟练运用的。

(二)翻转了学生的学习方式

在"翻转课堂"中,学生不是被动的接受者,而是知识的主动建构者。学生要进行自主学习、探究学习和合作学习。教师必须要调动和维护学生自主学习的积极性,让学生掌握自主学习的策略,给学生的自主学习提供帮助。同时,学生还可以根据自己的现有水平选择学习内容,真正实行分层学习。

(三)翻转了师生互动方式

"翻转课堂"丰富了师生互动、生生互动的方式和内容。课前,师生、生生主要通过网络交流互动,学生也可以以小组合作形式开展学习。课堂上,没有了知识传授环节,有的是师生之间、生生之间面对面的交流、讨论,聆听他人的见解,发表自己的意见,甚至可以和老师辩论。

表2 翻转课堂的是与不是

"翻转课堂"不是什么	"翻转课堂"是什么
不是在线视频的代名词。翻转课堂除了教学视频外,还有面对面的互动时间,与同学和教师一起发生有意义的学习活动	是一种手段,增加学生和教师之间的互动和个性化的接触时间
不是视频取代教师	是让学生对自己学习负责的环境
不是在线课程	老师是学生身边的"教练",不是在讲台上的"圣人"
不是学生无序学习	是混合了直接讲解与建构主义学习
不是让整个班的学生都盯着电脑屏幕	是课堂的内容得到永久存档,可用于复习或补课
不是学生在孤立地学习	是所有的学生都积极学习的课堂;是让所有学生都能得到个性化教育

(四)翻转了教师的备课内容

"翻转课堂"会大大增加教师的备课内容、工作量和工作时间。首先,每一堂课教师都得分两次备课,而且备课内容和形式与传统的完全不同。对于课前学生的自主学习,教师得准备教学视频,还得给学生准备导学案。对于课堂教学,由于内容和方式都不一样,重在讨论交流,会有更多的生成,教师在备课时就得有更多的预设。在学生的自主学习期间,教师还得尽可能地提供在线帮助,这些都增加了教师的工作量和工作时间。

(五)翻转了教师的知识结构

"翻转课堂"需要信息和网络技术的支撑。教师除了学科知识和技能、教育教学理论、教科研知识和能力外,还必须有扎实而熟练的信息技术。能熟练地收集、处理信息,会利用网络资源,收集教学视频及其他文本和超文本资料,会运用信息技术制作教学视频和其他教学辅导材料,会使用校园网、论坛、聊天交流软件给学生提供实时帮助和在线交流等。

三、怎么翻转课堂

(一)理解"翻转课堂"的本质

乔纳森·贝格曼和亚伦·萨姆斯曾在他们的网站上声明:翻转课堂模式并非源自新的教育和学习理论,其仍然采用的是为广大教师所熟悉的掌握学习法。所谓掌握学习,就是学生按他们自己的节奏学习课程;当他们完成一个单元,他们必须证明他们已学到了内容;采取的方式是通过"退出评估"——包括实验室和书面测试。如果学生在这些退出评估中得分低于85%,他们必须回去,重新学习他们错过了的概念,并再次参加考试。

其实"翻转课堂"也符合建构主义学习理论,在良好的"情境"中,通过"协作"和"会话"发生"意义建构",建构、丰富、提高和完美学生的认知结构。因此,"翻转课堂"的本质就是让学生主动建构知识和根据自己现有水平有选择性地学习。

(二)"翻转课堂"的本土化探索

"翻转课堂"是舶来品,虽然在美国的林地公园高中诞生以来,迅速风靡全球,但中国的学校和教师要翻转课堂,还得进行本土化的探索,毕竟国情、校情、学情不同。应该深刻理解其理论基础,不照搬照抄,抓住其本质,根据实际情况,进行探索和尝试。

(三)引导课前自主学习

"翻转课堂"分两个学习阶段:课前自主学习感知新知;课堂交流运用巩固迁移。在第一阶段,教师的任务是引导学生自主学习。一是要为学生准备教学视频,并放在网络上或者是公共的能方便学生获取的地方,或者以其他方式方便地提供给学生;二要给学生导学案,导学案中应该有学习内容和目标(学什么)、学习方法和要点指导(怎么学)、学习结果判断和检测(学得怎么样);三是给学生提供在线的或者其他方式的实时帮助,帮助学习困难和学习中有疑问的学生进行学习。

(四)把握课内交流互动

第二阶段的目的是让学生巩固知识、运用知识、形成能力。在这一阶段可以让学生说一说,展示他们的学习成果;议一议甚至辩一辩,让观点碰撞,去伪存真;理一理,总结、归纳、梳理,理顺知识的逻辑,完善学生的认知结构;练一练或做一做,运用所学解决问题,促进知识的迁移,转化为能力。在这一过程中,会有许多生成,教师既要充分预设,又要提高把握课堂进程的能力。

(五)制作教学视频——微课

教学视频是引领学生自主学习的关键。教学视频也就是现在逐渐流行的微课,微课就是源于"翻转课堂"。在"翻转课堂"中,制作教学视频是教师必须要掌握的一门技术。"翻转课堂"中的教学视频应该是模块化的,每一模块都应该"短小精悍"。关于教学视频——微课及其制作,网上有许多资料,这里就不班门弄斧了。

四、西方经济学弹性原理翻转课堂教学过程设计

西方经济学整个内容体系覆盖面广,涉及的知识多,需要学生具备一定的社会经验,扎实的数学基础并有较强的逻辑思维能力和社会观察能力。然而,学生刚从中学进入大学,缺乏相应的社会经验与社会观察能力,且高校招收财经类和管理类专业的学生一般都是文科出身,其数学基础略显薄弱。为此,学生普遍对西方经济学课程的学习感觉困难,甚至厌恶或者放弃学习。鉴于《西方经济学》课程的教学内容和特点,我们需要积极探索新的教学方法和教学模式,以便能够解决现存的困境。下面以《西方经济学》弹性原理为例,运用"翻转课堂"的教学模式对课程的教学流程进行设计,整个教学流程包括课下知识传递和课上知识内化两个部分,这两个部分又分别由教师的"教"和学生的"学"所组成的双边互动活动构成。

(一)课下

教师要首先要向学生提供学习资源,其次学生在教师的指导下有针对性地初步完成资源的学习,以此达到知识传递的目的。例如弹性理论,教师基于对教学目标、教学对象和教学内容的分析,制作 PPT 课件、教学视频和测试题库等学习资源,其中 PPT 课件中包含弹性的概念、计算公式、经济意义、类型、影响弹性的因素、基本的应用等内容,教学视频是依据需求价格弹性的概念,根据需求价格弹性的大小将商品分为弹性无穷大、富于弹性、单位弹性、缺乏弹性和完全无弹性等类型,不同类型的商品价格改变后总收益如何改变等重点和难点内容的讲解。测试题库中是一些针对弹性概念、影响因素、基本计算和简单应用等设计的题目。学生利用 U 盘等移动存储设备或通过电子邮件、QQ 等网络交流工具获取教师制作的学习资源,并在教师的指引下,根据自身情况观看 PPT 课件和教学视频,参与网络课程,检索网络资源,进行自测练习等活动。如果懂了,学生可以迅速跳过;如果没懂,学生则要将 PPT 课件和教学视频反复观看,并仔细思考或做笔记,把遇到的问题通过网络、电话等交流工具向教师或同学求助,或者将其拿到课上进行解决。通过课下教师和学生的共同努力,学生对弹性的概念、原理、基本应用有了一定的理解和掌握,实现了知识传递的过程。

(二)课上

教师首先创设情境提出问题,接着学生独立探索解决问题,然后师生协作完善问题解决方案,最后教师对学生的知识掌握和解决问题的能力进行综合测评并将结果反馈给学生。针对反馈后的问题,师生活动进入下一个互动循环,以此达到知识内化的目的。还是以弹性理论这部分内容为例,教师以"谷贱伤农"和"薄利多销"这两个和学生生活比较贴近的经济现象创设情境,抛出"为什么有些商品价格低总收益也低,而有些商品价格虽然低但是总收益却高"的问题。学生根据课下学习掌握的知识独立思考给出问题的答案,但由于每个学生的理解和思维能力不同,这些答案并不一致,有些答案不对,有些答案虽然对但是不到位,在这种情况下,教师提示学生要从需求价格弹性的视角考虑,指出生活必需品(比如粮食)是缺乏弹性的,即使价格降低但需求的数量也提高不了多少(因为维持人的生活所需要的粮食数量是一定的),而生活奢侈品(比如珠宝首饰)是富有弹性的,如果价格稍微有些降低需求的数量就会大幅度增加(因为珠宝首饰不是生活必需品而是装饰品,它的需求量可以是零也可以是无穷大),并给出实际的数据,让学生自己计算结果以便其能够深刻体会出需求价格弹

性的奥妙。在此基础上,教师又抛出为什么生活必需品缺乏弹性而奢侈品富于弹性?影响需求弹性的因素有哪些?生活中哪些商品是缺乏弹性的哪些商品又是富于弹性的?等问题,学生通过对这些问题的思考和解答,逐渐构建了关于弹性理论的知识体系。教师用"如果你是化妆品厂中负责销售的主管,你会提出降低产品价格增加公司收益的企划吗?为什么?如果你是药厂(不生产滋补药品)的呢?"这个实践应用题对学生进行测试,如果学生能够很好地解决这个问题,说明他们已经掌握弹性理论这一知识并能够灵活运用;如果解决得不好,说明有些内容还有待师生进一步互动、协作,直至完全理解并能够应用于实践。通过课上教师和学生的互动协作,学生可以主动建构自己的知识体系,实现知识的内化及应用创新。

课堂是教师教学和学生学习的主阵地,是教育工作者关注的焦点。传统的课堂效果怎么样大家都清楚,如果厌恶了传统课堂,如果想提高课堂效率,何不翻转一下课堂?尝试有益!

参 考 文 献

[1] Bergmann J,Overmyer J,Wilie B. The Flipped Class:What it is and What it is Not[EB/OL].[2012-04-14]. http://www.thedailyriff.com/articles/the-flipped-class-conversation-689.php.

[2] November A,Mull B. Flipped Learning:A Response To Five Common Criticisms[EB/OL].[2012-03-27]. http://www.eschoolnews.com/2012/03-/26/flipped-learning-a-response-to-five-common-criticisms.

[3] Talber. Inverting the Linear Algebra Classroom[EB/OL].[2011-09-21]. http://prezi.com/dz0rbkpy6tam/inverting-the-linear-algebra-classroom/.

[4] 宋艳玲. 从认知负荷视角探究翻转课堂[J]. 远程教育杂志,2014(1).

[5] 顾雪林. 一个人的网络教学震动了世界[N/OL]. 中国教育报,2013-02-26(03)[2013-07-20]. http://paper.jyb.cn/zgjyb/html/2013-02/26/content_88497.htm.

[6] 刘健智,王丹. 国内外关于翻转课堂的研究与实践评述[J]. 当代教育理论与实践,2014(2).

[7] 张春梅. 翻转课堂优化高等院校课堂教学探析[J]. 学周刊,2013(12).

[8] 张金磊,王颖,张宝辉. 翻转课堂教学模式研究[J]. 远程教育杂志,2012(4).

[9] 张渝江. 翻转课堂变革[J]. 中国信息技术教育,2012(10).

基于项目的计算机基础课程教学探索
——以金融工程专业为例

方 园 郑继兵 杨利峰

内容摘要：当前，项目教学法深受高校教师推崇。本文根据金融工程专业计算机基础课程的授课实践过程，具体阐述了项目教学法在教学中的实施步骤，以及应注意的几个问题。

关键词：项目教学法；金融工程；计算机基础；课程

一、项目教学法的内涵及特征

项目教学法最早出现于20世纪初的美国进步主义教育活动中，并于20世纪七八十年代得到了迅速发展。自我国引入当前教育界推崇的这一教学理念以来，项目式教学法逐渐地被高等院校教师所了解、认可并逐步应用到教学中来。在不断地探索、实践中，这种教学模式产生了较好的教学效果，同时也受到了教育界人士们的一致好评。项目式教学是一种让学生在教师指导下去完成一个完整的项目而进行学习[1]，以建构主义学习理论为指导，师生共同参与实施的一种教学方法。与传统教学方法相比，项目式教学把技能训练作为教学的核心，讲练结合，精讲多练[2]。具体做法是将教学内容组织成一个个"项目"，让学生围绕这个项目展开自主学习实践，直接参与教学的全过程，从而在学习过程中不仅掌握应学知识，更提升了创新、合作等多种能力。

项目式教学法有四个显著的特征：第一，教师主导，学生主体。项目式教学过程中，教师主要负责根据教学目标提供项目以及要求，小组学生可以按成员的兴趣所在选择其中一个项目去实施，学生有自主选择的权利，有利于提高学生学习的积极性。第二，互助学习，团队精神。项目的实施以小组为单位，小组成员在项目实施过程中可以共同讨论，集思广益，优势互补。这种合作的方式有利于提高学生团队精神。第三，创新思维，习惯养成。项目式教学的学生小组独立实施项目的过程，一方面，有利于学生改变传统学习习惯[3]，由教师直接传授改为自己从项目实施的实践中获取；另一方面，也有利于创新思维的培养，打破过去教师理论传授学生被动接受的束缚。第四，改革考核，及时评价。这种教学法实现了课程考核方式的改革[4]，重视学生学习过程的评价。评价不再以学习成绩为唯一机制，更多的是关注学生在项目实施过程中表现出来的参与、合作精神以及创新性思维的形成，对学生完成项目程度的及时评价有利于提高学生下次完成项目的积极性。

[作者简介] 方园(1984—)，女，硕士，阜阳师范学院经济学院讲师，研究方向：计算机教育。
[基金项目] 阜阳师范学院质量工程项目(2015JYXM13)。

二、计算机基础课程教学模式建构

完整的项目式教学过程应包括：内容、活动、情境和结果评价 4 个方面。本文针对金融工程专业计算机基础课程，探讨了项目式教学法的应用，建构了包括项目的设计、小组分工与合作、项目教学评价反馈等三大环节内容的教学模式，教学全过程需要在教师引导下师生共同来完成。

（一）项目的设计

项目的设计是项目式教学法实施的关键，是教学能否顺利进行的首要问题。项目的选择就是选题，这一过程主要依赖于教师的主导作用，要求教师熟练掌握项目式教学方法，能够灵活根据教学内容和需要提供可供学生自主选择的题目，并根据课程教学目的提出项目实施的具体要求。一方面，教师应选择具有学科交叉性、前沿性和实用性、趣味性并行的问题作为项目；另一方面，教师要在充分考虑学生计算机水平差异的基础上去引导学生，选择自己擅长且涵盖丰富的教学内容信息的项目去实施。这样既能发挥教师的主导性，又能充分体现学生的主体性，学生可以在选择教师提供的项目时，也可以充分考虑自己的兴趣爱好、学习需求和能力拓展等因素。

以第三章"计算机操作系统"为例，该章内容可设计为 4 个项目：熟悉 Windows 基本功能、配置用户环境、资源管理器的熟悉、控制面板的操作。4 个项目既相互关联又彼此独立，学习小组完全能够在短时间内选择其中某一个项目，分配各自在项目中所扮演的角色、拟定项目计划并付诸实施。

（二）小组分工与合作

结合我校经济学院金融工程专业计算机基础开课的实际情况，初步确定三名同学为一个小组，让学生根据自己的知识、能力以及兴趣自由组队，或者教师根据一定规则（宿舍就近、联络方便等）指导学生划分小组。项目成员不宜过多，过多容易造成成员意见不一，导致小组学习效率下降，最终无法顺利完成项目。三名同学容易达成一致意见，并且在项目实施过程中参与机会较多，可以真正让每位同学都得到实际锻炼的机会。另外，通过小组分工与合作，可以充分发挥成员的学科知识、智力才能以及创新能力的互补优势，提升小组各成员综合研究的多元智力。在小组成员实施项目过程中，一名同学实际操作，另两名同学分工合作参与研讨。这种人员数目少、分工明确的合作学习不仅可以提高学生的学习积极性与参与性，还可以培养学生的协作精神和团队意识[5]。

（三）项目教学评价及反馈

项目从设计到学生实施并完成之后，如何给予合理的评价是教师必须练就的一项能力。项目教学评价要求把项目的实施过程与项目实施的结果两者有机结合起来，根据项目完成质量以及小组成员在项目实施过程中的积极性、创新性、投入度等方面学习记录材料，全面衡量评价学习效果。这种综合考核的方式能够较为全面实现学生评价，真正激发学生参与项目教学的积极性和对计算机基础课程进一步的学习兴趣[6]，帮助他们形成良好的心理素质与情感体验。

考虑到我校计算机基础课程以考查课为主，因此每次项目评价的结果可以作为该门课程实践教学成绩细化记录,从而一并纳入学期学生学业测评的依据性指标。

三、项目式教学应注重的关键要素

（一）教师在项目中扮演的关键角色

在项目实施过程中,教师应更新以往的教育观与人才观,变主体地位为主导地位。教师更多的应该是指导,而不是直接传授或代替完成。在教师给出可供选择的几个项目后,学生如何选择项目去实施,教师不要过多地干预。待学生选择好项目并制定实施计划时,教师应根据小组遇到的实际问题,提供协助。既不能过分帮助也不能放任不管。过分帮助容易让学生对教师的依赖性增强,没有自主权,逐渐打消了项目实施的积极性,导致最后达不到项目教学的预期目标;放任不管又会让学生没有项目实施的紧迫感,最终放任自己,拖延时间,这样最终的教学目标也将难以实现。因此,在项目式教学过程中,教师如何扮演正确的角色,直接决定着项目式教学能否顺利地实施与完成。

（二）实施项目式教学的关键条件

计算机基础课程的项目式教学从项目选择、实施到最后给予评价都需要耗费教学双方大量的精力时间,因此有学者建议,项目式教学最好在小规模班级中进行,这样实施起来也更为有效。在大多数高校,多数班级人数都在50人以上,因此从现实意义上来说,成功实施项目式教学还要经历很长的摸索阶段,不仅仅是要提高教师个体的素质,还要学校在制定培养方案、编排班级、机房布局上给予充分考虑与支持。

（三）实现项目式教学的关键保障

在实施项目式教学时,临时设计选择项目往往既增添备课压力,又难以给学生提供优秀的项目。因此,能否建立优质的项目库将是实施项目式教学的关键保障。教师在平时应多注意开发和积累大量的优秀项目,同时多与同行专家进行交流、研讨,并认真听取学生的意见与建议,努力建立符合自己教学实际,满足学生现实需要的优秀的计算机基础项目库,从而更好地服务于计算机基础课程教学工作。

四、结束语

在计算机基础课程教学过程中,笔者经常与计算机基础课程授课教师探讨本课程的教学内容、教学方法,交流心得,并虚心向教授、骨干教师学习。同时,注意深入到学生群体中间,聆听学生的心声,了解学生对于项目式教学法的感受。在实际教学中,笔者发现,多数同学认为,项目式教学法非常好,尤其是对于具有爱好新奇、不愿因循守旧的90后学生而言,他们往往更愿意接受新的教学方法;尽管如此,笔者发现传统的教学模式在一些学生心目中仍根深蒂固,他们往往难以摆脱传统被动学习模式的束缚,要使学生快速适应项目式教学法还需要进一步努力和探索。总而言之,项目式教学法作为教育界新推崇的一种方法,在实践过程中还需要不断总结和改进,务求切实提升教育教学质量,这也是我们每一位高校教师不容推卸的责任与义务。

参 考 文 献

[1] 汪建丰,沈月娣,孙和平.本科专业理论课程实施项目式教学的理论与实践[J].现代教育科学,2012(6).
[2] 王新亮.对项目式教学的认识与建议[J].天津职业院校学报,2013,15(8).
[3] 郭雪峰.项目驱动式教学的理论与实践[J].和田师范专科学校学报,2010,29(5).
[4] 谢兰清,黎艺华.关于高职专业基础课程项目式教材的开发[J].职教论坛,2010(26).
[5] 方园,郑继兵,姚云飞.项目驱动法在专业基础课教学中的应用[J].中国电力教育,2014(24).
[6] 朱延庆.项目式教学中学生评价系统的构建[J].计算机光盘软件与应用,2013(8).

最大似然估计的实践教学探讨

余许友　兰冲锋　张德然

内容摘要：最大似然估计是参数估计中非常重要又高度抽象的点估计方法，对于数理统计及相关课程的后续学习起着十分重要的作用。通过案例引出强化最大似然估计学习的必要性；利用课堂实验引入凸显最大似然估计的基本原理；课前的社会实践调查既能体会最大似然估计在社会生活中的应用，又能抽象出最大似然估计的解题步骤；最后探讨了最大似然估计实践教学的启示。

关键词：最大似然估计；实践教学；基本原理；理论教学

最大似然估计法由高斯提出，后经 R. Fisher 重新提出并推广，是参数估计中非常重要又高度抽象的点估计方法。由于最大似然估计具有不变性和渐近最优性，已经使其在众多经济社会领域中得到广泛应用，例如模型识别、系统辨识、图像处理等[1]。在数理统计的最大似然估计的教学中，由于其思想和方法的高度抽象性，对教师而言是一个难以讲授的知识点，对学生而言特别是对文科出身的经管类专业学生而言也是一个十分难以理解的知识点[2]。许多教材[3-4]在介绍这一方法时，通常都是先叙述最大似然估计的基本原理，接着给出其定义，最后总结出离散型和连续型总体的最大似然估计的求法。教师在讲授最大似然估计法时，往往严格按照教材的方式，采取知其然而不知其所以然的传统教学方法[5]，其结果没有抽象出最大似然估计方法的要点，很多学生课后一般只能机械地套用解题步骤，并没有理解最大似然估计方法的本质含义。现代教育理论与教学实践让我们感受到，只有通过引入案例教学、课堂实验和课前的社会实践调查，讲授清楚最大似然估计的基本原理，才能让学生通过直观理解来提高课堂教学的效果，实现实践教学与理论教学的辩证统一。

一、案例引出强化最大似然估计学习的必要性

有比较才能有鉴别，有需求才会有提高。上课伊始，我们可先在课堂展示一个矩估计的案例：设$(x_1,x_2,\cdots,x_n)$是来自均匀总体$U(0,\theta)$的样本，试求θ的矩估计。接着让大家讨论：若总体参数的真值$\theta=1$，而某次随机抽样的样本值是$(0.1,0.2,0.4,0.9)$，对比矩估计的结果可以得出什么结论？显然，学生经过计算可得样本均值为$\bar{x}=0.4$，从而可以求出θ的矩估计值$\hat{\theta}=2\bar{x}=0.8$。再经过讨论后会达成这样共识：因为$\hat{\theta}=0.8<0.9$，即出现了某些样本值大于总体参数$\theta$的估计值，这在概率意义上是矛盾的。为什么会出现这种情况呢？主要是因为在求矩估计中没有充分利用分布的信息，概率论的知识告诉我们，只有依据分布求得的

[作者简介]　余许友(1977—)，男，阜阳师范学院经济学院硕士生导师，副教授。研究方向：计量经济学、金融统计。

[基金项目]　安徽省教育厅科学研究重点项目(KJ2015A182、SK2015A450)；阜阳师范学院教学研究项目(2014JYXM45、2014JYXM60、2015JYXM12)。

估计才能更可靠,最大似然估计就是这类方法。另外,在介绍最大似然估计的原理和方法后,为了呼应这个引入的案例,使用一种求最大似然估计的非常规方法(不是通过求导函数的方法来求似然函数的最值),师生一致求出该案例参数 θ 的最大似然估计量为 $\hat{\theta}=x_{(n)}$,这样就不会出现矛盾了,从而指出最大似然估计很好地规避了矩估计问题的一些缺陷。

二、课堂实验引入凸显最大似然估计的原理

亲身的体验不仅可提升参与热情,而且还能提高感知、悟知的效率。因而在教学中设置一些实验,不仅能激发学生的学习兴趣,吸引学生的眼球,还能有助于学生理解抽象复杂的理论。

实验过程如下:准备两个外形完全一样的不透明口袋,其中甲口袋内装有 10 个白球和一个黑球,乙口袋内装有 10 个黑球和一个白球,让一个学生随机地抽取一个口袋,再让另外一个学生从抽取的口袋中随机地抽取一个球,通过抽取的结果来推断抽中的球是从哪个口袋中取出的。

虽然在这两个口袋中都有可能抽到黑球,但是多抽几次再加上常识性的思考,他们就会得出:若抽出一个黑球,那么这个球应该是从乙袋中抽取的,因为这只黑球来自乙袋的概率远远大于来自于甲袋,所以这只黑球看起来最像(最有可能)来自于乙袋。这里"看起来最像",在很多情况下其实就是我们做出决策的依据。

上述实验设计的数据虽然比较极端,却很好地说明了最大似然估计的基本原理。每个人在日常生活中可能都不自觉地使用了极大似然估计的原理,比如,当宏观经济出现问题时,我们首先是从货币政策、财政政策等角度寻找原因;当汽车发生故障时,有经验的汽车修理工都会从汽车的易损部件或者薄弱环节开始查起;公安人员在侦破一些刑事案件时,首先会把与受害者密切来往又有作案动机的人作为嫌疑对象进行重点侦查;高考之前,班主任老师推断班里成绩最好的几个学生能考取一本院校。这些例子虽然各不相同,但它们都有一个相同规律,即通过随机抽样获取一些观测资料来推断总体参数的取值时,要使得该观测结果出现的概率最大,这就是最大似然估计的基本原理[6]。

三、实践调查体验最大似然估计的应用

在讲授最大似然估计之前,教师可以在课前布置一些实践调查,比如我们要估计整个学校男女同学的比例,可以依据班级人数的多少把全班同学合理地分成若干组,让每组同学通力合作,通过设置合理的调查方案,在全校学生中随机抽取部分样本,然后依据样本数据来推断全校男女同学的比例。

在上课时,教师可以采用同学们的课前实践调查数据来讲解最大似然估计的应用。假设某组同学的调查结果为:在全校学生中随机抽取了 150 名同学,其中有男生 60 名、女生 90 名,试估计该校男生所占的比例。可能同学们都已经知道用计算出的样本比例 0.4 推断出该校男生所占的比例也应该是 40%,但是可能是知其然而不知其所以然,他们并不清楚这样做的理论依据何在,下面我们就用最大似然估计的方法来说明用样本比例来推断总体比例的合理性。

为求全校男生所占比例 θ 的估计值,我们引入(0—1)变量,用 $X=0$ 表示抽到女生,$X=1$ 表示抽到男生,即

$$X_i = \begin{cases} 0 & \text{第 } i \text{ 名抽到女生} \\ 1 & \text{第 } i \text{ 名抽到男生} \end{cases} \quad (i = 1, 2, \cdots, 120),$$

则 X 服从两点分布 $b(1,\theta)$, $P(X_i=1)=\theta$, $P(X_i=0)=1-\theta$。我们所抽取样本来自总体,因此该样本较好地反映了总体的概率分布特征。对总体分布函数的未知参数作估计时,可以从样本的观测值出发。在这个问题中,被抽取的样本值 $(x_1, x_2, \cdots, x_{150})$ 中有 60 个等于 1, 90 个等于 0, 故该观测值发生的概率为

$$L(\theta) = P(X_1 = x_1, X_2 = x_2, \cdots, X_{120} = x_{120})$$
$$= \prod_{i=1}^{120} P(X_i = x_i) = \theta^{60}(1-\theta)^{90} \tag{1}$$

由于参数 θ 是未知的,根据前面介绍的最大似然估计的基本原理,我们应该选择合适的 θ 使得(1)式表示的概率尽可能大。由微积分中极值的求法,在(1)式两端取对数,并关于 θ 求导,令其等于 0,即得到如下似然方程:

$$\frac{\partial \ln L(\theta)}{\partial \theta} = 60\theta^{59}(1-\theta)^{90} - 90\theta^{60}(1-\theta)^{89} = 0 \tag{2}$$

解之即得参数 θ 的最大似然估计为 $\hat{\theta} = 0.4$。

结合上述社会实践调查的简单例子,不仅可以增强学生之间的团结协作能力,明白用样本比例估计总体比例的合理性,还可以进一步地让学生理解最大似然估计方法的基本原理,得到解题的基本思路,并体验到最大似然估计在日常生活的广泛应用。

四、最大似然估计实践教学的启示

我国现阶段的高等教育是专业教育,主要包括实践教学和理论教学两大基本形式[7]。而实践教学是相对于理论教学的各种教学活动的总称,包括实习、案例、实验、设计、社会调查和工程测绘等,旨在使学生获得直观感性的知识,掌握技巧和技能,养成独立工作能力和理论联系实际的作风[8]。实践教学与理论教学的关系,是贯穿整个高等教育专业教学过程的最基本的矛盾关系。正确把握和处理好实践教学和理论教学之间的关系,是有效开展我国高等教育专业教学的关键。特别是在以服务地方经济社会发展为服务面向的地方本科院校,在教学中突出应用性更是提高学生实践技能的不二法门。在最大似然估计的教学中,我们就要贯彻这一思想,既要注重理论知识对实践教学的指导作用,又要注意实践教学对理论知识的反馈补充。

(一)理论教学是实践教学的基础

深厚的理论知识不仅能够指导实践教学,还能合理地解释和说明实践中所出现的现象。在讲授本节课之前,如果学生对矩估计方法的理论知识掌握得不牢固,那么我们的案例教学就没法顺利开展,他们也就意识不到引入最大似然估计的必要性;而我们的课堂实验也是基于最大似然估计的基本原理进行设计的,既简单易行,又能较好地体现出最大似然估计的基本思想;同样,在用最大似然估计方法解决实际问题时,如果没有高等数学求极值的理论知识,恐怕也是不可能实现的。因此我们的实践教学要建立在系统的专业理论教学的基础之上,要在专业理论指导下才能有效地开展。

(二)实践教学是理论教学的有益补充

对比理论教学,实践教学是教学过程中较为薄弱的环节。实践教学可以加深学生对理

论知识的理解,是巩固理论知识的最有效的途径,是理论联系实际、培养当代大学生提高动手能力和掌握科学方法的重要手段,也是培养具有创新意识的高素质人才的重要环节。本文案例教学的引入,不仅巩固了矩估计方法,而且让学生感受了寻找另一种点估计方法的必要性,从而自然引入了最大似然估计;课堂实验的设计让学生形象直观地理解了最大似然估计的基本思想,使学生做到了知其然更知其所以然;社会实践调查的例子不仅能够抽象出最大似然估计的解题步骤,还能让学生体会到理论联系实际的意义,提高他们分析问题和解决问题的能力。通过实践教学,不仅可以弥补理论教学过程中学生对感性认识的不足,促进学生直观理解理论教学环节的知识点,而且有利于检验理论教学的效果乃至整个专业教学质量的优劣,丰富理论教学的内容,提高学生的素养和形成正确的价值观。

总之,实践教学和理论教学尽管在形式上具有较大的差别,然而它们并不是完全对立的教学体系,两者本身存在着密切的内在联系,它们都是高校教学体系的有机组成部分,任何一种教学的缺陷或缺失都会导致整个教学体系的不完善,并对高等教育的教学质量产生较大的负面影响。实践教学和理论教学的辩证统一思想尤其重要,在数理统计的教学中处处可见。因此,加强实践教学和理论教学的辩证统一思想,对数理统计以及后继专业课程的学习,都具有十分重要的意义。

综上所述,在最大似然估计的教学中,我们应当注重实践教学的探讨,帮助学生直观感知最大似然估计的基本原理,使他们从感性认识上升到理性认识,提高他们分析问题和解决问题的能力。同时,我们也应该充分利用最大似然估计中的实践教学和理论教学的辩证统一思想,不断提升数理统计教学的研究,为提高学生的全面发展而不懈努力。

参 考 文 献

[1] 黄玉洁,陶凤梅,刘娅. 极大似然估计及其应用[J]. 鞍山师范学院学报,2011,13(4).
[2] 李国安,黄林涛,李建峰. 最大似然估计法的探究式教学[J]. 大学数学,2013,29(3).
[3] 孙道德. 概率论与数理统计[M]. 北京:人民教育出版社,2006.
[4] 茆诗松,程依明,濮晓龙. 概率论与数理统计教程[M]. 北京:高等教育出版社,2011.
[5] 谢安. 浅谈极大似然估计的教学方法[J]. 统计教育,2002(3).
[6] 丛凌博. 最大似然估计的教学方法[J]. 高师理科学刊,2012,32(4).
[7] 赵国平. 论实践教学与理论教学的关系[J]. 中国成人教育,2010(17).
[8] 肖伟才. 理论教学与实践教学一体化教学模式的探索与实践[J]. 实验室研究与探索,2011,30(4).
[9] 金洪飞,万兰兰. 基于选择抽样的银行危机先行指标研究[J]. 财经研究,2014(5).
[10] 胡德,郭刚正. 最小二乘法、矩法和最大似然法的应用比较[J]. 统计与决策,2015(9).

经管类专业课程远程教育网上教学模式创新与变革

——以"个人与团队管理"课程为例

时允昌　　徐谷波

内容摘要：本文主要以经管类远程教育网上课程的教学模式创新范例为起点，结合远程教学模式理念、教学环节和教学效果，重点剖析了经管类课程教学模式创新与变革的思路和方法，高校教师必须改变原有的教学理念与方法，以学生为中心设计教学，利用各种科技手段，改革教学模式，创新教学方法，以便于可以提高经管类课程的教学效果。

关键词：远程教育；经管类课程；教学模式创新

"个人与团队管理"是教育部规定的工商企业管理专科专业和行政管理专科专业十四门核心课程之一，在开放教育行政管理专科专业培养方案中被列为必修课，在开放教育工商企业管理专科专业培养方案中被列为选修修课作为一门专业基础课，在整个专业的课程体系体系设置中占据重要地位。

两年来，"个人与团队管理"课程责任教师对本课程网上教学模式的改革、网上课程教学与学生能力培养的结合作了积极的探索，在网上课程教学的设计与组织落实方面也进行了比较深入的思考和实践。

一、以科学理念为指导，明确网上课程教学目标

在西方发达国家，"个人与团队建设管理"已经成为企业各管理阶层人员的必修课程。其最大可取之处在于帮助学习者掌握科学的管理方法和实际应用技能，使之提高自我管理能力以及团队建设与管理的能力。这些都是一个管理者胜任其工作必需的，也是成功开始其职业生涯所必备的技能。"个人与团队管理"的主要模块有自我规划、时间管理、工作沟通、团队简报、工作谈判、走出困境以及个人与团队、个人与企业、团队腾飞、团队学习、实现目标和团队激励。通过对各模块的学习，学员能够初步掌握自我管理和团队管理的概念和方法，提高自我发展和团队管理的技能和能力。

针对电大开放教育成人学习特点，该门课程的网上课程教学目标明确定位为：通过本课

[作者简介]　时允昌(1976—)，男，安徽阜阳人，博士研究生，安徽广播电视大学经济与管理学院管理系主任，研究方向：远程教学模式创新构建与评估、成人教育效果评估。徐谷波(1971—)，女，安徽合肥人，副教授，硕士研究生，安徽广播电视大学经济与管理学院院长，研究方向为成人开放教育与管理，远程教学模式创新与改革。

[基金项目]　国家开放大学委托课题：多维视野下成人开放教学模式优化改革研究——以境遇式教学法为例(G14A1806W)。

程的网上教学活动学习,使学生较为系统地掌握个人与团队管理的主要内容,分析讨论课程中的经典案例并总结其案例经验;通过网上教学参与过程,改变传统的教学观念,充分调动学生自主学习的兴趣,培养学生自主学习的能力,充分利用多种媒体资源和多种教学方法与手段增强教学效果。

二、以"自学、导学、助学、促学"为依据,认真落实网上课程教学环节

(一)优化网上课程教学主题,突出教学重点

个人与团队管理课程模块多,课程内容繁杂,这就要求课程责任教师在组织网上教学活动中,要学会掌握重点,把教材变薄。根据成人学习的特点及教学大纲要求,课程责任教师要积极参与网上讨论和答疑;重视学生在网上教学活动中的主体地位和能动作用,加强对学生网上学习方式、课程论坛讨论的引导。笔者认为,责任教师及课程责任教师开展多种形式的网上教学工作。网上实时活动和非实时活动要体现师生间的交互,并通过交互积极构建知识体系。加强主题讨论、小组学习、作业讲评、案例分析等实时教学活动和非实时教学活动的设计与组织,抓住典型,以点带面,推广经验。因此,在这门课程的网上教学活动主题的选择中,网上课程的教学活动中主题加以优化,做到既保证网上课程内容体系的完整,又突出重点的主题教学内容。

(二)重视网上课程引导作用,树立学员信心

如上所述,由于课程结构多元,内容繁杂,学生往往刚刚拿到课本,特别是比较陌生的网络教学平台,就很有可能产生学习的畏难情绪。如何有效消除这种情绪,建立对这门课程学习的信心,把学生吸引到"个人与团队管理"的课程学习中来,网络课程引导非常重要。因此,在网络课程活动置顶帖中,把重点放在"网络发帖主题说明",通过对发帖的相关要求及网上活动时间及主题安排,建立起学生学习和参与网络教学活动的兴趣;加强对学生课程学习方法的指导,消除学员对课程学习的畏难情绪。

(三)丰富网上教学主体的多元,提高教学效果

1. 课程责任教师确定主题活动

案例讨论是"个人与团队管理"课程最主要的教学方法,因为大量的管理事实和知识点需要进行详尽的讲解。但同样是案例讨论,笔者发现从以下两点入手,可以提高案例讨论的教学效果。一是学生虽然对晦涩难懂的知识兴趣不大,但往往对他们所熟悉的背景知识有很大的兴趣。教学过程中,尽量以学生学过或关注的经典案例为切入点,引出相关个人与团队管理的管理知识;二是将人与团队管理的管理知识以故事化的形式展现,往往会吸引学生的注意力,达到较好的教学效果。如在本次案例讨论中以"三个和尚经营寺庙"的故事告诉人们"团结合作"对得失成败的重要作用,讲述三个和尚同心协力,各司其职,寺庙被经营的香火鼎盛。后来因为三个和尚争功,寺庙盛况不再的故事。通过该案例的讨论可以让同学感知团队合作的力量是无穷尽的,一旦被开发这个团队将创造出不可思议的奇迹。在很多情况下,单靠个人能力已很难完全处理各种错综复杂的问题并采取切实高效的行动。所有这些都需要人们组成团体,并要求组织成员之间进一步相互依赖、相互关联、共同合作,建立合作团队来解决错综复杂的问题,同时进行必要的行动协调,开发团队应变能力和持续的创新能力,依靠团队合作的力量创造奇迹。

2. 课程授课教师进行积极解答

在"个人与团队管理"的课程网上教学活动中,通过对两个经典案例的讨论和分析,可以加深学生对知识的理解和掌握,同时也可以培养学生的管理思维能力。但是,在案例讨论的过程中,特别是要注意讨论案例的选择,这是案例网上教学法的重点。首先,讨论案例应当能够体现出教师所要讲授的知识点;其次,案例的选择要具有典型性;再次,案例要适应学生的理解能力,案情不宜过于复杂,同时案例也不要太长。本次活动通过授课教师和同学们在网上案例的讨论中,采取"典型案例分析"的形式,在案例讨论之前让同学们熟悉案例,在网上活动开始讨论时,组织学生进行专题案例分析,并在学生思考发言之后进行总结和讲解,既达到巩固知识的作用,又可以增强学生的实践能力。同时授课老师又对一些带有普遍性的共性问题进行解决方法和途径的提示,借此培养学员自我分析与解决学习中问题的能力。

3. 企业高管融入网络平台互动参与

为突破传统教学活动中重理论轻实践、重知识传授轻能力培养的观念,本次活动特别邀请联想控股安徽文王集团销售总监张杰先生参与网上教学活动,结合自己的工作实践以如何成为一名优秀的团队管理者为主题,与学生们进行互动交流。通过企业高管和学生的互动交流,达到相互学习、相互沟通、相互促进、实现双赢的教学目的。外聘企业高管进校园活动,注重学思结合、知行统一、因材施教,以强化学生的自我工作体会为重点,以创新实践育人方法途径为基础,在实践教学这个重要环节中得到锻炼,巩固在校学习的基础理论知识和专业知识,把理论知识学习与生产工作实践联系起来,使学生能尽早了解个人与团队管理相关理论发展态势,完善理论知识向生产实践的转变,从而尽快使学生能适应实践工作需求,掌握实践工作的第一手资料,提高自身分析和解决问题的能力。

(四)强化学生自主学习使用网上资源

"个人与团队管理"课程的学习资源非常丰富。从种类上来说,有文本教材、网络课件、VOD点播、IP课件、直播课堂、教学文本、在线答疑、往届试卷等等;从数量上来看,每一类资源都自成体系,都能够覆盖教材的主要内容。但对学生来讲,仅仅有资源的陈列是不够的,作为课程责任教师,还要能够通过自己对资源的理解和把握,给学生提出详尽的资源使用指导和建议,这样才能够使文字教材和教辅材料、网上各类资源得到最好、最有效地使用,以帮助学生自主学习。笔者在自己的每一学期的课程主题活动设计中,就充分考虑了课程资源的不同特点和适用对象,确定不同的网络课程活动主题,学生们也对网络课程资源的使用提出了自己的建议。

三、网上课程教学效果

(一)网上教学参与情况

从"个人与团队管理"网络活动来看,开放学院共有行政管理专科专业和工商企业管理专科专业 45 名学生参与到课程活动中,阜阳分校共有行政管理专科专业和工商企业管理专科专业 36 名学生参与到课程活动中,其中案例 1 讨论人气指数为 251,回复帖数为 41;案例 2 讨论人气指数为 241,回复帖数为 49;讨论 3 讨论人气指数为 346,回复帖数为 70,同学们对结合自己的工作实际进行交流参与热情比较高涨,网上教学活动的参与率也能够保证在 70%以上,体现出学生对课程网络教学活动的兴趣比较大,学习积极性也很高。

（二）网络课程教学活动调查情况

本次"个人与团队管理"网络教学活动已接近尾声,通过各个分校联系点与课程授课教师和回收的《安徽广播电视大学网络课程教学活动评价表》问卷调查表反馈的情况看,本次活动共 81 名学员,回收调查表 81 份,有效调查表 75 份,同学们对本次网络教学活动的整体教学过程均持肯定态度,教学评价平均得分为 95 分,这个数据也从一定程度上说明本次网络活动的教学设计是比较合理的。

地方高校经管类毕业生就业问题的调查与思考

牛贵宏

内容摘要：近年来，高等教育普及率愈来愈高。经管类大学生数目急剧增长，随之而来的就业情况也愈来愈差强人意。经管类大学生就业难的原因是什么，如何提升经管类大学生就业率越来越成为社会关注的焦点。大学生不及时就业不仅会影响自己和家庭的经济状况，也是社会劳动力闲置的不良状况。提高大学生的就业能力是一项重要而意义深远的任务，对经济社会发展有着非常深远的影响。本文试阐明经管类应届大学生就业的现状，在分析其就业困难的原因的基础上，提出引导经管类大学生正确的就业态度，提升经管类大学生的就业能力，以及关于高校就业指导工作的对策。

关键词：经管类；就业；大学生就业；就业难原因；对策

近年来，高校毕业生的数量逐年增加，就业问题也越来越突出。一方面是有的企业招不到员工，另一方面有些毕业生就不了业。这说明了现在经管类大学生就业时的心态不够科学客观，应该配合当今的就业形势，避免造成劳动力闲置浪费。而高校作为专业的培养人才的基地，又应该在大学生就业这一问题上应该做出什么样的对策和行动？本文在阜阳师范学院经济与管理学院的应届毕业生中随机选择了财务管理、工商管理、物流管理、经济学、电子商务五个专业发放了 320 份调查问卷，收回有效问卷 300 份，有效回收率为 94%。

一、地方高校经管类大学生的就业现状及其影响

（一）地方高校经管类大学生就业的现状

截止到 2014 年 3 月 30 日，通过统计问卷数据发现，已找到工作的应届毕业生数量为 24 人，占总人数的 8%；可以随时签约但还在考虑中的应届毕业生数量为 96 人，占总调查人数的 32%；没找到工作也没有能立即签订的就业合同的应届毕业生数量为 161 人，占总调查人数的 60%。

（二）大学应届毕业生不及时就业的影响

1. 大学生待业造成资源的浪费

我国在高等教育上所投入了大量的人力、物力资源，本应该收到相应的成效。如果毕业生毕业后无事可做，一方面大学生本人作为人力资本，会造成人力资源的浪费，另一方面国

[作者简介] 牛贵宏(1972—)，男，安徽界首人，阜阳师范学院商学院副教授，研究方向：区域经济学。
[基本项目] 安徽省高校人文社科研究重大项目"户籍制度改革背景下安徽省农民工就业质量与入户意愿调查"(SK2016A0697)阶段性成果；阜阳师范学院 2015 年国家级大学生创新创业训练计划项目"新型个性化旅游信息整合网站和企业需求与大学生专业能力协调发展调查研究"(201510371005)阶段性成果。

家投入的资源也丧失了相应的机会成本。再加上现代社会知识更新换代迅速,如果大学生长期处于待业状态,就会逐渐丧失其原本应作为高素质人才的优势,造成巨大的人力资源浪费。

2. 大学生待业会加剧贫富差距

现代有很多家庭希望通过教育改善提高自己和下一代的社会地位,教育作为一种提升社会地位的手段在中国被学生家长广泛推崇,我国许多普通家庭和贫困家庭支持子女接受高等教育。但我国的经济发展程度还不高,对知识型劳动力需求水平并没有达到一个很高的程度。而且,在面临就业时,家庭情况的不同会影响大学生的就业情况,家庭情况好的大学生相较于家庭贫困的大学生来说,他们更容易获得珍贵的信息、有用的人脉,以及更丰富的生活体验带来的更高的眼界和心态,他们在求职过程中更容易取得较好的成绩。而对于家庭贫困的大学生来说,他们毕业以后最直接最重要的就业问题却面临着更大的挑战,首先他们并没有过多的社会资源可以给予他们帮助,其次他们因为生活体验较为单调,眼界和心态比不上家庭情况较好的大学生,这就进一步加大了就业的两极分化。

我国现阶段经济发展水平还不高,如果即使通过高等教育也不能改善提高大学生本人和家庭的社会地位和收益,甚至白白贴上巨大的教育成本,对家庭经济造成负担,这将会进一步加大社会上的贫富分化。

3. 扭曲人们对高等教育的正确认识

试想,从一个家庭的角度去考虑,如果一个家庭辛苦培养出来一位大学生,期望他能够为家庭的社会地位和经济收入带来提高,而辛苦供出来的大学生却连工作都找不到,这就有可能会扭曲人们对高等教育的正确认识,从而家庭可能就会减少在孩子教育上的投资。这既会对我们国家未来的人才培养会造成负面影响,又会对家庭成员的受教育的程度造成不利影响。

二、地方高校经管类大学生部分学生就业困难的原因分析

(一)面临就业时的两种不良心态

1. 焦虑的心态

面临毕业时,有的大学生还没毕业就早早地和用人单位签下就业合同,有的大学生毕业一两年都没找到固定的工作,这是正常的现象。求职是双向选择,对大学生来说是自己的意愿和现实情况靠近的进步过程。调查显示,毕业前,有21%的大学生感到"就业形势很严峻",59%的大学生觉得"竞争压力很大"。分别有11%、53%、25%、11%的大学生对自己的"学习成绩""实践操作能力""专业技能""考试证书、技能认证"表示担忧。这使他们在就业前的一段时间内,往往表现出焦虑的心理状态,产生焦虑的情绪,造成精神紧张、心浮气躁、身心疲惫;学习效率不高,学习能力受到影响;在生活中精神状态不积极,容易消沉。

在面临就业时,有的大学生由于平时不注重自己的心理素质的锻炼和综合能力的发展,导致求职时发现自己的种种不足,因而自卑怯懦,无法完全展现自己的全部实力,与用人单位顺利沟通交流,从而对求职的结果造成不良影响;有些大学生在大学期间就认为"大学是用来玩的",没有对就业形势的清醒认识,没有积极努力地培养自己的各项能力素质,导致不能适应就业形势的要求。

2. 主动意识不强

在问及"您参加过多少次招聘会或投递了多少次简历"时,有51%的大学生表示"参加/

投递过1~3次",有37%的大学生表示"参加/投递过3次以上",而且竟然有12%的大学生表示"一次都没有参加过"。

在问及"您参加过多少次自己学校外组织的招聘会?"时,有67%的大学生表示"参加过1~2次",有15%的大学生表示"参加过3次以上",另有18%的大学生表示"一次都没参加过"。

在问及"您有没有主动寻找各个用人单位的单位信息和招聘信息"时,有49%的大学生表示"查过,但比较少",有35%的大学生表示"查过,并且查询了很多",有16%的大学生表示"没有查过。"

在问及"您有没有考虑过让家人帮自己安排工作?"时,有24%的大学生表示"没考虑过",有65%的大学生表示"考虑过,但主要还是靠自己",还有11%的大学生表示"考虑过并且打算这样做"。

在问及"在面临就业单位的选择时,您有从众心理吗?"时,有72%的大学生表示"有一些,但主要还是考虑自身的客观情况",有16%的大学生表示"有,并且影响比较大",有12%的大学生表示"没有"。

由此可知,在择业过程当中,有两种心理倾向:一种是盲目的从众心理,今天看到同学去公司应聘,自己也去公司应聘,看到别的同学准备公务员考试,自己又去报考公务员,而自己从来没有仔细思考过自己究竟想做什么工作,究竟为了什么而工作;另一种是依赖他人的帮助,当代大学生大多是90后,并且大多是独生子女,从小衣来伸手饭来张口,很少主动去做事情。在就业过程中,这种被动性表现为缺乏主动竞争意识,依赖学校联系工作,依靠家庭的社会关系为自己解决就业问题,在择业时缺乏独立意识。

(二)大学生就业期望值过高

1.就业倾向向发达地区集中

调查显示,在对就业城市规模的期望方面,有17%的大学生想要在"一二线城市"就业,有41%的大学生想要在"较发达城市就业",而仅仅有13%的大学生"愿意在县城乡镇工作"(如图1所示)。选择就业地区的原因是,29%的大学生选择了"生活条件好",61%的大学生选择了"有较大的发展机会",47%的大学生选择了"良好的人才政策",36%的大学生选择了"看中创业环境",另外有11%的大学生选择了"其他"(如图2所示)。

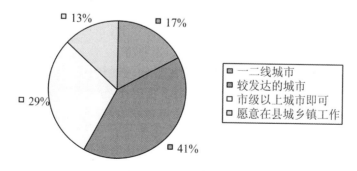

图1 大学生对就业城市规模的意向

在问到"如果求职比较困难,您能否接受去小城市及乡镇单位就业?"时,有17%的大学生选择了"坚决不接受",有55%的大学生选择了"实在没有其他机会时可以接受",仅有28%的大学生选择了"乐于接受"(如图3所示)。从上面的分析可以看出,大学生对待就业的期望和现实情况有一定程度的脱节,这样不仅对大学生本身来说可能会面临失业,而且对一些次发达或落后地区的用人单位来说很可能会招不到人。

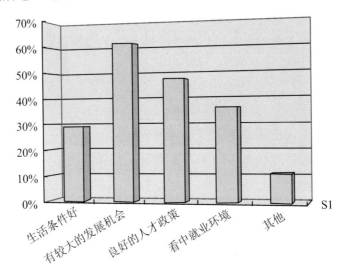

图2 选择就业地区的原因

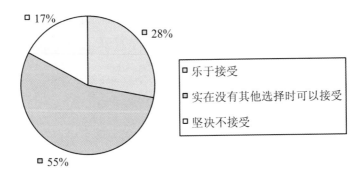

图3 能否接受去小城市及乡镇就业

2. 对就业单位的性质要求比例不平衡

调查显示,希望进入"政府或事业单位"工作的大学生占到37%,希望到"大型企业或国有企业"工作的大学生占到56%,愿意在"中小型企业"工作的大学生所占比例为7%(如图4所示)。

择业的趋势向"国有单位、企业"、"大型企业"集中,而中小型企业不太受关注。这种意向比例明显不符合实际的就业形势,势必会造成相当一部分大学生无法找到自己理想中的工作单位,降低了大学毕业生的就业率。

3. 选择就业呈"追求福利、追求稳定"趋势

择业的选择依据是大学生对待就业期望和对待就业态度的一种体现,调查发现,在问到"择业时,您考虑的前三位因素是什么?",排在前三位的"个人发展机会""薪酬与福利""工作地点"分别占72%、71%、48%,排在后面几位的依次是"工作的稳定性""工作环境""工作单位性质和规模""自己的性格和兴趣"和"父母的意愿",它们分别占的比例为36%、33%、23%、23%、3%(如图5所示)。

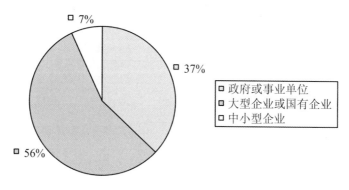

图4 就业单位意向

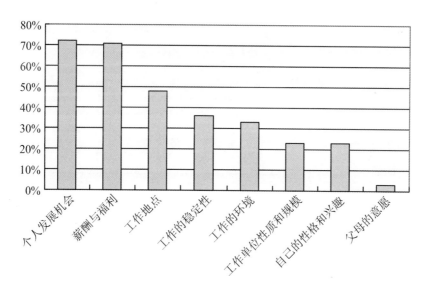

图5 大学生就业时考虑最多的因素

这些数据表明,当代大学生选择职业时更加关注自身的发展机会和现实的物质条件、工作地点、工作环境和工作的稳定性。大学生就业注重工作环境和工作地点实际上就是重视"工作的舒适程度",工作地点是不是距离我的家比较近,距离城市中心比较近,工作环境是舒适还是艰苦等等,注重工作是否舒适对于应届毕业生来说是有一些追求安逸的表现。另一方面,从大学生在择业时兼顾"工作的稳定性"也很难不让人联想到当代大学生希望过安逸舒适的生活,不愿意披荆斩棘艰苦奋斗。

(三)大学生自身就业能力准备不足

1. 大学生就业储备不够

调查显示,仅有24%的大学生参加过"3次以上"的"就业创业培训或比赛",另外有37%的大学生表示参加过"1~3次",更有39%的大学生"一次都没有参加过"。很多同学对于求职的具体过程,有哪些注意事项,需要什么手续和材料都不清楚。从调查统计中看,没找到工作的主要原因是自己求职准备不充分(如图6所示)。

2. 大学生就业中的个人综合素质问题

在被问到"您觉得找工作最大的阻力是什么?"时,被调查者反映,"缺乏社会实践经验和能力"是求职过程中影响最大的个人因素(如图7所示)。

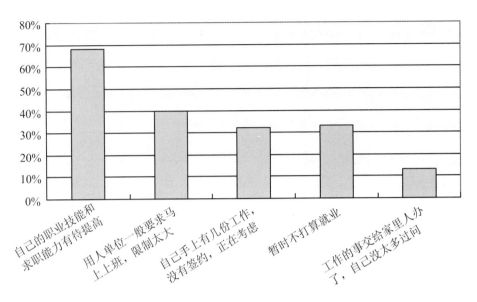

图 6 没找到工作的原因

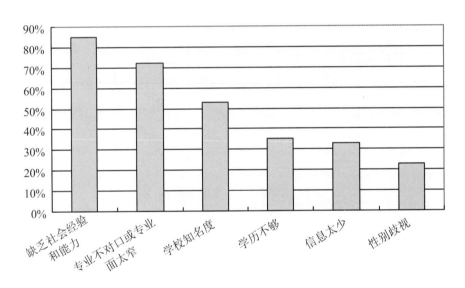

图 7 找工作最大阻力

有不少大学生在校期间学习成绩优秀,综合能力也不错,对自己的能力估计可能会存在过分高估的现象,导致眼高手低,等到真正接触到就业问题时才发现自己的修行还不够。还有一些在校表现一般,综合能力也不甚突出的同学更需要积极提高自己的综合素质,勇敢面对汹涌的就业狂潮。

三、地方高校经管类大学生就业问题的解决对策

高校的就业指导工作应以现实具体情况为指导进行全面的"科学升级"。调查显示,对"学校组织的就业指导课程是否满意"的调查中,选择"很满意"的大学生仅占 16%,选择"基本满意"的大学生占 67%,选择"不太满意"的大学生占 17%。高校应该建立更完善、更科学的就业指导体系,给学生提供更好、更有用的就业指导课程,应该努力做到以下

几个方面。

(一)引导大学生正确地进行自我定位

心理学研究表明,我们每个人对自我认识的客观程度越高,也就是自我认识越准确,往往就会遇到更少的心理问题,对社会的适应能力就强,在社会上也会更能发挥自己的价值和作用,容易做出成绩。相反,如果我们对自身认识不准确不客观,对社会的适应能力往往会差强人意,就会出现一系列的性格问题,比如狂妄自大,眼高手低,容易郁郁不得志,对自己的发展有消极影响。

高校应该为大学生提供此类心理辅导课程和心理咨询服务,并多举办类似于"你眼中的我,和我眼中的我有什么不同"这类的引导性集体活动,引导大学生全面正确地认识自己,对自己有一个客观的评价。

(二)鼓励学生积极参加各种社会实践活动,主动提高自身综合素质

纸上谈兵终不能走向真正的战场,大学生们为了提高自己的就业能力,必须要积极参加各种实践活动,理论必须结合实践,才能成为生产力。当前形势下,很多用人单位对大学生的要求不断提高,有的大学生在就业面试时说"我进入贵公司不是为了拿很多薪水,而是为了学习",很多用人单位就会有这样的疑惑和不满"学生来我们单位学习,那他(她)在学校的时候都学的什么?"所以当代大学生必须要注意锻炼自己的各项能力,提高自己的综合素质适应工作环境的要求。

学校方面应该努力寻找适合学生的就业创业实习基地,努力与合适的单位进行培训就业对接,建立长期稳定的合作关系。在寒假暑假,或者是在其他课余时间,带动学生积极参加实践实习活动,提高学生的实际动手操作能力,提升就业竞争力。

(三)引导大学生进行职业生涯规划

面对"您认为职业生涯规划是否重要"这个问题时,有49%的大学生认为"很重要",有43%的大学生认为"比较重要"。这说明当代大学生对职业生涯规划的看法是很好的,高校可以在学生的职业生涯规划课程方面投入更多的精力与资源。

高校应该把"职业生涯规划"纳入学生教学体系的一部分,因为大众化的高等教育带来的严峻的就业形势并不是短期可以解决的问题,我们并不是一毕业就会有就业单位来哄抢的"香饽饽"。因此,所有大学生都应该放下"清高"的身段,仔细为未来的职业生涯做一些初步但比较全面的思考与打算。

学校应该配备专业的、高水平的,能够有效指导学生进行职业生涯规划的教师队伍,如果受到客观条件的限制,不能大量引进类似的人才,那么学校可以选派一部分教师去学习学生职业生涯方面的专业知识,把先进的知识带进校园,注入新鲜有活力的知识血液。另外,学校还应该积极开展相关活动,比如求职知识讲座、职业生涯规划竞赛、模拟校园招聘会,并且要足够重视这些工作。所谓"足够重视"是指,能够有专门的负责部门或负责人全程负责这些活动与比赛的组织,并且该活动、比赛所取得的成效与其绩效挂钩,学校也应该拿出一些资源来吸引学生积极参加这些活动,比如设置有吸引力的奖项等。

学校应该将大学生职业生涯规划课程作为一种常规工作去抓,投入足够的人力物力,甚至与相应的负责部门的绩效挂钩,这样才能使大学生及时发现适合自己的职业道路,发现并弥补自己的不足,时时刻刻对就业形势有清醒的认识,时刻保持一颗积极进取的上进心,从而增强自身的综合实力和核心竞争力。

（四）建立优良的就业信息平台

对于"希望从高校的就业指导中获得什么",有61%的同学选择了希望能获得"用人单位的信息"。这表明,对用人单位的信息了解不全面是限制大学生就业的重要因素之一,因此,建立良好的就业信息平台就显得十分重要。

我们可以利用现在发达的信息技术,将对毕业生有用的就业信息找寻到并整理好,在一些信息平台,如QQ群、微信群、校招生就业网站网页等发布这些就业信息,为毕业生提供好就业信息的服务,并且设置专门的"就业疑难解答办公室"和相应的值班工作人员,随时解答毕业生关于就业的各种问题和疑惑。

（五）培养学生积极乐观的优良品质

作为一名即将离开学校踏入社会的学生来说,当代大学生承受了很多的压力,从个人生活压力,到由于计划生育政策带来的比上一辈更大的养老压力,再到结婚生子的经济压力,甚至与各种同龄人"官二代、富二代"的差距带来的心理压力,都在挑战着每一位当代大学生的心理素质。高校应该积极宣传和发扬艰苦奋斗、坚韧不拔的精神,积极开展心理教育和心理辅导,让学生感受到压力,但不惧压力。

四、结束语

学生心理素质、综合能力的提高不能一蹴而就,高校和教师要有足够的信心和耐心。教师要正确认识自己工作的重要性,并且付出足够的精力与努力。无论是教师的指导深度还是学生的学习效果,都取决于当事人对工作和学习的态度,这就要求教师和学生都必须以正确严谨的态度面对这项工作和学习。

就业归根结底还是大学生自己的事情,需要大学生对自己准确定位、合理分析,认真学习、加强实践,全面提高自身就业能力,适应社会竞争。大学生应通过自我完善,充分挖掘自身潜能,面对就业的困境,用积极的心态去争取成功。

参 考 文 献

[1] 贾利军,管静娟.大学生就业能力的全息分析[J].中国大学生就业,2010(1).
[2] 赵昕.求职:求稳? 求薪? 求阅历?[J].中国大学生就业,2011(11).
[3] 梁恒.兰州市高校经管类大学生就业现状分析及对策:以兰州交通大学经济管理学院为例[J].学理论,2011(6).
[4] 朱晓晖.大学生失业问题的社会学分析[J].网络财富,2010(6).
[5] 张国进."90后"经管类大学生就业心理分析与对策[J].淮北职业技术学院学报,2013(6).
[6] 黄桂仙.大学生就业焦虑调查研究[J].淮北职业技术学院学报,2013(3).
[7] 娄玉珍.试析就业困难高校毕业生就业援助制度的建立[J].文教资料,2011(12).
[8] 杨继瑞.关于加强大学生社会实践活动的思考[J].高校理论战线,2010(2).

经济管理类大学生创业能力培养途径与实践探索

白 林　杨 霞

内容摘要:重视大学生创业能力培养,已经成为提升高校人才培养质量和办学水平的时代诉求和发展内涵。本文在分析经济管理类大学生创业能力构成要素基础上,从经济管理类学科和专业特点出发,结合淮南师范学院经济与管理学院实践经验,构建宏观、中观和微观协同作用的大学生创业人才培养体系。

关键词:经济管理类大学生;创业能力;培养途径;实践探索

著名经济学家成思危曾说:"经济只能保证我们的今天,科技能保证我们的明天,而创业教育能保证我们的后天。"在全球经济竞争方式发生重大转变,我国经济发展方式面临转型的关键时刻,高等教育已从单纯的专业主义教育,转向叠加创新创业人才复合型教育。发展创业教育,培养创新创业人才,已经成为高校发展的时代诉求,不仅关系到全社会的就业,而且关系到高校人才培养质量和办学水平,也将成为我国新一轮经济增长的巨大动力。

同时统计数据表明,截止到2013年6月,我国经教育部批准的2198所普通高等学校绝大多数都开设了经济管理类专业。经济管理类专业,作为实践性极强的应用学科,开设的课程涉及人文科学和社会科学,与市场经济活动的关系密切,在创业实践中具有广泛的实践性和可操作性;经济管理类学生,以文科生为主,与其他学科门类学生相比,表现出更加活跃的思维、更加敏锐的市场眼光、更强烈的创业意愿和更浓厚的创业兴趣。因而,经济管理类大学生是学生创业的生力军,其创业能力的大小以及创业成功率的高低,一定程度上影响着我国大学生创业的整体水平。结合经济管理类学科专业和学生特点,探索适合经济管理类大学生创业能力培养的有效途径,提高创业成功率,具有较强的现实意义。

一、经管类大学生创业能力构成

创业能力是一种融智商、情商和财商为一体的综合能力。智商和情商有助于经管类大学生正确处理创业过程中人与物以及人与人之间的关系,财商则可为个人提供不竭的工作热情和持续的工作动力。大学生创业能力主要包括以下内容:

专业技能。现代市场经济的创业环境要求创业者具备捕捉商业机会、市场营销、财务管理、企业管理、风险控制、统计分析等相关知识。因此,大学生创业需要认真学习专业知识,系统掌握具有广泛实用性和可操作性的学科专业技能。

经营管理能力。经济管理类大学生创业者需要将各类具有不同能力的人整合在一起,优化人员配置,进而形成配合默契的集体活动。同时,经济管理类大学生还需具备良好的决

[作者简介]　白林,女,淮南师范学院经济与管理学院院长,教授。杨霞,女,淮南师范学院经济与管理学院助教。

[基金项目]　安徽省教育厅重点项目"应用性高等教育经管类人才培养的综合改革研究"(2012jyxm458)。

策能力。创业前,需要分析比较众多的创业目标,进而选择出最适合发挥其自身特长与优势的创业方向。创业过程中,需要透过错综复杂的现象去发现事物的本质,分析原因,找出真正的问题。

协调沟通能力。人是一切经济活动的主体与最终作用的客体,因此,任何经济活动都离不开人。经济管理类大学生如果想创业成功,就应该妥善处理与外界的关系,学会与各类市场经济主体有效沟通,争取得到各个部分的支持。以协调发展的理念,团结一起可以团结的人,求同存异共同发展。

创新能力。创新能力是创业能力的重要组成部分。不论创业者采用新战略、开发新产品、开辟新市场还是拟定创业计划、创办新企业的过程中都包含不同程度的创新活动,因此创业者需要有创新的思维和能力。

二、经管类大学生创业能力培养途径

作为一项系统工程,经济管理类大学生创业能力的培养工作,既要考虑经管类学科专业实际,也要结合学生行为和思想特点,还需要发挥宏观、中观、微观三大层面主体作用,联动合作、协同培养(如图1所示)。

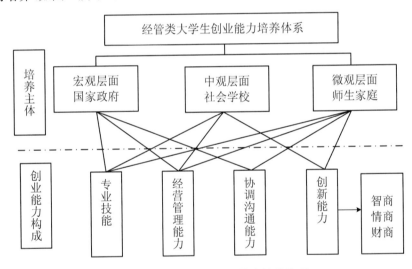

图1 经管类大学生创业能力培养体系

(一)宏观层面——国家政府

大学生创业不是学校学生个体的事,创业能力的培养离不开创业环境的完善和优化。为此,应做到以下几点:一要加大创业政策制定和完善力度。国家政府通过制定系列配套的创业政策,从政策、资金和服务等方面给予大力支持。如:简化注册登记程序,减免费用;保证金融贷款优惠;实行税收优惠政策;建立多渠道的金融支持等。二要加大创业政策执行和监督力度。好的制度和政策还需要强有力地执行。据调查,2013年部分省市高校学生,虽成功申报获批"地方高校国家级大学生创新创业训练计划项目",但政府和学校给予的配套资金却迟迟不能到位,严重降低了学生创业的积极性,为此政府机关要加强监督、及时监察。三要加大高校教学改革力度。通过强化实践教学,设置符合学生实际和社会实际的课程,将创业人才培养成功率纳入大学考评指标体系,推动应用型人才培养。

（二）中观层面——社会学校

目前很多学生创业面临资金短缺、经验匮乏和升学压力等现实问题。从社会角度考虑，应该转变传统的"唯成绩论、学习论和就业论"的评价思维，理解大学生创业、支持大学生创业，而不是全盘否定、嗤之以鼻，学会包容创业失败者，理解学生创业，形成良好的舆论氛围。学校则应从以下几方面入手。

1. 加大创业型导师培养力度

注重创业教育，加大资金投入，引导并组织教师多参加校外实践和创业模拟活动，加强教师与相关事业单位的联系，提升教师的创业素养，优化创业人才培养的师资力量，从数量和质量上给予大学生创业支持和扶助。

2. 制定灵活的人才培养方案

对于不同专业不同学科类别的学生，灵活制定人才培养方案，根据学生需要，实施弹性学制，鼓励学生创业，允许在校创业的学生，延长求学年限；授课形式上，采取项目导向、任务驱动等教学模式，激发学生的探索意识和创新思维；课程设置上，突出与创业密切相关的核心课程；考试方式上，改革传统考试、考核等方法，采取提交企业案例调查报告、商业计划书和设计原型系统等形式。

3. 加快创业项目孵化和基地建设

通过搭建校企合作平台，设立实习实践基地和大学生创新创业活动基地，将创业意识的培养、专业技能训练与创新创业精神有效结合，帮助有创业意愿的学生积累管理工作经验，提高综合素质，促进创业成果孵化。

（三）微观层面——师生家庭

老师和学生作为高校活动中的微观个体，前者是学生创业的重要推动者，后者则是创业的有力实施者。辅导员和班主任长期从事学生党建工作和思想政治教育工作，较专业课教师与学生联系更为紧密。因此，学生创业意识的启发、创业思路的引领、创业能力的培育和创业心理的调试等方面都离不开他们的指导。二者要充分发挥"先锋引导"作用，注重因材施教，引导学生树立创新观念，利用现有资源重点培养学生的创新思维能力。任课老师和校内外创业导师，则应充分发挥自身专业知识优势和经验优势，进一步指导学生创业。

学生角度看，经管类学生创业虽然有着其他学科大学生不能比拟的专业优势，但创业是综合能力的较量。要想成功创业，创业学生在做好知识储备的同时，更要注重培养自身创业素质和创业能力。平时做生活的有心人，善于捕捉好的想法，通过市场调查研究，不断论证完善想法。保持乐观精神，学会积极的心理预期和心理暗示，提升大学生的自我效能感，增强个体的心理复原力；获得家庭的支持和理解，这些都将有助于提高大学生创业成功的可能性。

三、淮南师范学院学生创业能力培养

淮南师范学院经济与管理学院前身是成立于 2004 年 6 月的经济管理系，2011 年 10 月系改院。十年磨一剑，目前，学院已经发展为淮南师范学院在校生规模最大的院系，拥有 3100 名学生，开设国际经济与贸易、会计学、市场营销、电子商务、财务管理和金融工程等六个本科专业，以及会计（金融服务）和国际商务两个中澳合作办学专科专业。下设一个国际合作教育中心、一个省级实验（实训）示范中心和三个省校级研究机构。经过长期摸索，学院根据学生特点形成一套独特的适合经管类学生创业能力培养的发展模式。

(一)实施"1+2+N"创业指导模式

"1"即指定1名专职人员负责创业实训、创业项目指导孵化和学科竞赛等事宜;"2"指重视应用型人才的培养和实习基地建设两方面工作,对学生创业实行校内导师和校外导师"双指导"形式。目前我院已与淮南市海通证券、淮南市华联商厦、淮南矿用电子研究所和淮南光华光神机械电子有限公司等企业合作建立了校外实习实训基地,吸收校外创业导师近20名;"N"指针对创业的不同阶段吸纳不同导师参与指导,帮助学生培养创业意识、锤炼创业能力,包括辅导员、班主任、校内专业教师和校外企业导师。如:创业意识启发阶段,注重辅导员、班主任的思想引领作用,采用专业课与选修课相结合方式,灵活传授创业知识;创业思维形成阶段,校内专业教师和创业导师通过学科竞赛和创业培训班给予专门辅导,进一步凝练和完善创业想法;创业实践孵化阶段,通过搭建校企合作平台,专家与成功企业家讲座与演讲形式,吸收有实践经验的企业经营管理人才作为校外创业导师,对学生的创业进行实时指导,将创业思维、创业信心和创业心理教育等贯穿于整个教育体系。

(二)狠抓"学科竞赛"创新平台

学科竞赛作为实践教学的重要形式,可以显著地提升学生的创新能力,有助于培养复合型人才和创新型人才。学院自成立以来,一直以学科竞赛为抓手强化学生实践技能的培养。通过建立专家库、学生库和作品库,明确专家库内专业指导教师实践领域,将富有创业激情和创业想法的优秀学生纳入学生库,将富有创新创意、适合创业的项目,纳入作品库,"三库"良性循环,积极互动;通过学科竞赛成果展、创业讲坛、采访报道、本院系自己组织开展"未来企业家"创业大赛等形式,遴选优秀创业项目重点培育,加大创业事迹的宣传和创业成果的孵化,引导更多的学生通过学科竞赛的平台实践和完善自身创业想法,增强创业能力;同时,学院学科竞赛领导组积极利用实验中心先进的实验室设备和实验条件,定期组织学生有层次地参与各级别的学科竞赛,深化理论知识,提高专业技能,培养学生的创新精神。

2008年至今,经管学院年均组织3000人次参加各类学科与技能竞赛,参赛情况如表1所示。2013~2014学年,学院更是结合学科专业特色,主动谋划,积极搭台,在组织学生参加品牌特色的"未来企业家"创业大赛基础上,严格遴选优秀的获奖团队及个人,参加国家级、省级等创新、创业类赛事,取得了可喜的成绩。学院累计有25个参赛项目,10个参赛团队及31人次先后在"挑战杯·中国联通"安徽省大学生课外学术科技作品竞赛、"创青春中国联通"安徽省大学生创业大赛、第四届全国大学生电子商务"创新、创意及创业"挑战赛、第八届"昆山花桥杯"职业生涯规划暨大学生创业大赛、全国商科院校技能大赛国际贸易专业竞赛、中国大学生计算机设计大赛、第十届全国大学生"用友新道杯"沙盘模拟经营大赛、安徽省高校首届"安财杯"金融虚拟仿真投资大赛等赛事中获得省级及以上荣誉。获奖赛事涉及创业类、金融类、国贸类、财会类、电子商务类、计算机设计类等多领域。

(三)搭建实训实验有力载体

学院结合经管类学生和学科专业特点,依托多维实践平台,建设高仿真专业实验室,模拟再现未来真实工作环境,让学生身临其境提前接触真实的工作环境。学院所辖省级经管中心实验室,现有实验用房约1800平方米,设备资产总值约650万元。中心在学生创业能力培养方面注重以下几点:

1. 注重渗透教学改革

在教学改革进程中,中心由原来单纯的理论课教学,转变为理论课与实验课并重。依托下设的10个实验室,开设覆盖国际经济与贸易、市场营销、电子商务、会计学、财务管理和金融工程6个本科专业的56门实验课程。并且承担起历届经管学院各专业学生的实习实训工作,通过本科生第5～6学期的实习实训,由"校外分散考察调研型"转变为"校内仿真演练与校外实训相结合"的实习实训,创设丰富的实验实训环境,提高学生的实践动手能力,进一步激发学生的创业意识、强化学生的专业技能。

表1　淮南师范学院经济与管理学院年均组织学生参加学科竞赛一览

赛事分类	竞赛名称	竞赛级别	年均参加人次
创业类	全国大学生挑战杯创业计划竞赛	A	500
	全国大学生电子商务"创新、创意和创业"挑战赛	A	200
	全国大学生职业生涯规划暨大学生创业大赛	B	120
	安徽省科普创新创业大赛	C	60
	"学创杯"企业模拟经营大赛	C	200
	校"未来企业家"创业大赛	D	450
营销类	全国大学生市场营销大赛	C	150
	全国大学生营销策划大赛	C	150
金融类	"安财杯"金融虚拟仿真投资大赛	C	180
商科类	全国商科院校技能大赛国际贸易专业竞赛	C	200
	全国商科院校技能大赛财务专业竞赛	C	260
	全国商科院校技能大赛移动商务专业竞赛	C	200
	全国商科院校技能大赛网上零售专业竞赛	C	200
	全国商科院校商务谈判技能大赛—网络竞赛	C	150

2. 注重凸显专业特色

中心自2006年成立以来,加强专业建设和改革,结合市场经济需求,开设专业,加大对电子商务和国际贸易专业的扶持力度;开展多层次的学生竞赛活动,不断丰富各专业的建设内涵,不断凸显专业特色;通过开展基础型、综合应用型、实际操作型和设计创新型交叉的360余个实验项目,培养学生实践能力和创新精神,提升学生思维能力,增进学生创业技能。

3. 注重培养学生创新创业能力

中心依托实习实训平台、仿真模拟实验平台、数据库资源平台、互联网和校园网信息平台、校外实习基地平台等5大功能平台,大力支撑学生创新创业活动。2013年,学院购置"北森人力资源测评软件",专注学生职业生涯规划、创业意识引导和各种评价方法的掌握,帮助学生提高企业管理实际操作技能。2014年,学院在购买"营销之道"软件基础上,拟购置"创业之星"专业企业模拟经营软件,以期系统训练学生创业思维,帮助学生全面了解企业供应链流程,学会科学地经营决策,降低企业经营风险。中心立足创新、设计两大环节,积极鼓励学生参与教师的科学研究项目和申报学校的学生科研项目。近三年学生科研立项44项。中心还立足学科竞赛,对有前景和基础的创业项目予以跟踪支持,力争成为创业、创新人才孵化的基地。

总之,学院紧紧围绕"经济管理类学生需求和经济社会动态变化特征",灵活设置基础专业课和创业应用实践课,通过校企合作、学科竞赛、实验实训等形式,重视大学生创业,丰富创业指导手段,强化"应用型人才"培养实效,着力培养和提升学生的创业能力和创业素质。

参 考 文 献

［1］浙江在线·教育频道.2012.我省积极探讨地方本科院校应用型人才培养模式［OL］.http://edu.zjol.com.cn/05edu/system/2007/04/29/008380973.shtml.

［2］光明网.2011.清华大学.过勇.谈创新创业人才培养(组图)［OL］.http://roll.sohu.com/20111028/n3237 78647.shtml.

［3］新浪财经.2012.论坛:中国创新创业人才培养与中国管理创新［OL］.http://finance.sina.com.cn/hy/20120902/154613022865.shtml.

［4］中华人民共和国教育部.2013.教育部批准的高等学校名单、新批准的学校名单［OL］.http://www.moe.gov.cn/publicfiles/business/htmlfiles/moe/moe_229/201306/153565.

［5］李琼.商科高等教育中大学生创业能力构成要素及培养［J］.当代教育论坛,2011(12).

［6］车治荣.振兴区域经济的基础:创业教育与创业人才培养［J］.黑龙江高教研究,2004(10).

［7］林丽萍.青年创新创业人才培养体系构建［J］.中国青年研究,2009(1).

［8］马建荣,钱国英,徐立清.开放·融合·实战的创业教育模式探索与实践［J］.中国大学教学,2010(1).

［9］范勇,耿乃国.浅谈辅导员对大学生创新能力培养的作用［J］.社科纵横,2010(2).

［10］吴晓红,王敏,强添刚."1+1+n导师制"创新创业人才培养模式的构建:以东北林业大学交通学院为例［J］.黑龙江高教研究,2013(7).

［11］陈国方.创新高职人才培养体系的探索与实践［J］.中国高教研究,2008(3).

新型城镇化下皖北地区城市综合承载能力评价

何 刚　杨 黎

内容摘要：本文主要内容为城市的综合承载能力对新型城镇化建设的基础,基于城市综合承载能力的要求,采用改进熵值法,选取经济、资源、环境和社会等4个层面的28项指标,建立评价体系,分析评价皖北地区六个城市的综合承载能力。研究结果可以为城市综合承载能力评价提供一个新的研究思路。

关键词：综合承载能力；评价指标；改进熵值法

一、引言

一个国家的城镇化水平代表其人民生活方式及一些物质表象向城镇型转化和稳定的程度。近年来,我国的城镇化水平,随着经济文化水平的提高,也逐年上升。截至2013年底,我国城镇化率已达53.73%[1],但作为中部崛起的重要力量,安徽省的城镇化率只有47.86%[2],皖北六市的城镇化率更是在全省平均值之下。为缩小差距,提高城镇化率,安徽省出台了《提升中心城市承载力和改善人居环境》《加快发展县级中等城市》《培育200个特色镇》等一系列相关政策。虽然城镇化率一直在提高,但是随之而来的城市综合承载能力问题也进一步凸显。因此,如何在提高城镇化率的基础上,提升综合承载能力,使资源、经济和人民生活协同发展,是推进新型城镇化的重要课题。

二、文献综述

自20世纪80年代以来,我国学者以不同角度、采用不同方法对城市承载能力开展一系列研究。高彦春和刘昌明(1997)通过模糊评价方法,研究汉中筘地平坝区的水资源承载力；高吉喜(2001)采用层次分析法,分析研究黑河流域的生态承载力；郭海丹等(2009)通过指标体系评价法,建立水资源承载能力评价指标体系,并对辽宁省朝阳市区进行实证分析[3]；马源和马珊珊(2010)使用主成分分析法,评价中原地区9个地级市城市综合承载力[4]；胡敏和刘心雨(2013)运用层次分析法对江苏省近十年的资源环境承载力进行了综合评价等[5]。

综上所述,已有研究多针对某一项资源的承载能力展开分析,如水资源、土地资源等,而对于城市的综合承载能力的研究较少；分析方法多采用主成分分析法、因子分析法、层次分析法等,但选取的指标权重不够全面,并且主观性较强。改进熵值法,能够最大限度保留指标对结果的影响力并且保持权重的客观性,因此,用其评价城市的综合承载能力是

[作者简介]　何刚(1966—),安徽合肥人,博士,研究员,安徽理工大学经济与管理学院院长。研究方向：人力资源管理与区域可持续发展。
[基金资助]　安徽省高校人文社会科学研究重大项目(SK2014ZD024)；教育部人文社会科学规划基金(14YJAZH029)。

一种更符合实际的方法。作为面积和人口皆占到全省50%以上的皖北地区,其城市综合承载能力对整个安徽省城镇化率的影响是不可忽视的,因此,有必要对该地区城市综合承载能力进行研究。

三、城市综合承载能力的评价指标体系的构建

依据科学性、完整性、可操作性、通用性等原则,选取城市综合承载能力评价指标。鉴于城市综合承载能力影响因素的多元性和复杂性,结合城市综合承载能力的内涵和已有研究成果,建立4个一级指标(社会指标、资源指标、环境指标、经济指标)和28个二级指标的评价指标体系,如表1所示。

表1 皖北地区城市综合承载能力评价指标体系

一级指标	二级指标
经济指标(EC)	人均GDP EC1(元/人) 人均社会固定资产投资 EC2(元/人) 城镇居民人均可支配收入 EC3(元) 第三产业生产总值占GDP比重 EC4(%)
资源指标(R)	人均城市道路面积 R1(m²/人) 人均耕地面积 R2(公顷/万人) 人均住房建筑面积 R3(平方米) 建成区面积比例 R4(%) 单位产值用地 R5(公顷/亿元) 人均水资源量 R6(立方米/人) 人均用水量 R7(立方米/人)
环境指标(EN)	空气质量达到及好于二级的天数 EN1(天) 城市道路交通噪声均值 EN2(分贝) 建成区绿化覆盖率 EN3(%) 人均公园绿地面积 EN4(平方米/人) 污水处理率 EN5(%) 废水治理设施处理能力 EN6(万吨/日)
社会指标(S)	城市人口密度 S1(人/平方公里) 城镇非私营单位分行业就业人员年平均工资 S2(元) 城镇登记失业率 S3(%) 第三产人员占就业人员比例 S4(%) 教育经费支出占财政支出比重 S5(%) 义务教育中万名学生拥有专任教师数 S6(人) 每万人运营车辆保有量 S7(辆/万人) 货物周转量 S8(万吨/公里) 社会保障补助占财政支出比重 S9(%) 万人拥有病床数 S10(张) 万人拥有医生数 S11(人)

四、改进熵值法

本文采用改进熵值法[6],对收集到的数据进行整理。熵值法能够尽可能对指标进行权

重计算,并且消除权重确定的主观因素。由于在熵值法的计算过程中运用了对数和熵的概念,因此负值和极值不能直接参与运算,于是对熵值法进行改进。目前较为常用的改进方法有两种:功效系数法和标准化变换法。本文采用标准化变换法,因为其无需依靠主观信息,是完全客观的赋权法,也有助于减少极端值对结果的影响,更符合本次研究要求。具体计算步骤如下。

1. 数据的净化处理

由于28种指标数据的测度方式不同,因此,在统计处理之前需要进行无量纲的净化处理,即标准化和正向化。本文通过SPSS19.0软件,采用Z-score标准化方法,令数据符合标准正态分布。

$$x'_{ij} = (x_{ij} - \bar{x}_j)/\sigma_j \tag{1}$$

式中 x'_{ij} 为指标 x_{ij} 标准化后的量;x_{ij} 为 i 城市的 j 指标的值;$\bar{x}_j$ 为指标 j 的均值;σ_j 为指标 j 的标准差。

2. 指标的改进

为了消除标准化后的负值指标,需要将指标进行改进,即将指标值 x'_{ij} 平移 k 值之后得到新指标 x''_{ij}。

$$x''_{ij} = x'_{ij} + k \tag{2}$$

3. 计算指标 x''_{ij} 的比重 R_{ij}

$$R_{ij} = x''_{ij} / \sum_{i=1}^{m} x''_{ij} \tag{3}$$

4. 计算指标 j 的熵值 $e_j (e_{ij} \in [0,1])$

$$e_j = -\left(\frac{1}{\ln m}\right) \sum_{i=1}^{m} R_{ij} \ln R_{ij} \tag{4}$$

5. 计算指标 j 的差异性系数 y_j

$$y_j = 1 - e_j \tag{5}$$

其中,当 y_j 值越大,则指标 j 在综合评价里越重要。

6. 计算指标 j 的权重 w_j

$$w_j = \frac{y_j}{\sum_{j=1}^{n} y_j} (j=1,2,\cdots,n) \tag{6}$$

7. 利用加权平均法计算 i 城市的综合承载能力得分 P_i

$$P_i = \sum_{j=1}^{n} w_j R_{ij} \tag{7}$$

五、评价结果及分析

本文以皖北六市为研究对象,结合《安徽省统计年鉴(2013)》的相关数据,对六个城市2012年的城市综合承载能力进行计算。

1. 计算权重

由改进熵值法得到各指标的权重,如表2所示。

表 2 皖北地区城市综合承载能力评价指标权重表

指标	权重	指标	权重
经济指标(EC):		建成区绿化覆盖率 EN3（%）	0.019
人均 GDP EC1（元/人）	0.017	人均公园绿地面积 EN4（平方米/人）	0.015
人均社会固定资产投资 EC2（元/人）	0.017	污水处理率 EN5（%）	0.020
城镇居民人均可支配收入 EC3（元）	0.022	废水治理设施处理能力 EN6（万吨/日）	0.063
第三产业生产总值占 GDP 比重 EC4（%）	0.021	社会指标(S):	
资源指标(R):		城市人口密度 S1（人/平方公里）	0.018
人均城市道路面积 R1（m^2/人）	0.060	城镇非私营单位分行业就业人员年平均工资 S2（元）	0.062
人均耕地面积 R2（公顷/万人）	0.018	城镇登记失业率 S3（%）	0.017
人均住房建筑面积 R3（平方米）	0.067	第三产人员占就业人员比例 S4（%）	0.019
建成区面积比例 R4（%）	0.062	教育经费支出占财政支出比重 S5（%）	0.018
单位产值用地 R5（公顷/亿元）	0.074	义务教育中万名学生拥有专任教师数 S6（人）	0.062
人均水资源量 R6（立方米/人）	0.017	每万人运营车辆保有量 S7（辆/万人）	0.022
人均用水量 R7（立方米/人）	0.024	货物周转量 S8（万吨/公里）	0.017
环境指标(EN):		社会保障补助占财政支出比重 S9（%）	0.017
空气质量达到及好于二级的天数 EN1（天）	0.019	万人拥有病床数 S10（张）	0.071
城市道路交通噪声均值 EN2（分贝）	0.068	万人拥有医生数 S11（人）	0.071

2. 计算分值

由权重表计算出各城市的综合承载能力得分及排名,城市名将由字母代替,其结果如表3所示。

表 3 皖北地区城市综合承载能力得分及排名表

城市	经济承载能力		资源承载能力		环境承载能力		社会承载能力		综合承载能力	
	得分	排名	得分	排名	得分	排名	得分	排名	总得分	总排名
A	0.004	3	−0.137	5	0.123	1	0.153	2	0.143	3
B	0.001	4	0.319	1	0.101	2	−0.172	5	0.249	1
C	−0.026	5	0.095	2	0.022	3	−0.227	6	−0.136	5
D	0.047	1	−0.008	4	−0.081	5	−0.011	3	−0.053	4
E	−0.066	6	−0.002	3	−0.171	6	−0.137	4	−0.377	6
F	0.041	2	−0.266	6	0.006	4	0.393	1	0.174	2

3. 分析评价

由于数据经过正向化处理,因此,得分越高表明该项承载能力就越好,其总和即综合承载能力也越好。因此,可以按照总得分把皖北六市的城市承载能力划分为三个阶层。

第一阶层是 B 市。其总得分比其他城市要高出许多,但细看其各项指标,却发现各项承载能力并不平均。其中资源承载能力和环境承载能力较强,但是经济承载能力和社会承载能力较为落后。可见,该城市的资源和环境保护得较好,不过应加强经济的发展并促进社会保障的完善,因此其综合承载能力的潜力很大。

第二阶层是 F 市和 A 市。作为典型的资源型城市,F 市虽然在经济水平和社会保障上居于前列,但在资源和环境方面表现较弱,可见其经济仍多以粗放型发展。A 市在环境和社会承载力方面表现较好,但资源方面排名靠后。因此,A 市应在保持环境和社保的基础之上,转变资源利用方式提高资源利用率。

第三阶层是 D 市、C 市和 E 市。这三个城市的总得分不仅低于临界值且有一定差距,可见城市的综合承载能力还有很大的提升空间。从经济承载能力来看,C 市和 E 市得分均排名靠后,因此大力发展城市经济,增强实业发展能力,是其提高城市综合承载能力的关键。D 市虽然经济承载能力位居第一,但是由于其环境保护不善、资源使用不利使得这两项得分很低,直接影响了该城市的整体排名。故 D 市需要尽快加强环境治理,提高资源利用率,转变经济发展方式,并同步提高社会承载能力,最终提高城市的综合承载能力。

六、结论

通过对皖北地区 6 个城市的综合承载能力分析,有以下几个结论。

(1) 城市综合承载能力与大多数评价指标不同,不仅是衡量城市已有的成绩,更是一种对于城市发展潜力的评判。因此,环境和资源的承载能力对整体影响较为明显。

(2) 在本次研究里,经济承载能力较强的城市,环境和资源承载能力偏弱,即城市的经济承载能力与其综合承载能力不一定成正比,甚至成反比。可见,这些城市的经济发展可能多以消耗资源、牺牲环境为代价。例如,虽然 D 市在经济上的承载能力比较强,但是由于经济发展方式相对比较粗犷,使得其环境、资源方面的承载能力较弱。反之,虽然 B 市在经济承载能力比较弱,但是其环境、资源方面的承载能力比较突出,直接提高了其综合承载能力的得分。

综上所述,中国正在进行城镇化发展的重要阶段,但是对于大多数依赖资源发展的工业型城市,虽然经济承载能力较强,仍然多以消耗资源、牺牲环境为代价。因此,如何提升其环境承载力,增强城市的基础建设,才是其发展的关键。而经济方面较为落后的城市,应在保证环境承载力的前提下,努力提高实体经济的发展,才能发挥资源和环境的潜力,增强其综合承载能力。因此,虽然经济对城市实力的影响十分重要,但只有使经济、环境、资源、城市的基础建设协同发展,才能有效提升城市综合承载能力,才能真正推动城镇化的发展。

参 考 文 献

[1] 中国新闻网. 国家统计局:2013 年中国城镇化率为 53.73%[EB/OL]. http://www.chinanews.com/gn/2014/01-20/5755331.shtml,2014-01-20.

[2] 央视网. 2013 年安徽省城镇化率达 47.86%[EB/OL]. http://news.cntv.cn/2014/02/27/VI-

DE1393499404426942.shtml,2014-02-27.

[3] 郭海丹,邵景力,谢新民. 城市水资源承载能力评价指标体系构建[J]. 节水灌溉.2009(10).

[4] 马源,马珊珊. 中原城市群城市综合承载力评价与对策研究[J]. 周口师范学院学报.2010(11).

[5] 胡敏,刘心雨. 基于层次分析法的江苏省城市资源环境承载力的综合评价[J]. 经济研究导刊.2013(35).

[6] 郭显光. 改进的熵值法及其在经济效益评价中的应用[J]. 系统工程理论与实践,1998(12).

皖北农村"空心化"动力机制研究

田 伟 贾敬全

内容摘要：城镇化进程使皖北农村空心化问题出现并日益严重,阻碍了皖北城乡一体化的发展。本文在分析农村空心化内涵与特征的基础上,探讨皖北农村空心化形成的影响因素以及各因素的作用机制,提出加强村镇规划,发展劳动密集型产业增加农民收入,推进体制创新,弱化城乡分割的二元体制三点措施促进皖北经济的和谐发展。

关键词：农村空心化；村镇规划；农民增收；二元体制

一、农村空心化的内涵与特征

（一）农村空心化的内涵

改革开放以来,农村经济的快速发展,收入的提高促使农民产生更大的空间欲望。为了获得更好的生活质量,房屋向原村落周边地域扩张,村庄中心则保留了大量破旧民房且许多已经无人居住,同时,年轻一代的农民大多受过教育,工作等方式已经市民化,无法适应农村生活,从而使农村常住人口减少,最终导致原聚落成新度下降,非居住房屋增加,人口密度锐减,原来成新度较为均质的聚落,发展为新旧二元结构的"空心化"聚落,形成地理上的空心化。

在工业化、城市化及社会转型的发展背景下,极化效应仍起主导作用,农村劳动力、资源的大量转移导致农村经济发展缓慢,引起农村人口、农村产业、社会服务、基础设置等多方面的"空心",长期留在农村的是老人、小孩和妇女,形成新农村建设主体缺失、农业生产、农村养老和教育等各种问题,产生经济上的空心化,严重制约了经济的和谐发展。

"农村空心化的本质是城乡转型发展进程中乡村地域系统演化的一种不良过程,是复杂的社会经济过程在村庄物质形态中的表现"[1],在经济发展的初期阶段,城镇化进程的加快,使大量农村精英流向城镇,改变了农村人口的结构,城镇化的发展以抑制农村发展、排干农村智慧和资源为代价,使新农村建设失去建设主体和建设意义。

（二）皖北农村空心化的特征

1. 从人口年龄来看

随着城镇化的发展,农村青壮年劳动力大量外出、留居人口呈老龄化趋势加剧,造成农村人口在年龄结构上的"空心化"。以宿州市为例,绝大部分农民家庭会一方甚至夫妻双方外出,留在农村的多为妇女、老人、儿童,留守人口呈现低龄化、老龄化、贫困化趋势,引起农

[作者简介] 田伟(1983—),男,淮北师范大学经济学院讲师,硕士,主要研究方向为区域经济。贾敬全,男,博士,淮北师范大学经济学院教授,硕士生导师。

[基金项目] 安徽省哲学社会科学规划项目"皖北地区工业化、城镇化和农业现代化协调发展研究"(AHSK11-12D275)。

村经济的衰退和社会结构的变革。

2. 从空间形态来看

皖北很多村庄建设规划不到位,村民选择在村庄外围或公路两旁建造新住宅,选址带有很大的随意性,致使村庄整体格局和景观风貌受到极大破坏,村中心多处于破旧房屋闲置或半闲置的空间形态。根据《安徽省统计年鉴(2013)》的统计结果来看:农村未使用房屋居住面积持续增加,从2000年的22.16m^2/人,增加到35.28m^2/人。

3. 从经济水平来看

农村青壮年离开农村去城里谋求发展,在房贷低首付的政策下越来越多的农村精英人员选择在条件较好的城市安家置业,农民精英的流失导致农村经济发展更加缓慢甚至停滞不前。2012年,人均收入最高的马鞍山市农民人均收入为10920.28元,而地处皖北的农业大市阜阳农村人均收入仅为5922.05元。

二、皖北农村空心化形成机制

(一)资源环境与地理区位因素

皖北六市地处内陆,产业发展滞后,多是依靠农业发展的地域,农业人口多、增长快,且受农村风俗的影响,年轻农民结婚早,对住房的需求大。随着经济的发展,农民收入增强后,渴望改善住房条件的意愿加强,成为宅地空心化的主要内生动力;皖北煤矿资源丰富,在工业化的推动下,多年的开采使农村地区的生态环境遭到不同程度的破坏,形成众多的采矿塌陷区,粉尘散落区,特别是对煤炭产品的深入加工更是形成了很多废气排放区,污水浸染区。受到环境恶化的影响很多农民不愿意回到村中居住或是对老房维护修缮,转而兴建更多新房,导致非居住房屋增加、废墟面积扩大,形成乡村聚落空心化和住宅的空心化。

皖北地区人口密集,人多地少,人地矛盾突出,例如淮北市濉溪县,很多乡镇农民平均拥有不到一亩地,大量农村劳动力只能通过外出务工获得生存收入,从而造成农村人口的空心化。

(二)经济与社会文化因素

随着农村经济的发展、农民收入的提高,农民更新住宅条件的意愿和能力加强,长期被压抑的住宅需求得以释放,住宅规模不断增大,新盖房屋式样从传统的砖瓦房、平房向更舒适、精美的楼房转变,农民居住条件越来越好,受政策和风俗的影响很少有出售和租赁,空闲房屋面积越来越大。农民工的工资增加,建筑材料价格的增长导致旧屋翻新成本增加,同时老房翻新修缮成高大敞亮的新房,受封建迷信的影响,可能会影响邻里关系的和谐,不如直接选新址盖房省心省力,于是村庄的老房越积越多,空心村面积越来越大。在皖北农村风俗文化的影响下,很多农民有钱就置地盖房,互相攀比,建成许多不必要的住房,加剧了宅地空心化。随着城镇化的发展,城乡二元结构逐渐打破,农村劳动力在利益的驱使下进入城市需求发展,尤其是随着受教育程度的提高,很多农村青年接受了城市更为优越的工作、生活,思想上很难再适应农村的文化生活,但又不能完全摆脱农村风俗文化的影响,宁愿荒着土地和房屋也不愿转让,同时受到城市郊区农民开发赔偿致富的经验影响,保留农村的土地和房屋,希望随着城镇化的发展也能开发赔偿致富。

(三)城乡分割的二元体制因素

"城乡之间的二元制度体系是造成我国农村空心化的深层次外源性制度原因"[2]。我国城乡二元的户籍制度将农民束缚在农村集体土地上,而拥有城市户口的城市居民享有多方面的社保。随着工业化和农业现代化的发展,农村释放出庞大的青壮年劳动力,他们进城务工为城市做出了重大贡献,但城镇化滞后于非农化需求,现行城乡二元户籍和社会保障体系,难以在制度上给进城农民提供便利和保障。同时由于受教育程度较低导致工资福利的歧视,加之很难获得足够的资金在城市投资和购置住宅,大量务工人员难以在城市长久居住,守住农村旧宅基地便成为理性选择。在城市的务工收入使得农民具备了在农村交通便利、环境相对较好的地方盖房的能力,同时由于农业产业化水平较低,占用耕地建房的机会成本较低,从而导致空心村的蔓延。

（四）管理和政策因素

我国宅基地所有权属于农村集体经济组织,不允许随意买卖,因此农村宅基地只能在本村集体内部成员之间流转。"由于宅基地使用权不能实现,以及房屋和宅基地的不可分性也促使进城农民不愿轻易放弃农村的房屋所有权,宅基地使用权制度的固化成为空心村整治改造的重要阻力"[3]。同时,"现行立法对农户的内涵界定比较模糊、宅基地使用权取得与建造房屋的目的相脱钩,以及宅基地实行无偿无限期使用、房屋继承后实行随房走的制度,使'一户一宅'难以形成有效约束,'一户多宅'现象更加严重"[4],造成了大量房屋的空置。"在城乡二元规划编制与实施体系下,村镇规划缺位,严重影响了《土地管理办法》的实施,造成村庄布局散乱,住宅建设缺乏合理的空间引导和户型指导,无序发展,用地粗放"[5],皖北村庄整体格局受到极大破坏,村中心多处于破旧房屋闲置或半闲置的空心化空间形态。

三、农村空心化程度作用机制

王介勇(2013)等在农村空心化程度影响因素的实证研究中运用最优回归方程研究可能影响农村空心化水平的区位与地形条件、基础实施条件、人口结构与规模、产业经济发展程度、资源利用现状、宅基地管理水平6个方面的20个指标发现[6]：户均宅基地宗数、村人均收入、人均耕地面积3个指标通过显著性水平检验,且各变量VIF均小于2,表明3个指标均通过多重共线性检验。其中户均宅地基宗数对农村空心化程度的贡献最高,呈显著正相关;其次是村人均收入,与空心化水平呈负相关,人均收入高的村庄经济发达,村庄要素集聚能力强。人均耕地也对农村空心化程度影响较大,呈正相关,人均耕地大为村庄无序扩展提供了便利条件。

农村空心化的发展是各要素共同作用的结果,农村区域系统发展是农村发展内核系统和农村发展外缘系统之间相互作用、相互协调的产物[7],城镇化的发展带来农村区域经济文化功能整体退化的社会现象,是复杂的社会经济过程在村庄物质形态中的表现。促成农村空心化问题的各个因素彼此之间存在显著性交互作用和连锁反应,经济、制度、环境因素都对农村人口、资金、地理和技术转移起到阻碍或推进作用。

农村空心化是城镇化进程的必然结果,是乡村地域系统发展的一种不良过程,由农村发展内核系统和农村发展外缘系统共同作用。城乡二元制度体系是农村空心化的外源性制度原因从户籍、产业、土地、社保、教育、就业等多方面产生农村空心化的推拉力量,农民即使在城务工也无法彻底摆脱对农村土地和房屋的依赖。社会经济、文化风俗产生农村空心化的社会经济诱因,农村产业滞后,农产品价值较低,传统的文化风俗离不开城乡二元制度的影响。由于资源禀赋缺乏和地理位置不佳,同时由于经济发展初期极化效应的主导作用,城市的发展以抑制农村经济的发展为代价,城乡居民的收入会进一步扩大,农民为了提高生活质量会离开农村到城里发展,逐步接受城市的文化风俗,进一步加剧农村经济和人口的空心化。

四、减缓空心化潜在风险的策略

(一)统筹协调,加强村镇规划

户均宅基地宗数是空心化形成的重要影响因素,政府应加强农村住宅建设用地规划控制,结合皖北六市不同乡镇所处空心化阶段的具体情况采取不同的方法。皖北地处黄淮海平原,"近年来农村人口就业非农化加剧,农村'人走屋空,两栖占用'现象已经普遍存在[8]",但和东部经济发达的沿海县域相比,仍处于空心化发展的初中期。空心化发展不太严重的区域,完善宅基地申请审批制定,加快建立农村宅基地登记制度,尝试建立宅基地流转与退出机制,逐步减少"一户多宅"现象,同时,根据城镇化发展的规划,对零散的自然村进行撤并,确定中心村的位置,合理规划使村庄新建设住宅向中心村靠拢,防止空心化的进一步发展;对于空心化较为严重的地区,实行村庄边界冻结制度[6],并加强对村庄内部进行改造,经济水平发展较好的乡镇可以先行撤并零散自然村,向中心村搬迁。

(二)承接产业转移,加快发展劳动密集型产业

农民收入增加有利于改善农村发展环境,提高村庄要素集聚能力,给城镇化发展提供物质保障。皖北六市多是农业发达、人力资源丰沛的地域,在承接产业转移的背景下,应加快招商引资,大力发展劳动密集型产业,结合产业集聚的现状,对农民进行综合技能培训,提高农民致富能力,实现农村劳动力的就近转移。皖北平原人多地少,家庭联产承包很难实现土地的规模效应,政府应积极引导土地规模经营,大力推进农业产业化进程,把农民从土地的束缚中释放出来,成为产业工人,为皖北承接产业转移提供更丰沛的人力资源,最终实现农民物质的富裕。

(三)推进体制创新,弱化城乡分割的二元体制

"城乡分割的二元体制是空心村形成的根本原因[9]"。城乡二元户籍制度使农民权益束缚在土地上,极大限制了农民向城市的自由流动,农村经济、教育的匮乏,使得年轻农民进城后和城市居民竞争过程中处于劣势,很难获得较好的待遇条件,最终难以在城市长期立足,加上农村房屋不能自由买卖,宅基地退出机制缺失,使得农民最终会回到农村。皖北六市应结合乡镇发展特点,从制度上打破城乡分割的二元体制,构建城乡一体化新格局,以科学规划引领城乡统筹和谐发展,推进城乡产业、市场、基础设施、公共服务和管理体制一体化。在中国户籍制度改革的背景下,皖北六市应加快户籍制度改革,取消农业与非农户口界限,破除城乡二元壁垒,建立城乡统一的户口登记制度;皖北地区尚未形成具有对周边辐射能力较强的大中城市,应全面放开落户限制,有序引导实现皖北人口在农村、乡镇、城市之间的"梯度转移";健全皖北人口信息管理制度,提供城乡一体的公共管理和服务,弱化城乡界限。

参 考 文 献

[1] 冯丽.城市化背景下的"空心化"现象及调控机制探讨[J].理论界,2008(2).
[2] 崔卫国,李裕瑞,刘彦随.中国重点农村空心化的特征、机制与调控[J].资源科学,2011(11).
[3] 张正河,卢向虎.农村宅基地的整治和增值[J].调研世界,2006(1).

[4] 吴文恒,牛叔文,郭晓东,等.黄淮海平原中部地区村庄格局演变实证分析[J].地理研究,2008(5).
[5] 龙花楼,李裕瑞,刘彦随.中国农村聚落空心化问题实证研究[J].地理学报,2009(10).
[6] 王介勇,刘彦随,陈秧分.农村空心化程度影响因素的实证研究:基于山东省村庄调查数据[J].自然资源学报,2013(1).
[7] 张富刚,刘彦随.中国区域农村发展动力机制及其发展模式[J].地理学报,2008(2).
[8] 杨忍,刘彦随,陈秧分.中国农村空心化综合测度与分区[J].地理研究,2012(9).
[9] 刘彦随,刘玉.中国农村空心化问题研究的进展与展望[J].地理研究,2010(1).

秸秆焚烧的治理困境及其经济学分析
——以皖北为例

吴宏伟　　刘咏梅

内容摘要：为解决秸秆焚烧这种负外部性行为，本文首先对秸秆综合利用和技术创新、政府管理的效果及秸秆焚烧的经济性方面进行了理论综述，然后分析了当前"禁烧"政策执行过程中政府、农民和企业面临的困境，并进一步从成本-收益及经济角度说明秸秆回收存在的问题，最后提出改变政府宣传角度，科学制定秸秆回收规划，给予秸秆相关产业税收、补贴、资金和政策支持，推广技术、提高综合利用率，加快土地流转进行规模化生产，建立秸秆综合利用产业化体系等建议。

关键字：秸秆焚烧；治理困境；经济学分析

随着农村的工业化推进、劳动力转移、生活方式和能源消费结构的改善、饲料替代品的应用，再加上秸秆综合利用率低、产业化水平落后、收益小，发展缓慢，秸秆在部分粮食主产区出现了季节性过剩，农民从自身利益出发，导致秸秆焚烧现象禁而不止。国家和地方政府为提高秸秆综合利用，把加快推进秸秆综合利用上升为国家行动，要求建立国家秸秆综合利用协调机制，力争2015年秸秆综合利用率达到80%。本文根据对小麦主产区三个县的调查，结合秸秆禁烧政策执行和秸秆回收的经济分析，说明当前地方政府秸秆政策"失灵"的原因，并提出相关建议。

一、文献综述

对秸秆焚烧治理的研究早期主要集中在秸秆综合利用和技术创新来解决秸秆焚烧研究，廉荣[1]（1999）指出要向农民大力宣传、推广、示范秸秆直接还田、堆沤还田和过腹还田等作物秸秆转化新技术。陈新锋[2]（2002）认为治理焚烧秸秆的根本是建立以秸秆综合利用技术创新为核心的秸秆利用机制，通过技术创新提高秸秆利用效率和经济效益，并提出从化工、饲料、肥料三个方向推动秸秆利用新技术的创新和发展。潘涌璋[3]（2005）认为解决焚烧问题就是鼓励新技术的开发和利用以促进农民利用秸秆。

一些学者提出应该通过政府管理解决秸秆焚烧这种生产外部不经济行为，但实施效果差强人意，李振宇，黄少安[4]（2002）认为目前的禁烧制度失灵，表现在政府投入大量的执法

[作者简介]　吴宏伟，硕士，淮北师范大学经济学院副教授。刘咏梅，硕士，淮北师范大学信息学院副教授。

[基金项目]　2011年11月国家发改委、农业部、财政部联合制定《"十二五"农作物秸秆综合利用实施方案》提出"到2015年力争秸秆综合利用率超过80%；基本建立较完善的秸秆田间处理、收集、储运体系；形成布局合理、多元利用的综合利用产业化格局"。

成本的同时农民继续实施秸秆焚烧行为。潘涌璋[5]（2005）认为现行禁烧制度成本高、执行难度大，而农民会利用执行过程中的困难来实施焚烧行为。张琳[6]（2007）认为由于秸秆利用的技术不够成熟导致秸秆利用的经济效益低，农民使用技术反而亏损，导致即使有惩罚的情况下农民也逃避使用，同时他认为行政手段管制秸秆焚烧行为，只能短期内约束其具体行为却并没有解决农民的根本利益需求。马涛[7]（2012）认为政策不能过于依靠"命令控制式工具"，更要重视"经济激励型工具"，探索性地尝试"自愿型工具"。吴迪[8]（2012）从农户拥有对秸秆处置权德法律角度出发分析当前"禁烧"法律制度设计的不合理，建议构建结构综合利用补偿机制。

面对政府管制的失效，很多学者从经济学的角度分析秸秆焚烧行为。学者李振宇，黄少安[9]（2002）认为农民作为理性的经济人，在选择具体行为方式时，必然是以私人成本最小化作为最优选择，而不考虑社会成本。目前的禁烧制度造成农民处理秸秆成本上升，对政府和农民来说都是无效率的。陈新锋[10]（2001）、潘涌璋[11]（2005）等学者认为焚烧秸秆行为具有外部不经济性，农民通过焚烧秸秆使成本外溢而不用承担环境污染的责任，禁止农民焚烧秸秆就相当于阻止农民转嫁成本，要求农民承担处理秸秆的成本，必然遭到农民的抵触。梅付春[12]（2008）以河南信阳为例指出劳动力机会成本高和运输距离远产生的较高的运输成本，导致秸秆常规处置的成本过高，是农民秸秆就地焚烧的主要原因。马骥[13]（2009）以开封县杜良乡为例，以数据比较详细列出了各种秸秆利用方式的成本与收益，发现效益高的利用方式存在着资金、机械、市场、技术和时间等五个方面的约束，这是限制秸秆综合利用的主要原因。王典典，牛刚[14]（2010）分析秸秆焚烧中农民、企业和政府三者的行为，从公共利益最大化的角度建议优化三者形成的"僵化"关系。张文芝[15]（2012）认为应通过政府激励机制来规范农户和企业的行为。邹伟，胡峰[16]（2013）提出改变市镇村投入方式，并融合种粮补贴，以秸秆销售或综合处理量为计算依据，实行及韡环保补贴，并进行差别化政策安排的制度策略框架。

二、从政府、农户和企业的角色看秸秆"禁烧"政策执行困境

（一）政策的主导——政府

从2001年至2012年国家农业部和环境保护部门出台"环发"或"环办"等文件8份，政策出台密集且日益加压，然而执行效果差强人意，究其原因总结为以下几点：

1. 执法难度大且法不责众

政策执行中监管难度甚大，农民都在想方设法逃避禁烧秸秆命令的约束，为了规避罚款采取夜间放火，当执法人员到达时，只见火海不见人影。而且在执法过程中往往由于违法对象多而出现法不责众的现象。

2. 惩罚力度小且行政成本高

《大气污染防治法》第五十七条规定，违反规定露天焚烧秸秆的将由所在地县级以上地方人民政府环境保护行政主管部门责令停止违法行为；情节严重的，可以处二百元以下罚款。处罚力度低，不足以对秸秆焚烧者产生足够威慑力。

禁烧期间，地方政府实行目标管理责任制，大量乡镇基层人员抛开本职工作，被派到农村田地蹲点，日夜看守；中央政府相关部门利用卫星遥感技术，对秸秆焚烧实施监测，耗费了大量的人财物，产生巨大的行政成本。

3. 责任部门多管理复杂，基层政府人员执法权力缺失并缺乏协调

在禁烧秸秆的责任分担上，农业部门负责作物收割指导和综合利用，消防部门负责事后灭火，环保部门负责禁烧，政出多门，管理混乱。

基层政府人员责任大但执法权力小且人员编制有限，发生突发事件时需请示上级部门，当事件牵涉到其他乡镇县市时，又需请示上级部门协调，导致基层政府人员管不了或不敢管。

4. 政府对秸秆回收的缺乏整体规划

政府在限制秸秆焚烧的同时，没有对秸秆回收的打捆、运输和仓储进行有效的管理和指导，造成秸秆回收工作难度大、隐患大。作者调查A省H市发现，若全市全部实施机械回收秸秆麦草，按照每台打捆机每天作业15小时，每小时8亩的工作效率，15天内完成228万亩小麦秸秆的回收任务，最低需要1300台专业打捆机，然而去除现有存量，仍有1200余台的需求缺口，远远不能满足秸秆抢收的需要。即使全部打捆，按照小麦谷草比1∶1.2计算，可收集量按76%的比例计算，全市待回收的小麦秸秆约为106.4万吨，体量大、数量多、管控难，储存起来十分困难，造成大量秸秆无序堆放在田边、沟边、路边、村边，不仅影响市容村貌，而且容易造成火灾隐患。调查结果显示，农民缺少秸秆回收的信息，缺少农时秸秆及时回收的打捆和运输机械，缺乏秸秆运输和仓储等技术帮助。

（二）政策的对象——农户

1. 人工劳动强度大且机会成本高，农民回收意愿不强

小麦收割后秸秆短而碎，回收难装运难，习惯机械化耕作的农户劳动强度较大。大部分青壮年劳力外出务工，缺乏回收能力；部分返乡午收的青壮年劳动力认为回收秸秆费时费力，得不偿失，不仅额外增加了家庭支出，而且影响了外出务工收入，自主回收的意愿明显不足。

2. 农民缺乏科学利用秸秆的指导和能力

从利己人角度，农民认为在自家地里焚烧自己的秸秆，既省时省力省钱又相当于在地里施肥了，而不会考虑对他人危害和空气污染。大部分农民都知道秸秆可以转化为沼气，然而在农村留守的老人和小孩既无能力又没有资金建造沼气池，为在极短的时间内完成收种，焚烧无疑是最佳选择。

3. 农民质疑政策的合法性和合理性

强制性处罚是秸秆焚烧治理的主要方式之一，且成为基层人员收入的来源之一，这使其受到广泛的谴责，并且其执法行为的合法性受到质疑。政策治理方式一直是上面制定下面执行，很少考虑被执行对象农民的感受，政策利益的最大相关者被拒绝在政策制定和政策执行的过程中，而且农民焚烧秸秆的范围大部分并不在现行的《中华人民共和国大气污染防治法》等法律法规限制的禁止秸秆燃烧的范围内，那么政策的合理性和合法性就会被大大削弱。

（三）政策的载体——企业

秸秆相关能源产业发展缓慢，利润空间增幅较小，整个产业对投资者的吸引力有限，完全靠市场机制不具有可行性。当前秸秆回收企业少且多位于城镇，运输成本高是回收秸秆的制约因素。政策中没有规定企业回收秸秆的责任，企业自然不愿意承担高昂的运输成本而去田间回收秸秆，农民把秸秆运输到回收企业不仅不能挣钱反而赔钱，于是就造成秸秆在

地里无人回收的局面。

通过以上分析可以看出,我国秸秆焚烧治理政策仍然是传统的"命令控制型",其结果是行政成本高、基层工作人员意见大、老百姓不买账,最终导致"禁而不止"。

秸秆焚烧是一种"市场失灵"的现象,同时也暴露出政府治理长期无效,原因在于:一是政府过于依赖简单粗暴的行政手段,以"堵"为主;二是忽略了经济手段和市场化方式,市场对资源的配置具有基础性作用,建立长效管理机制,促进秸秆的资源化和商品化利用,同时秸秆焚烧屡禁不止的背后是农民的"经济动因"。

三、秸秆回收的经济学分析

(一)秸秆回收的成本—收益分析

2014年6月对安徽固镇、濉溪和蒙城等三县的农户进行了小麦秸秆回收情况的问卷调查,发放问卷100份,回收有效问卷88份,根据调查数据进行以下分析。

1. 秸秆回收成本

农机成本。2014年安徽省禁烧政策要求为便于秸秆还田,小麦收割留茬要确保在12公分以内,导致收割难度大,每亩收割费用平均在68元,比往年多出26元/亩,秸秆打捆平均38元/亩,为秸秆回收每亩增加机械成本为64元/亩。每亩地可回收小麦秸秆平均在540公斤,所以一吨秸秆回收的机械成本为118.5元。

运输成本。所调查农户把秸秆运输到秸秆回收企业的平均距离在38公里,每吨每公里运费平均为2.1元[①],秸秆每吨运费79.8元。

人工成本。以农村劳动力的机会成本作为秸秆回收的人工成本。国家统计局安徽调查总队的抽样调查结果显示,2013年二季度安徽外出农民工人均日收入99元,根据调查一吨秸秆回收至少需要1.4个农村劳动力工作1天[②],那么一吨秸秆回收的人工成本138.6元。

如果仅考虑以上三个方面秸秆回收费用,则每吨秸秆回收总成本为336.9元。但是农户经营规模不同秸秆回收的成本差异较大,根据调查统计结果如表1所示。

表1 被调查农户不同耕种规模平均每亩秸秆回收成本

被调查农户耕种小麦面积(亩/户)	5以下	5~20	20~50	50~100	100以上
平均每亩小麦秸秆回收成本(元/亩)	352	336	319	302	289

数据来源:根据回收问卷的数据整理所得。

2. 秸秆回收的收益

根据对国能固镇生物发电有限公司、国能蒙城生物发电有限公司和宿州秸秆发电厂以及其他一些秸秆回收企业的调查,秸秆回收价格平均300元/吨[③]。再加上政府每亩补贴20元[④],也就是每吨秸秆补贴37元,则每吨秸秆回收收益为337元。

根据秸秆的成本-收益分析可以看出,即使在没有劳动力、机械、市场、时间和技术等条

[①] 包括运输工具的油费、租赁费用和人工服务费。
[②] 日均收入为每天工作8小时收入,1吨秸秆回收需要1个农村劳动力工作11个小时以上。
[③] 秸秆干湿程度不同价格差异较大。
[④] 安徽省政府办公厅印发《2014年全省秸秆禁烧工作方案》提出"2014年,安徽全省各级财政将实施以奖代补政策,对小麦、油菜、玉米秸秆禁烧和综合利用的,每亩奖补20元"。

件约束的情况下,秸秆回收的成本与收益大体相当,也就说农户在秸秆回收过程中无利可图。

(二) 秸秆回收的经济分析

1. 需求供给分析

由于农村生产方式和生活方式的转变以及居住条件的改善,农户家庭对秸秆的需求量大大减少,在当前秸秆能源产业发展落后的情况下,秸秆使用企业利润空间小,所以对秸秆需求也比较小。如图1所示,若能够增加农户和企业对秸秆的需求,就可以使秸秆的需求曲线右移,秸秆价格上升,增加农户回收秸秆的积极性。当然,秸秆价格的上升增加了企业使用秸秆的成本,如图2所示,假定在完全竞争的市场经济环境中,企业实现利润最大化的均衡条件是$P=MC$,企业生产的均衡点在E_1,产量为q_1,假设政府对企业进行补贴时,企业生产的边际成本由原来的MC_1下降到MC_2,企业利润最大化的均衡产量由q_1扩大到q_2,政府的补贴政策使企业自愿而且能够扩大产量。随着企业生产规模的扩大,对秸秆的需求量也会增加。

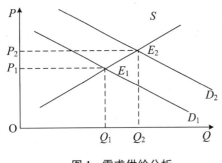

图1 需求供给分析

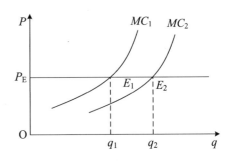

图2 完全竞争厂商利润最大化分析

2. 规模经济分析

如图3所示,规模经济表示在生产规模由小到大的扩张过程中,由于专业化分工、规模化的仓储运输和使用效率更高的机器设备等,使得生产的单位成本随产量增加而下降,经济收益得到提高。表1显示,总体上看农户秸秆回收的成本和收益基本持平,但是不同规模农户差异性较大,几亩或者十几亩的小农户秸秆回收的成本要比几百亩的大农户秸秆回收成本高得多,大农户在秸秆回收中每吨可以获利20~50元,而小农户不但无利可图甚至会亏损。

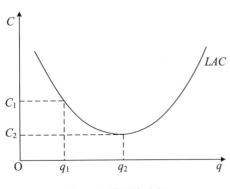

图3 规模经济分析

3. 外部性分析

秸秆焚烧显然是一种生产的负外部性,即农户的秸秆焚烧行为给社会上其他成员带来了危害,但他自己却并不为此而支付足够抵偿这种危害的成本,即农户秸秆焚烧所付出的私人成本(C_P)小于该行为所造成的社会成本(C_S)。假设农户采取秸秆焚烧行为的私人收益(V_P),则$C_P<V_P<C_S$,那么农户显然会采取秸秆焚烧,从社会的观点看是不利的,帕累托最优状态没有得到实现。如果想让农户不采取秸秆焚烧行为,则农户放弃的好处即损失为V_P-C_P,

而社会上其他成员由此而避免的损失为 C_S-C_P。由于 $V_P-C_P<C_S-C_P$,故从社会其他成员的损失 C_S-C_P 中拿出一部分补偿给农户不焚烧秸秆而获得的好处 V_P-C_P,让农户放弃秸秆焚烧行为,社会其他成员的损失会减少,即每个人的"福利"增大了。

四、治理秸秆焚烧的建议

(一)政策制定以农民为主体,转变宣传视角

强化政策制定过程中农民的参与性。政府应与农民进行双向沟通,缓解对立情绪,从农民的生产和生活的安全性出发,谋求农民的信任和支持;用正常农田与秸秆焚烧的农田进行收成及虫害程度对比试验,用科学的方法和数据说明秸秆焚烧对农民损害;在基于公平公正、利益兼顾、尊重农民劳动及维护生态平衡等基本道德价值理念上制定秸秆治理政策。

传统的宣传重点在惩罚性,例如"谁烧罚谁、烧谁罚谁""烧了一亩地,罚你一千元"等等。宣传秸秆综合利用的好处和焚烧的危害,宣传秸秆利用技术和市场信息,推动生产者采用对环境更友好的生产方式,而不是简单地宣传秸秆禁烧的政策及惩罚性措施。

(二)政府要制定科学的秸秆治理规划

农忙时期,政府各行政部门之间应主动沟通,协调好水利、农业、畜牧、环保和消防等行政工作,同时还应与各种植大户、农村专业合作社和秸秆收购企业及时沟通与合作,以保证农户在劳动力缺乏和劳动力机会成本越来越高的情况下,能有充足的时间完成作物收割到下茬作物播种的各项准备工作。例如保证农业机械的供给,在小麦秸秆的打捆机、旋耕机缺口较大的情况下,政府应增加对农用机械的补贴力度,使有能力购置农用机械的专业合作社或农户进一步降低机械购置的成本,增加农用季节的机械供给;提供秸秆回收的信息,为农户秸秆运输和仓储提供指导和帮助。

(三)对秸秆综合利用相关单位予以税收、补贴、资金和政策扶持

在市镇村巨额行政成本投入下,秸秆焚烧仍是农户的主要选择。[17]与其投入大量资金去"堵",不如去"疏",即把资金用于秸秆综合利用的补贴。建立秸秆机械还田示范区,根据有关规定给予购买秸秆还田机械的农户和企业政策性补贴,确保秸秆还田的机械需求,使得还田面积逐年递增。将符合条件的秸秆综合利用产品纳入节能、环境标志等产品,一方面给予税务减免或补贴,另一方面纳入政府采购清单,增加政府需求。对建立沼气池或深加工的村镇,可以按照"财政、集体、农民、社会、市场运作"的思路筹措资金。完善秸秆肥料化、饲料化、基料化、原料化和燃料化扶持政策,加大各级政府及相关部门资金支持力度,同时积极引导社会力量和资金投入,进行市场化运作,建立多渠道、多层次、多方位的融资机制。

(四)推广秸秆技术,提高秸秆综合利用率,增加秸秆的需求

秸秆技术推广和使用是秸秆综合治理的根本。政府应与农民专业培训机构、农民专业协会和农业合作社推广秸秆使用技术,也可以通过"三支一扶"大学生志愿者与大学生村官进行宣传及相关秸秆使用技术培训。对秸秆采用机械翻压直接还田技术;秸秆机械直接切碎,使用塑料袋等真空贮存,保持秸秆作为饲料的新鲜性,同时秸秆过腹后的粪便用于农田粪肥使用保证生态农业良性循环;以农作物秸秆为原料,利用"生物反应堆技术"生成的 CO_2 提高蔬菜温室温度;通过畜禽粪便和腐解剂进行腐熟,将秸秆就地粉碎加工成有机肥颗粒;秸秆压块便于储存和运输,降低储运成本,还可以大幅度提高作为燃料的热效率;麦秸用来

造纸和生产一次性卫生筷、快餐盒、碗和杯,也可以生产草帽和草垫等编织品;以秸秆为原料生产食用菌,既降低了成本又提高了食用菌的品质和产量,等等。随着秸秆利用的提高,秸秆需求的增加,秸秆回收价格上升,农户就会自愿回收秸秆。

(五)加快土地流转,土地集中经营,实现规模化

加速推进土地流转和集约化生产,农作物大面积集成生产,不但有利于大型农机作业,提高产量和效率,同时也有利于农作物秸秆处理和禁烧监管;土地流转进行集中经营使得一些种植大户对打捆机等秸秆回收机械有需求并且有能力购买,配套较完备的运输和仓储设备;农业产业化的发展必然要求进行土地生产经营方式的改革,将土地进行规模经营,易于实现综合利用,可以进行养殖、建立温室、生产食用菌等等,使得农户在秸秆回收和利用过程中获得更多收益。

(六)在政府引导和市场化下,建立秸秆综合利用产业化体系

根据秸秆资源分布,确定秸秆的用途,进而考虑产业布局;建立以企业为龙头、农户参与、政府监督,市场化运作下的秸秆收集、仓储和物流体系;推进种植、养殖和食用菌生产等秸秆综合利用;发展以秸秆为原料的生物能,改善农村能源秸秆,同时扶持秸秆发电项目;积极发展以秸秆为原料的加工制造业,通过把秸秆资源利用的各个环节穿成链条,逐步实现秸秆收储运和产业化利用的有机衔接,延伸、拉长产业链条,从而大幅提高秸秆资源的附加值,既让农业本身获得更高的经济效益又实现了社会效益和环境效益。

参 考 文 献

[1] 廉荣.狼烟滚滚何时了:关于秸秆焚烧问题的调查与思考[J].中国农村科技,1999(12).
[2] 陈新峰.治理焚烧秸秆污染与科技创新[J].农村经济,2002(2).
[3][5][11] 潘涌璋.农民焚烧秸秆的经济学分析[J].经济论坛,2005(10).
[4][9] 李振宇,黄少安.制度失灵与技术创新:农民焚烧秸秆的经济学分析[J].中国农村观察,2002(5).
[6] 张琳,尹少华.焚烧秸秆:外部性及政府管制分析[J].华商:2007(Z2).
[7] 马涛.秸秆焚烧污染治理的政策工具选择[J].环境保护,2012(18).
[8] 吴迪.秸秆焚烧治理的法律对策研究[D].青岛:中国海洋大学,2012.
[10] 陈新峰.对我国农村焚烧秸秆污染及其治理的经济学分析[J].中国农村经济,2001(2).
[12] 梅付春.秸秆焚烧污染问题的成本:效益分析[J].环境科学与管理,2008(1).
[13] 马骥.我国农户秸秆就地焚烧的原因:成本收益比较与约束条件分析:以河南省开封县杜良乡为例[J].农业技术经济,2009(2).
[14] 王典典,牛刚.基于秸秆焚烧问题的农忙、企业和政府行为分析及优化[J].农村经济,2010(11).
[15] 张文芝.秸秆焚烧问题的经济学分析与对策[J].对外贸易,2012(6).
[16][17] 邹伟,胡峰.差别化制度框架与村镇难题凝结:破解秸秆焚烧[J].改革,2013(6).

阜阳市农村人力资源开发的难点与对策研究

杨承刚

内容摘要：阜阳市是人口大市，是重要的劳动力输出地区。丰富的劳动力资源在经济发展前期给阜阳市带来了经济的腾飞，但阜阳市经济的持续发展要求对农村劳动力的知识技能和综合素质进行教育培训、升级改造，农村人力资源进一步开发成了经济发展亟待解决的问题。

关键词：阜阳；农村人力资源；开发；难点；对策

一、引言

2013年阜阳市登记户籍人口为1053.2万人，但城镇化率只有34.9%，农村人口占绝大多数，农村劳动力规模庞大，人力资源丰富，是典型的农业大市。近年来，阜阳市得益于各项政策的配合和对农村人力资源的开发，经济发展迅速，各项经济事业成果丰硕，取得了巨大的经济成就。

经济的持续发展和产业结构的升级对更高素质人才的需求不断增加，传统体力型劳动力逐渐与劳动力市场脱节而面临着就业的挑战。如今农村人力资源素质偏低的现状显然对阜阳市的经济持续发展制约明显，大力开发农村人力资源，高效利用人力资源成为了摆在政府面前的难题。深化对农村劳动力资源的开发对阜阳市经济现代化建设、城镇化建设、新农村建设具有重大意义。本文就阜阳农村人力资源开发的难点进行了简略探讨，希望对广大农村地区人力资源开发能有一定的经验借鉴意义。

二、阜阳市农村人力资源开发的难点及原因

（一）阜阳市农村人力资源开发的难点

1. 农村人口规模庞大，剩余劳动力丰富

阜阳市是农业大市，2013年1053.2万人口，34.9%的城镇化率，近700万左右的人口居住在农村，同时人口总数又以每年15万左右的速度增长，并且增长人口绝大多数在农村。随着人口的增长、农业机械化的推进、现代科学技术的运用，今后阜阳市每年将净增10万左右的剩余劳动力。剩余劳动力就业压力巨大，农业产业结构转型升级陷入困境。

2. 农村劳动力知识文化水平不高，生产技能水平低

科学文化素质和生产技能差异最终体现为收入水平的差异。农民对教育问题重视不够，义务教育阶段过后的成人教育、职业教育和各种技能培训缺乏，政府的各项利民惠民政策不能得到有效落实和执行，农民难以接受农业新兴技术、新观念，科技报刊阅读困难，农村

［作者简介］ 杨承刚，男，安徽合肥人，合肥学院经济系讲师，硕士。主要研究方向为区域经济。

地区受教育程度低,农村劳动力整体科学文化素质偏低,思想文化保守落后,现代化科学技术的接受、掌握、运用能力偏低。

3. 农村劳动力输出流动困难

受户籍制度和就业机制的双重影响,农村地区长期孤立于城市之外而独立封闭运行,农村地区劳动力市场难以形成规模,就业岗位信息难以大规模传播,岗位提供者和岗位需求者因劳动力市场的不健全造成信息不对称而不能建立有效的连接,劳动力资源不能依靠市场的力量进行有效的配置,造成劳动力资源的浪费。

4. 农村教育培训组织机构缺乏

农村劳动力市场难以形成,农村劳动力难以获得就业信息、了解就业动向、参与就业竞争、面对职业选择,劳动就业市场机制不能覆盖广大农村,阜阳市劳动力市场主要面向城市,城乡劳动力沟通交流受到阻碍。

5. 农村劳动力培训教育缺乏奖励机制和评估标准,考核困难

农村劳动力培训教育整个过程没有物质刺激和奖励机制,农民没有继续学习的前进动力,学习教育的积极性不高。传统的应试教育考核指标难以适用到操作应用性极强的培训教育当中,考评指标系统的选择,考评人员的选择培训,考评结果的信息反馈,整个制度系统设计和计划没有权力部门的组织,统筹不能顺利进行。

6. 劳动力输出规模庞大,农村劳动力主要从事传统体力型劳动

教育和培训程度低限制了农村劳动力的发展。农村劳动力从事的职业普遍知识含量低,技术水平不高,基本依靠出卖体力劳动获得薪资报酬,收入的限制又反过来制约农民对自身的投资和教育,形成一个低教育→低收入→低教育投入的恶性循环。

(二)阜阳市农村人力资源开发的难点原因分析

表1 阜阳市城乡人均收入(单位(元))及城镇化

项目 时间	人口数量	人口增长率	城镇人均收入	恩格尔系数(城)	农村人均收入	恩格尔系数(农)	城镇化率	城乡收入倍数
2004	918.7	0.78%	7096.00	41.40%	1986.00	52.3%	——	3.57
2005	932.8	0.85%	7750.00	41.40%	2085.00	50.70%	——	3.72
2006	954.6	0.92%	8817.00	41.60%	2348.00	47.90%	——	3.76
2007	974.3	1.03%	10863.00	39.10%	2655.00	48.00%	——	4.09
2008	987.8	0.83%	11727.00	40.60%	3187.00	47.10%	30.60%	3.68
2009	1000.5	0.94%	12693.00	41.40%	3520.00	44.00%	32.40%	3.61
2010	1011.8	1.08%	13981.00	39.30%	4187.00	44.90%	33.01%	3.34
2011	1025.8	1.11%	16686.00	39.40%	5100.00	43.90%	33.30%	3.27
2012	1039.8	1.13%	18972.00	39.70%	5922.00	42.40%	34.90%	3.20
2013	1053.2	1.73%	20933.00	38.00%	6965.00	42.10%	36.20%	3.01

注释:恩格尔系数划分50%~60%为温饱;40%~50%为小康;30%~40%属于相对富裕。

由表1可以得出如下结论:

(1)阜阳市人口规模巨大,并且随着时间的推移人口规模膨胀扩张势头凶猛,短时间内难以有效减少人口总数。

(2) 人口增长速度迅猛,超过全国总体增长水平,并从 2010 年开始增速超过 1‰,每年净增约 15 万人口。

(3) 城镇化进程快速,但城镇化水平严重落后于全国整体水平,城镇化发展是阜阳市未来工作的重心。

(4) 城乡收入差距经历了先扩大后缩小的趋势,其中城乡差距在 2007 年达到顶峰,从 2007 年开始持续下降,但平均差异在 3.52 倍,贫富差异严重,农村居民收入水平亟待提高。

(5) 城乡居民的恩格尔系数均偏高,数据显示城镇居民恩格尔系数在 42%~39% 之间震荡下降。按照国际划分标准属于小康社会阶段,部分实现富裕目标,农村地区恩格尔系数长期处在 52%~42% 之间并呈现下降趋势,基本处在温饱向小康社会的转型过渡阶段,但农村人口众多,转型过渡可能需要很长一段时间。贫困是发展问题的关键,阜阳市城乡居民整体处在温饱向小康社会过渡阶段,家庭培训教育支出能力有限。

表 2　阜阳市社会医疗保障水平一览表

项目 时间	万人占有医疗机构数	万人对应专业医疗人数	养老保险参加人数	失业保险参加人数	医疗保险参加人数
2004	1.19	29.93	16.70	23.00	22.80
2005	0.91	15.60	21.10	22.50	24.10
2006	0.65	16.17	17.60	23.10	26.60
2007	0.71	13.34	18.40	23.10	29.80
2008	0.38	16.20	18.80	25.80	34.30
2009	0.37	16.99	20.50	27.10	33.30
2010	2.26	18.87	19.10	27.10	33.40
2011	2.27	20.98	31.20	27.10	34.60
2012	2.35	23.22	494.80	—	127.30
2013	2.50	24.92	504.60	25.00	—

由表 2 可以看出,阜阳市万人占有医疗机构数量经历了一个先降后升的过程,原因是阜阳市 2005 年开始对私营小诊所和非正规医疗机构进行了裁撤和归并,2009 年开始农村医疗合作社承认了农村私人诊所的合法地位。阜阳市万人占有医疗机构数量总体上和国家总体水平一致,万人占有专业医疗人员数量偏低,低于国家整体水平 2 倍左右,养老、医疗、失业保险参保率低,社会医疗保障水平整体偏低。近些年来农村医疗合作社的推出恰逢其时,社会医疗、养老、失业等保障是社会整体劳动人员的生存生活基础,解决好他们的后顾之忧对于提高社会生产力至关重要,尤其是广大农村地区。

表3 阜阳市劳动力就业方向信息一览表　　　　　　　　　　　　单位:万人

项目 时间	从业总人数	第一产业	第二产业	第三产业	劳务输出	新增劳动输出	新增就业岗位	下岗失业人员再就业	城镇登记失业率
2004	464.00	277.80	103.60	82.60	—	—	3.80	—	2.90%
2005	471.20	270.30	115.40	85.50	190.00	10.10	3.40	1.30	2.70%
2006	480.50	259.80	125.50	95.20	203.00	12.50	5.50	1.60	3.80%
2007	544.30	287.00	143.40	113.90	215.00	12.00	5.10	1.50	3.90%
2008	533.00	269.20	146.00	117.80	225.00	10.00	5.80	1.70	3.90%
2009	577.40	264.70	180.00	132.70	239.70	5.90	5.90	1.70	3.90%
2010	590.10	257.90	197.20	135.00	252.10	12.40	6.90	1.80	3.40%
2011	602.80	259.50	203.00	140.30	264.80	12.70	6.20	1.90	3.60%
2012	603.10	258.40	203.50	141.20	277.60	12.80	5.20	1.70	2.90%
2013	619.60	257.50	210.80	151.30	295.10	16.00	8.60	1.90	2.10%

由表3可以看出,阜阳市劳动力就业在整体上具有以下特点:

(1)第一产业就业人数量大而稳定,第二、第三产业就业人数逐年上升,三大产业就业人员比例向合理化方向发展,但第一产业比例仍然较大,劳动力就业水平不高。

(2)劳动力输出数量巨大,新增劳动力输出数量每年递增,新增就业岗位严重不足,失业人员再就业困难,但失业率水平不高。

(3)农村地区就业方向以劳动力输出为主,就业面窄,就业市场信息不畅,就业市场供需不对称。

表4 阜阳市各阶段入学教育一览表　　　　　　　　　　　　单位:万人

项目 时间	小学适龄儿童入学数	初中学龄人口入学数	高中学生入学数	中等职业教育人员数	普通高等教育人数	各类型专业技术人员数
2004	122.8	58.6	10.2	1.0	1.3	—
2005	106.8	57.2	11.3	5.5	1.4	—
2006	103.4	54.8	13.1	7.7	2.0	—
2007	104.1	51.0	14.7	7.4	1.8	—
2008	96.8	47.1	14.9	7.8	2.2	10.0
2009	90.6	45.6	14.3	7.5	2.9	10.4
2010	85.2	41.1	13.9	8.6	2.7	10.7
2011	79.1	35.6	14.3	11.2	2.9	11.1
2012	70.3	30.3	14.7	12.7	3.6	11.3
2013	72.7	29.7	14.6	11.7	4.0	11.8

表4显示,阜阳市各阶段教育入学人数呈下降趋势,主要得益于计划生育政策的贯彻执行,但教育入学率逐年升高,小学入学率、初中入学率均在95%以上,高中及以上教育升学率低,接受普通高等教育的人数呈上升趋势但数量少,中等职业教育人数逐年增加。教育水平

总体发展缓慢,农民受自身和现实的影响接受培训难,大多数农民终身未曾接受过任何正规职业技能培训,农村劳动从业者文化素质与市场经济发展需求之间矛盾突出。从农村职业教育和继续教育的长期发展来看,其人才的培训方式、培训内容和教学方法均不同程度地脱离农村实际。

农村人力资源开发建设与人力资源市场化管理体制不相适应和匹配,人力资源有效配置困难。市场经济体制不健全,公平和效率难以兼顾,专业科技辅导人员少,技术推广难,因缺乏掌握和运用现代农业科学技术与信息技术的能力而失去市场竞争力。

计划经济条件下的思维方式在农民思想中根深蒂固。他们习惯于接受政府和官员的领导,市场主体地位意识淡薄,面对市场经济总有些手足无措,不能适应,缺乏对市场经济的基本认识,对于自身的认识更是不够深刻;缺乏动员、组织、培训和管理等方面能力的基本训练,不能够从根本上认识到作为市场主体需要不断提高自身能力的市场化需求的紧迫性和必要性,使得农村人力资源开与市场化的运行机制相脱节,人力资源浪费严重,人力资源的高效配置困难。

三、阜阳市农村人力资源开发的对策

(一)阜阳市农村人力资源开发的基本原则

1. 结合实际,科学指导,循序渐进

阜阳市下辖四县三区,各县区之间自然和人文的差异形成了县区之间发展的不平衡,县区自身内部发展的不协调等现实状况,要求农村人力资源开发应该结合不同地区的经济发展基础,调查掌握不同区县发展实际,科学制定整体规划和阶段性目标,循序渐进。

2. 统筹各阶段,协调各方面

阜阳市的经济发展的复杂现状决定了各个县区的人力资源开发应该顺应时代潮流,结合市场需求实际、因地制宜、因时制宜。县区之间应差别化目标、差别化方向、差别化方式,目标一致,方式多样,避免内部恶性竞争,区域内实现互补,协调一致,共同发展。

3. 以市场为导向,以价格为引导

让市场在资源配置中起决定性作用,真正充分发挥市场的作用,清除计划经济时代的思想残余,结合市场需求,结合目标明确,有针对性地分阶段、分层次对知识水平各异的农民进行差异化培训,因材施教。

4. 培训教育专业化、职业化

经济发展和社会进步的一个重要标志就是社会分工精细化、专业化。过去对教育培训有认识上的误区,通才教育被认为是优秀的表现,专而精反而不受社会认可,造成了现在社会上通才遍地,专业人才大量缺乏的现状,知识和技能只有专业才能深刻,才能精通。

(二)阜阳市农村人力资源开发的具体路径

1. 推进户籍制度改革,促进农村人力资源合理有效流动

户籍制度是对公民平等权利的最大扭曲,是阻碍人力资源自由流动的最大障碍。打破二元体制的关键是逐步取消这种限制性户籍制度,引导农民向小城镇聚集,建立起以常住地为户籍登记地的机制,降低对城市户口的资格审查和登记制度标准,赋予符合条件的农民以城市居民身份,进一步放宽户口迁移政策,保障居民迁徙自由和居住自由。放松城镇的户口准入制,取代原有小城镇落户的刚性规定,鼓励和引导更多的农民进入小城镇居住、工作、生

活,让农民享受更加公平的社会待遇和平等的就业发展机会,让农村剩余劳动力在城乡、地区间自由合理流动,以城带乡,增进交流,相互融合,共同发展。

2. 大力推动农村剩余劳动力转移,建立完善农村劳动力就业市场

以市场为主导,发挥市场资源配置作用,结合人才市场的需求进行订单式的农村劳动力培训,顺应市场经济的发展要求和标准,提高培训教育针对性、实用性。在农村地区树典型、立榜样,着重提高带头人的经营管理能力。在培训过程中要不断探索新的模式,改革培训内容,改进培训方法,提高培训质量和培训成功率,对取得的积极成果广为宣传,扩大培训的带动效应。

3. 建立完善地方政府绩效考核指标系统

在官员的考核标准中增加农村人力资源开发指标,提高对农村劳动力的就业教育培训经费的拨付,提供有利于农村人力资源开发的制度保障。转变重物质考评、轻人文指标的错误思想,充分认识提高农村人力资源素质的重要性和紧迫性,树立以人为本的投资理念,将农村教育事业放在首位,并自觉增加农村教育投入。同时,政府应主动承担农民培训教育的重任,建立一种政府扶持、市场参与、多元协作的农村教育培训体系,改善培训条件,改变培训手段,增强培训效果,完善培训考核体系,把农民培养成为有文化、懂技术、会经营、能更好地服务于社会主义新农村建设的新型农民。

4. 健全农村社会保障制度,规范行政管理工作

城乡二元结构和户籍制度导致了城乡间诸多的不平等,其中之一体现在城乡社会保障的不平等,与城镇劳动者相比,农村劳动者收入低,对社会保障的需求大。农村社会保障制度应按照公平统一的原则,扩大对农村最低生活保障的扶持力度和范围,逐步探索和建构适合农村实际,多方参与的养老医疗保险制度。同时由于社会保障体系涉及的部门繁多、范围较大,为消除农村社会保障社会化程度低、参与不足、经费紧张、管理不规范、运营机制不合理的负面影响,政府部门须建立起服务化、社会化、科学化的管理机构,并通过专门的政府机构和部门对农村人力资源社会保障进行管理,使农村社会保障有效运转,实现效率与公平的有效统一。

5. 加强农村基础教育,完善有利于农村人力资源开发的教育体系

教育是社会主义现代化建设的基础,而教育不公平尤其是城乡之间的教育差别往往是收入差异产生的决定性因素。因此,政府部门应结合实际公平分配教育资源,巩固农村九年义务教育,普教教育和职业教育分流,特别关注九年义务教育后的继续教育,多方面筹集教育培训资金,解决农村上学难、上学贵的问题,同时改善农村地区的办学条件,如改善师资、教学资源、校舍等,加大对贫困学生减免学杂费的力度和范围,满足农村学子学习的需求。

四、结语

农村人力资源开发从战术层面讲对农村现代化建设、农业机械化进程、农民增产增收大有裨益,从国家战略层次上说对整个国民经济发展结构转型、快速顺利完成工业化、应对人口老龄化的危机、缩小城乡差距有决定性意义。农村人力资源开发是解决"三农"问题的根本途径。

农村劳动力的开发从农民自身着手,开发农村的优势资源,发挥农村自身在解决农村问题中的基础作用,依靠地方政府的引导和支持、各种农村学习组织和农民的广泛参与、城镇

对农村劳动力的需求和吸引、劳动力市场的建立和完善,农村的经济发展问题将会有更为广阔的出路。

参 考 文 献

[1] 张晨阳.浅析西部农村人力资源开发现状和对策[J].商情,2014(24).
[2] 崔然红.辽宁省农村人力资源开发现状与对策研究[J].赤峰学院学报:自然科学版,2014(2).
[3] 叶龙,史震磊.人力资源开发与管理[M].北京:清华大学出版社,2005.
[4] 张晓梅.中国农村人力资源开发与利用研究[M].北京:中国农业出版社,2005.

基于特色农产品营销视角的区域品牌建设研究

——以环巢湖区域特色农业发展为例

徐志仓

内容摘要：在中央所提出的四化同步发展战略中,农业现代化是其中最为薄弱的环节。在市场经济体制环境下如何发展现代农业？特色化往往作为一个发展突破口,而如何将特色有效转化为地方经济优势？品牌建设尤其是农产品区域品牌建设就是关键性一环节,本文也就是基于特色农产品营销的视角,以环巢湖区域特色农业营销为对象,来分析研究农产品区域品牌建设的有关问题。

关键词：特色农产品；区域品牌；现代农业；营销

在传统农业向现代农业推进的进程中,农产品品牌建设日渐受到重视,因为品牌建设已经不仅成为推进农业现代化和区域经济发展的重要路径,而且也成为新型农业经营主体的核心经营策略以及食品安全获得消费者信任的重要保证,农产品区域品牌建设在众多的区域已经成为地方政府加快推进农业现代化的一项常态性工作。农产品区域品牌到底是什么？目前尚未有统一且明确的概念术语,而且对其研究也有这样三个不同的视角:即地理位置或行政区域视角、产品视角、产业集群视角。在本文中,笔者认为农产品多属于大宗产品,产品上具有同质化属性,既然能够形成区域性品牌必然是与特色相关联的,而这种特色来源往往是多方面的,所以本研究中我们将农产品区域品牌定义为:在一定的区域范围内,由于资源禀赋优势、加工技艺传承、传统习俗形成等而构建的特定区域农产品某方面特色,这些产品特色已经与区域间被广泛使用的一种标识或称谓形成很强的关联性,区域内农产品经营者由此可获更高增值收益的特定区域产品称号。

一、从营销视角看农产品区域品牌建设的必然性分析

农产品区域品牌作为农业产业集群发展的必然结果和区域农产品的形象代言,具有强大的经济和社会效应,从推进现代农业发展的角度看,农产品区域品牌建设具有以下几方面的必要性。

(一)现代农业发展的内在要求

对于现代农业的内涵,不同学者所站的角度不同,对其所下的定义形式也有所差异,有的是从技术角度,有的是从时间分段,有的是从经营模式差异等等,但在有一点上是一致的,这就是都强调现代农业是以市场需求为导向,以农业经营综合效益的最大化为目标。而要

[作者简介] 徐志仓(1972—),安徽庐江人,巢湖学院,经济学博士,研究方向:农业经济。
[基金项目] 安徽省高校人文社科重点项目"基于主体功能区视角的环巢湖区域特色农产品营销模式研究"(编号:SK2014A326)。

在市场经济环境下实现这样的发展目标,却并不容易,因为农产品多为人们的生活必需品,且在一定的区域内,人们消费还有一个习惯性问题,加之农产品自身属于大宗商品,消费者对其还有一个同质化认知存在,几方面因素的综合使得消费者对农产品的消费在品种、区域、数量等方面都难有大的改变,这就对特定区域内农产品的市场广化存在不利,而通过农产品的区域品牌建设,有利于区域外消费者对于农产品实现更多的认知了解,能够在农产品的产地与销售市场之间搭建一座认知桥梁,推进产销的有效对接,这是现代农业发展的内在要求。

(二)实现消费者对农产品认知深化的要求

从营销的角度来说,产品是营销的基石,但消费者对于农产品的认知范围却不只是局限在有形的农产品,因为消费者对于农产品的消费利益诉求点是多层次的,这就使得消费者在农产品的消费认知点上所侧重的方面有所差异。随着人们生活水平的提升,消费者在农产品消费中所追求的利益点呈现多样化,消费的品牌化就是重要一方面,农产品品牌是其整体产品的重要组成部分,而通过品牌能够使得消费者实现对区域农产品认知的深化,满足消费者深层消费利益诉求,尤其在当今人们日益追求消费品质的情况下,区域性农产品品牌建设能够缩小生产者与消费者之间的信息不对称性,增强消费的信任度。

(三)现代农业经营模式发展的要求

相对于传统农业所侧重于种养环节的"生产型农业"特点,现代农业是延伸了农业的产业链,且产业链的重点是种养环节下游的经营环节,所以我们又称现代农业是"生产经营型农业"。农业综合效益提升关键就在于经营环节,种养生产环节是经营环节的基础,现代农业中一项重要工作就是实现生产环节与经营环节的良好对接。现阶段的农业经营环节多是由规范化的企业运作,而生产环节是以分散的小农户为主,两者之间不匹配,难对接,通过区域品牌建设,以区域品牌为纽带将能够实现区域内分散农户之间在多方面统一性,进而在生产环节达到规范化和标准化的效果,适应经营环节的要求,推进现代农业的发展。

(四)政府推进现代农业发展的着力点

发展现代农业是我国经济发展的一项战略之举。农业不仅仅是经济性产业,其功能性也是多重的,其产业发展上具有公共产品性质,这就使得政府在现代农业发展中必须要发挥积极的作用。而现代农业的生产主体是农户家庭,经营主体是独立的企业,他们在市场中经营都具有自主性,政府支农的着力点很难是这些个体单元,所以政府更需要从整体上来推进;而农产品区域品牌,其作为现代农业的必然,也是单个农业企业或农户难以独立完成的,让个体单元来建设也是不经济的,政府将区域品牌建设作为扶持现代农业发展的着力点,理应得到地方政府的高度重视。政府目前在这方面也是加大了投入力度,这从多地政府积极筹办本地农展会中也可以体现。

二、农产品区域品牌建设中的几个误区分析

品牌是产品整体的一部分,是开拓市场的利器。对于农业经济发展而言,由于存在着经营上分散化和产品上同质化,在品牌建设上强调区域性特质,能够降低这两方面现实对农业经济发展的制约,结合各地在农产品区域品牌建设上的实践,发现还存在下面一些误区。

(一)将农产品区域品牌建设单纯的看成是政府的职责

农业是多功能性产业,所以农产品的品牌建设尤其是区域品牌建设具有公共产品性质,

政府参与其建设是必然的要求,但现在很多地方却将农产品的区域品牌建设单纯看作政府的事情,这是一个误区。虽然我们从促进地方经济整体发展的角度来看,地方政府是区域品牌建设的受益者,但我们更要清楚的是品牌虽然为整体产品的一部分,但品牌还是需要依附在核心产品或服务上的,区域品牌的价值拓展是建立在核心产品或服务基础上的,而这个基础显然不是政府自身能够操作的。如果单纯将区域品牌建设看作政府的事,就可能导致品牌建设与农产品实体质量提升脱节,品牌成为空中楼阁,传播的范围难以扩大,品牌的价值难以得到市场的有效认同。

(二)将农产品区域品牌建设与区域内核心农业企业品牌建设等同化

在现阶段各地的农产品品牌建设中,虽然无论是政府层面还是企业层面都能够意识到品牌建设的重要性,但也多是在强调个体企业品牌的建设,对于区域品牌建设往往只是在对企业品牌宣传中顺带提及,落到实处不足,没有得到应有的重视。造成这种境况的原因是多方面的,首先是地方政府缺乏有效区域品牌建设发展规划,且投入不是直接能够与效益挂上钩,所以积极性不高;其次是以自身利益最大化为目标的企业,对于具有公共产品性质的区域品牌难有动力推进建设,这在理论和实践中都得到了体现。

(三)在农产品区域品牌建设中存在小富即安的思想

也有人认为农产品的区域品牌是特定地域长期以来所形成的影响,是老祖宗或老天带给我们的财富,是不需要我们再做什么的,我们使用就可以了,因而在这上面也很难看到他们的作为。对于这种小富即安的思想,我们认为其在市场经济环境下有着极大的认识上的误区。品牌是一种资产,而它的价值是来自于长期的积淀,如果不能够对这项资产进行有效维护和合理的开发,资产就会老化,它的价值也会逐步降低。对区域品牌资产的建设,从维护角度上说就是该品牌使用者旗下的产品或服务必须要能够实现与品牌市场声誉相匹配;而区域品牌的开发方面,则是要求我们在实践中不断创新,以改变消费者对我们品牌的价值定位,实现品牌价值提升。例如我们中国在走向世界的过程中,世界对中国的定位是"世界制造工厂",但主要是低端产品的制造工厂,而如果我们不用自己的行动来破除世界对中国的认识定位,就很难构建自己的高端品牌,也就谈不上中国创造梦的实现。

(四)认为区域品牌建设就是多做广告

品牌建设靠什么,显然它不是单因素来决定的,而是多因素共同起作用的结果。我们不排除广告宣传在品牌建设中的作用,但如果将区域品牌建设与广告等同化,则是认识上的一大误区。品牌建设是一个阶段性的过程,品牌的价值主要体现在消费者对其认知和认同两个层面,认知是浅层次的,可以通过广告宣传等来达到;而认同则属于深层次的,需要生产经营者为消费者提供更高的消费价值来实现。如果将农产品区域品牌建设等同于做广告,这就混淆了品牌建设中的认知和认同两个层次,运用到实践中则会带来极其不利的影响。在现阶段多地的特色农产品区域品牌建设中,由于存在着重使用、轻维护状况,它在对消费者认知的层面上信息口径的不统一,导致消费者认知的混乱,加之地方政府对使用区域品牌的管理者角色定位缺位,导致支撑品牌的基础产品鱼目混杂,使得消费者在对区域品牌的认同上呈现降低趋势。我们以安徽黄山毛峰为例,它在中国十大名茶排行榜中位居第三位,市场的知名度虽高,但美誉度却并不高,这是因为市场上的实体产品品质差异大,消费者在认知混乱的情况下认同度也就难以提升。

三、环巢湖特色农产品区域品牌建设的不足与建议

安徽是农业大省,是全国13个粮食主产省以及6个粮食净输出省份之一。同时安徽也是多项国家农业政策先行先试的实验区,目前已经建立了多个有影响力的农产品区域品牌。以地理区域为界,淮北平原区的传统特色农产品区域品牌有22个,江淮丘陵地区12个,大别山区18个,沿江平原地区20个,皖南山区25个。我们就以江淮区域的环巢湖农业发展为例,看其在农产品区域品牌建设方面还存在这样以下一些不足。

（一）吃老本现象突出,对创新的重视和投入不足,进而导致农产品区域品牌老化明显

农产品区域品牌是区域农业经济发展中长期以来所形成的消费者口碑积淀,这种口碑积淀下的品牌能够有效降低本地农产品市场开拓的成本,这是我们每一个拥有区域品牌地区在地方经济发展上优势所在;但如果我们过分地倚重这种优势,"优势"就有可能成为我们发展的羁绊,因为在市场经济环境下,生产者必须是以消费者为中心来开展自己的生产经营活动,而消费者的需求是在不断变换的,此时如果我们依然固守传统,缺乏对区域品牌下的产品进行改良革新,那么就会导致我们产品的消费群体萎缩,品牌影响力和价值的下跌。例如环巢湖区域焖炀糕点和庐江小红头都存在这样的窘境,焖炀糕点的高油性是它的一大特色,但与现代消费者健康消费需求不太相符,导致其市场的不断萎缩。

（二）在区域品牌建设中多主体间不协调普遍存在

在现阶段的农产品区域品牌建设中,存在这样一种情况,在消费者尚没有接触实际产品前,区域品牌往往还能在消费者心目中呈现一派高大上形象,可在消费者实际接触产品后,区域品牌形象被矮化就会得到显现,造成这种状况的原因就是在区域品牌建设中多主体间不协调,多数时候相互之间不是在补台而是在拆台,劣质品借助区域品牌搭便车普遍,造成消费者对区域品牌的认知错位。我们以环巢湖区域知名特色农产品——巢湖银鱼为例,该产品本身应以中高档特色消费品推向市场,可是在本地的市场中,多主体同质化低端竞争,某些经营厂家甚至直接将银鱼晒在尘土飞扬的人行道上,这种不当化的操作对区域品牌的损伤力非常大。要改变区域品牌实践中被矮化的问题,必须要政府来对品牌发展进行整体且统一规划,对品牌使用主体的权责进行明确,同时对各使用主体要有相应的奖惩措施,在区域品牌使用中推进双品牌策略,避免单主体的不当行为给品牌整体造成伤害。

（三）对区域品牌的维护和宣传的意识不强,对区域品牌建设上更多强调利益摄取而忽视相应投入

在现代市场营销中,我们树立的理念就是强调"酒香也怕巷子深",可是我们在对环巢湖区域多个特色农产品的区域品牌建设情况调研中,却发现这些农产品区域品牌影响力事实上存在着范围锁定状况,在小区域范围内往往都有着很高的知名度和影响力,超出这个范围后,市场的知名度和影响力就呈现出急剧的下降。例如巢湖市坝镇特色农产品——山芋粉丝,在当地知名度很高,但其影响力甚至都没有走出坝镇。造成这种状况的原因首先是人们的消费产品和品牌选择上都有一个习惯性,一些小众农产品尚没有能力对区域外人们的这种习惯性形成有力的冲击;其次是缺乏明确的推介主体,更多是靠自然传播,而品牌使用人以及地方群众的社会交往范围限制了他们对区域品牌的传播能力,这些都是在后期的区域品牌建设中要加以扭转的,对于建设的主体需要明确,区域品牌的使用者也要有相应的付费

责任,强化其主体责任意识,推进区域品牌的发展。

四、特色农产品区域品牌建设的策略分析

在分析了当前农产品区域品牌建设方面所存在的问题之后,我们从市场营销的视角出发,结合环巢湖地区特色农产品的区域品牌建设状况,笔者认为农产品区域品牌建设应该从以下几方面来展开。

(一)在区域品牌建设主体上,应该走政府主导,多元主体共助促发展的路径

区域品牌不同于企业品牌或产品品牌,它往往都是在区域农业经济长期发展中自然形成的口碑,形成后的产权主体和建设主体不如企业品牌或产品品牌那样明确。综观各地农产品区域品牌建设经验,他们在主体的选择上有这样4种类型:一是政府主导型,如浙江金华火腿;二是行业协会或专业合作社主导型;三是龙头企业主导型;四是放任自由型。我们选择地方政府主导、多元主体共助,这是因为多数的区域品牌最开始就不是由哪个明确的主体刻意打造,并且其后续发展中也是由多个主体所共用,在既往的品牌维护上也多是靠使用主体的自觉,也正是因为这种主体的缺位,使得区域品牌上重使用、轻开发,重摄取、轻投入的情况普遍存在,而地方政府具有运用公共资源发展地方经济的职责,通过政府主导区域品牌建设,可以整合多主体参与,进而就区域品牌内涵、区域品牌定位、区域品牌资产、区域品牌传播、区域品牌形象以及区域品牌深化等方面对各参与主体提出相对具体的发展要求,这将能够发挥区域品牌在地方经济发展中的最大绩效。

(二)在区域品牌建设的手段上,应该采用基地建设与企业品牌整合并用策略

如何推进农产品区域品牌建设?王军、李鑫(2014)以长白山人参品牌打造为例设计了一个区域品牌建设框架,如图1所示。

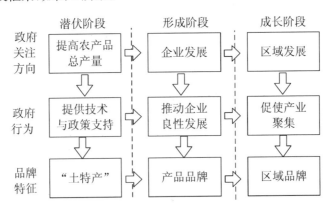

图1 区域特有农产品品牌整合框架

这只是一般的区域品牌建设流程,也就是"产业基地建设→农业产业化发展→农产业区域品牌"。这种区域品牌建设模式在一些具有资源禀赋优势的区域,政府可以按照步骤来推进;但还有另外一种情况就是由既往某单个的企业(或个体)因为掌握了农产品加工等方面的特殊技艺,进而对周边个体单元形成带动,逐步形成了一个产业区。在这个产业区中有很多产业同质的企业品牌,例如周庄猪蹄区域品牌就是从"万三猪蹄"发展而来,此时的区域品牌打造路径就需要我们从整合企业品牌着手,通过协会等组织来对各企业品牌下的产品品质提出统一标准化的要求。协会对各企业的生产过程工艺进行指导监督,在各企业品牌之

上打造一个区域性的伞品牌,以伞品牌开拓市场,降低单个企业品牌的市场开拓成本,达到地方经济在区域品牌的助动下快速发展的目标。

（三）在农产品区域品牌的运用上,应该突出双品牌并用模式

区域品牌不同于企业品牌或产品品牌,企业品牌往往是与企业的注册商标紧密联系在一起的,企业具有独享性,而区域品牌更多的是消费的口碑。当然也可以通过国家的地理标志来进行保护,越来越多的地方开始认识到申报地理标志产品的重要性,例如截止2014年安徽的地理标志产品共有44件,其中合肥市获得国家农业部认定的农产品地理标志和国家质检总局认定的地理标志保护产品总数共计8个,分别为巢湖银鱼、巢湖白虾、大圩葡萄、金坝芹芽、黄陂湖大闸蟹、肥西老母鸡、长丰草莓、巢湖麻鸭,数量在全省领先。但真正能够对区域品牌形成支撑的还是企业或生产者,所以区域品牌的推介应该与企业品牌捆绑,即鼓励企业使用"企业品牌＋地理区域＋产品名称"的品牌策略。从认知和认同两个角度来看,品牌这种组合也具有必要性,因为这两类品牌在品牌价值拓展方面具有各自的优势。其中区域品牌能够降低消费者的搜寻成本,更有利于区域产品的市场扩大,即在消费者对品牌的认知层面具有优势;而企业品牌是与具体企业的具体产品或服务直接对接,在消费者初次认知基础上深化对品牌的认知,也就是它在消费者对品牌的认同方面更具有优势。将两者有效结合,是在区域品牌建设中设立防火墙,能够降低区域品牌建设中的市场风险,避免单个企业的经营管理风险逆向对区域品牌的负面影响。

（四）区域品牌对地方经济的服务上需要强调将农业产业化和农业产业区有效链接要求

在各地的现代农业发展推进中,农业产业化和农业产业区有时被作为两个对立的层面来被认识。其实这两者之间并不存在相互挤占的问题,他们是现代农业建设中同一问题的两个方面,农业产业区所侧重的是农业发展广度,农业产业化更侧重农业发展深度,广度是深度发展的基础,深度是广度发展的必然要求。农产品的区域品牌能够有效地将深度与广度进行链接,例如全球知名的浙江诸暨袜业,在区域伞品牌的推介下整个区域生产袜子的过程被分成10道工序,进而在区域内形成10个大部门,包括1000家原料生产企业、400多家原料销售商、近8000家袜子生产厂、1000家定型厂、300家包装厂、200家机械配件供应商、600家袜子营销商、100家联合托运服务企业,形成了生产部门、销售部门和服务部门分工协作的产供销一体化格局。产业区建设有效地奠定了区域品牌的内涵,促进了产业聚集,推进了产业发展,实现了产业经济的良性发展。

五、总结

特色农产品的区域品牌建设是一项系统工程,并非单一部门运用单一手段就能够实现的工作。高建军、张瞳光(2014)将这项工程总结为:历史文化的传承与挖掘、区域特色的整合与提炼、企业的发展与壮大、农业产业的集群发展与提升、政府的指导与扶持、农业行业协会的组织与运营等六方面。就环巢湖区域农业的发展来说,在区划调整后,在合肥市大湖名城创新高地的战略定位下,政府将环巢湖区域规划为生态示范区,并且积极推进其上升为国家战略,这对区域内的农业经济发展是有利的。而就打响环巢湖特色农产品区域品牌来说,当下几方面工作是亟待实施的:首先是特色农产品产业区的规划,这是区域品牌的产业基础;其次区域农业经济组织的健全与整合,这是区域品牌推进的组织基础;第三是政府对区

域特色农业发展的扶持与推介,这是农产品区域品牌建设的制度保障。

参 考 文 献

[1] 胡正明,蒋婷.基于本质属性的农产品区域品牌文献述评[J].中国市场营销,2010(2).
[2] 曹慧娟.安徽省特色农产品区域品牌建设研究[J].重庆科技学院学报,2013(11).
[3] 田云章.农产品区域品牌研究综述[J].农机化研究,2013(8).
[4] 王军,李鑫.区域特有农产品品牌整合的政府行为研究:以长白山人参品牌为例[J].农业经济问题,2014(5).
[5] 周静.我国纺织产业集群物流问题与发展对策探讨[J].物流科技,2009(2).
[6] 高建军.张瞳光.产业集群视角下的农产品区域品牌的形成机理与提升路径研究[J].当代经济,2014(3).